IT 초보 엔지니어가 알아야 할 **네트워크 입문**

네트워크 교과서

후쿠나가 유우지 지음 | **서수환** 옮김

지은이의 글

네트워크 규격이 너무 많아서 이젠 다 기억도 못 하겠다는 비명을 들은 적이 있으신가요? 나날이 진보하는 네트워크나 컴퓨터 세계에 농락당하는 듯한 엔지니어의 솔직한 마음일 수 있습니다.

그렇다면 이제서 네트워크를 배우는 건 무리일까요? 그렇지 않습니다. 네트워크 분야에 필요한 지식은 깊이와 너비 모두 계속 확장되고 있지만, 우선적으로 배워야 할 중요한 기초 지식은 앞으로도 달라지지 않을 것입니다. 이런 지식을 발판으로 네트워크를 배우기 시작하면 누구나 네트워크 구조와 동작을 이해할 수 있습니다.

이 책은 네트워크 지식과 중요한 기초 내용을 폭넓게 다루면서 그 구조를 파악할 수 있도록 구성했습니다. 그리고 기계적으로 외우면 오래 기억하기 어려우므로 다른 책에서는 다루지 않는 배경과 원리를 이해하고 납득할 수 있도록 정보들을 담았습니다.

넓고 깊은 네트워크 세계를 책 한 권으로 모두 배우는 건 불가능하지만, 앞으로 네트워크를 배우려는 여러분의 기초 기식을 쌓는 데 조금이나마 도움이 되고 눈에 보이지 않는 네트워크 동작을 머릿속에서 떠올릴 수 있는 실마리가 되면 좋겠습니다.

마지막으로 이 책을 출판하는 데 아낌없는 조언과 지원을 보내준 SB 크리에이티브 토모야시 씨를 비롯한 관계자 여러분에게 마음속 깊이 감사드립니다.

후쿠나가 유우지

"모든 길은 로마로 통한다."

이 말처럼 요즘은 모든 것이 인터넷으로 통하는 세상입니다. 인터넷으로 통하는 길을 담당하는 네트워크의 중요도가 점점 더 커지고 있습니다.

네트워크에 흐르는 전기 신호나 전파 신호는 보이지 않아서 그 구조나 방식을 알기 어렵지만, 이 책은 네트워크를 구성하는 이렇게 중요한 요소와 통신 방법을 알기 쉽게 설명하고 있습니다. 휴대전화나 컴퓨터가 인터넷에 연결되는 것을 너무 당연하게 여기기 쉽지만, 사실은 그 아래 수많은 일이 일어나고 있구나라고 이 책을 읽으면서 깜짝 놀랄 것입니다.

아무리 네트워크가 발전해도 전달하고 싶은 것이 없다면 무의미합니다. 여러분은 거대한 네트워크를 활용해서 다른 사람과 나누고 싶은 이야기나 배움으로 채워가길 바랍니다. 소중한 사람에게 보내는 사랑한다는 메시지나 영상 통화도 좋지요.

지금 전하고 싶은 말이 있나요?

서수환

CHAPTER
2

TCP/IP의 기초

CHAPTER

3

유선랜의 기초

CHAPTER

4

인터넷과 네트워크 서비스

CHAPTER

5

보안과 암호화

CHAPTER 6

무선랜의 기초

CHAPTER 1
컴퓨터 네트워크의 기초

이 장에서는 컴퓨터 네트워크를 학습할 때 꼭 기억해야 할 중요한 지식과 개념을 배웁니다.

Keyword

- LAN
- TCP/IP
- TCP/IP 4계층 모델
- 유니캐스트
- 물리 주소
- 전송 매체
- L3 스위치
- 바이트
- 16진수

- WAN
- 계층화
- 연결 지향형
- 브로드캐스트
- 논리 주소
- L2 스위치
- Wi-Fi 라우터
- 2진수

- 인터네트워킹
- OSI 참조 모델
- 비연결 지향형
- 멀티캐스트
- 호스트
- 라우터
- 비트
- 10진수

CHAPTER 1
Computer Networking Basics

01 컴퓨터 네트워크의 목적과 구성

통신이란

통신이란 어떤 행위를 뜻하는 말일까요? 영어로 telecommunication의 어원은 tele(멀다)와 communication(전달)을 합친 것으로 '멀리 전달한다'는 의미입니다. 조금 현실적으로 바꿔 보면 통신이란 서로 떨어진 장소에 실시간으로 정보를 전달하는 것을 뜻합니다.

컴퓨터끼리 통신

그림 1-1처럼 컴퓨터 통신은 3단계를 거쳐 송출한 정보가 순식간에 상대방 컴퓨터에 도착합니다. 이때 네트워크에서는 보낼 정보의 0과 1을 전기 신호나 빛, 전파로 변환해서 동선이나 광섬유, 자유공간 등으로 전송하고 그것을 수신해서 다시 0과 1의 정보로 되돌리는 동작을 합니다. 원리적으로는 전류가 동선에 흐르는 속도, 빛이 광케이블을 통과하는 속도, 전파가 자유공간을 통과하는 속도로 각각 상대방에게 도착합니다.

그림 1-1 | 컴퓨터끼리 통신

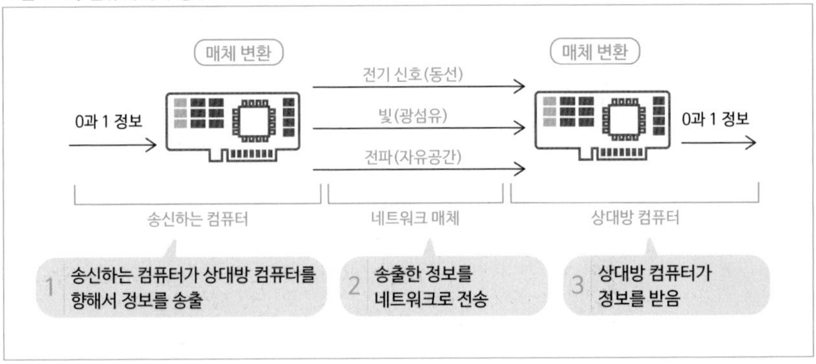

네트워크가 단독으로 전송 가능한 거리는 이용하는 네트워크의 규격에 따라 다르지만, 아무리 멀어도 수백 km 이상은 늘리기 어렵습니다. 만약 멀리 떨어진 컴퓨터와 통신하고 싶다면 중간에 중계 역할을 하는 어떤 방식이 필요합니다.

우리가 사용하는 인터넷은 이런 방식으로 지구 전체를 엮는 네트워크를 구성합니다.

네트워크 규모에 따른 분류

컴퓨터끼리 통신하는 네트워크는 운용 범위에 따라 LAN과 WAN 두 종류로 나뉩니다(그림 1-2).[1]

LAN(Local Area Netwok, 랜)은 거점 내부의 통신에서 사용하는 네트워크입니다. LAN은 개인이나 소규모 조직에서 직접 설치하는 경우가 많고, 통신 규격으로 이더넷(3장 01 참조)을 사용합니다.

WAN(Wide Area Network)은 거점과 거점을 잇는 통신에서 사용하는 네트워크입니다. WAN은 일반적으로 통신사업자가 제공하는 통신 서비스를 이용하므로 이용자가 설치할 필요가 없습니다.

보통 조직 내부의 통신은 LAN을, 거점과 외부를 접속할 때는 WAN을 사용합니다. WAN으로 이용하는 회선에는 통신사업자가 제공하는 광역 이더넷 서비스나 폐쇄형 접속 서비스, 인터넷 VPN(5장 14 참조) 등이 있습니다.

그림 1-2 | LAN과 WAN

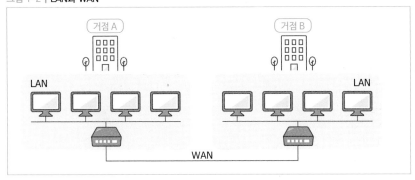

---

1 LAN과 WAN의 중간 규모 네트워크로 MAN(Metroporitan Area Network)이 있습니다. 원래는 도시 지역을 담당하는 규모의 네트워크를 뜻하는데 규모가 큰 대학 캠퍼스 등에서 사용하는 네트워크를 MAN에 포함하기도 합니다.

02
인터네트워킹

네트워크를 연결하는 인터네트워킹

통신 가능한 상대가 많으면 많을수록 네트워크의 편리성이 증가합니다. 네트워크에 접속하는 컴퓨터 수는 계속 증가하기 때문에 네트워크 규모도 확대되기 마련입니다.

네트워크 규모를 확대하는 방법에는 하나의 네트워크를 계속 크게 성장시키는 방법과 크지 않은 여러 개의 네트워크를 묶어서 늘리는 방법이 있습니다 (그림 1-3). 두 번째 방법을 인터네트워킹(Internetworking)이라고 부릅니다.

예를 들어 어떤 기업의 네트워크, 대학의 네트워크, 어떤 통신사업자의 네트워크를 상호 연결해서 각 네트워크 이용자끼리 통신이 가능하게 만들거나, 부서 A와 부서 B의 네트워크를 연결해서 상호 간에 통신이 가능하게 만드는 것입니다. 우리가 평소에 사용하는 인터넷도 이런 인터네트워킹으로 구성되었습니다.

그림 1-3 | **네트워크 규모를 확대하는 방법**

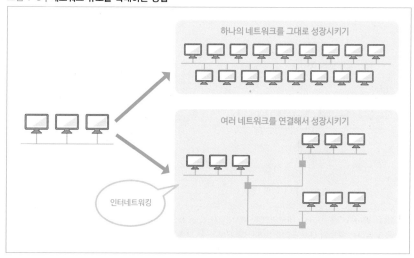

인터네트워킹의 장점은 다음과 같습니다.

- 어떤 네트워크에서 혼잡이나 정체가 발생해도 다른 네크워크에 영향을 주지 않습니다.
- 각 네트워크는 각자의 방침으로 관리할 수 있습니다.
- 어떤 네트워크에 발생한 장애가 다른 네트워크에 주는 영향이 적습니다.

인터네트워킹에 사용하는 프로토콜 TCP/IP

인터네트워킹에서 사용하는 대표적인 프로토콜(Protocol, 통신수단)이 IP입니다. 대체로 통신 신뢰성이 높은 프로토콜 TCP를 IP와 함께 사용하므로 이 양쪽을 합쳐서 TCP/IP라고 부릅니다. 컴퓨터 네트워크 및 인터넷에서 TCP/IP는 빠질 수 없는 통신수단이므로 이 책에서도 TCP/IP를 다룹니다.

COLUMN | '인터넷'이라는 명칭

인터넷이라고 하면 웹이나 메일, SNS처럼 매일 사용하는 세계적인 네트워크를 떠올리겠지만, 인터넷은 '인터네트워킹으로 구성된 네트워크'라는 의미의 보통 명사(internet)였습니다. 점차 그런 개념으로 구성된 대표적인 네트워크를 나타내는 고유 명사(Internet)의 의미를 지니게 되었고, 지금은 고유 명사로 사용되는 경우가 더 많습니다.

TCP/IP의 개요

프로토콜이란

컴퓨터끼리 또는 컴퓨터와 기계가 통신할 때 어떤 데이터를 어떠한 순서로 주고받을지 정해둔 것을 통신 프로토콜(Protocol) 또는 프로토콜이라고 부릅니다(통신규약이라고 부르는 경우도 있습니다).

프로토콜 개념을 이해하기 쉽게 사람 간의 대화를 예로 들어 보겠습니다. 우리가 누군가와 대화할 때를 생각해보면 공기의 진동으로 전해지는 20Hz~20kHz 가청 주파수 대역의 소리를 사용해서 동일한 언어(예를 들어 한국어)의 일반적인 어휘를 이용해 1분간 500문자 정도의 속도로 이야기합니다. 이런 과정은 무의식적으로 이루어지는데 만약, 이 중에서 하나라도 서로 일치하지 않는 요소가 있다면 곧바로 의사소통이 어려워집니다. 마찬가지로 컴퓨터의 통신도 상호 소통 방법이 일치해야 하므로 이를 규정한 것이 프로토콜입니다.

구체적으로 프로토콜로 정하는 건 데이터 형식과 통신 수단 두 가지입니다(그림 1-4). 전자는 주고받을 정보 형식, 후자는 어떤 순서로 무엇을 주고받을지 규정합니다. 프로토콜을 정하면 제조사, OS(윈도우, 맥OS, 안드로이드, iOS 등), 애플리케이션(웹브라우저라면 크롬, 파이어폭스, 엣지 등), 기기(PC, 스마트폰, 프린터, 텔레비전 등)가 무엇이든 상관없이 서로 통신할 수 있습니다.

그림 1-4 | **통신 프로토콜 규정 내용**

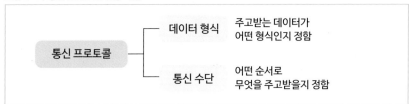

이렇게 다양한 컴퓨터와 기기끼리 통신을 가능하게 하는 프로토콜은 모두가 동일한 규칙을 따라야 합니다. 따라서 범용적으로 사용하는 프로토콜은 표준화 과정을 거쳐서 규격을 정합니다. 이런 표준화는 IETF나 IEEE 같은 표준화 단체에서 하는데 이런 단체에서 논의를 거쳐 정한 내용은 세계 공통 규격으로 공표됩니다. 이 중에서 IETF(Internet Engineering Task Force)는 수많은 인터넷 관련 통신 프로토콜을 정하는 단체로, 여기에서 정한 각종 규격은 RFC(Request For Comment) 문서로 인터넷에 무료로 공개되어 있습니다.

TCP/IP

과거에는 몇 가지 프로토콜이 패권을 다투던 시대도 있었지만, 현재 실제 시스템에서 사용하는 핵심적인 프로토콜은 대부분 TCP/IP입니다(그림 1-5). 이런 상황은 윈도우, 맥OS, 리눅스, 안드로이드, 아이폰 등의 OS나 단말기 종류에 상관없이 모든 기기에서도 TCP/IP가 주류입니다.

네트워크에 관련된 다양한 곳에서 사용하는 TCP/IP라는 말은 TCP(Transmission Control Protocol) 프로토콜과 IP(Internet Protocol) 프로토콜을 조합해서 사용한다는 의미의 단어입니다. TCP와 IP는 각각 역할이 다른데 TCP는 신뢰성 높은 통신을 구현하는 역할을, IP는 네트워크 너머에 존재하는 상대방에게 정보를 보내는 역할을 담당합니다. 이러한 프로토콜은 서로 역할을 분담하는 형태로 계층을 구성하고 몇몇 프로토콜을 조합해서 사용하는 게 보통입니다. 프로토콜 계층 모델은 다음 절에서 설명합니다.

그림 1-5 | **통신 프로토콜의 주도권을 쥔 TCP/IP**

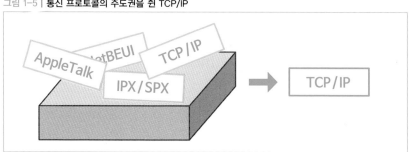

한편, TCP 이외에 UDP(User Datagram Protocol)와 IP를 조합해서 사용하기도 합니다. UDP는 가벼운 처리와 즉시성이 특징이며, TCP와 비슷한 부류의 프로토콜로 동영상 감상이나 IP 전화 등에서 사용합니다. 다만 따로 UDP/IP라는 경우는 드물고 TCP/IP로 통칭하는 프로토콜 부류 중 하나에 포함되는 편입니다.

OS에 내장된 처리 모듈 확인하기

윈도우에서 시스템에 내장된 프로토콜 처리 모듈의 목록을 표시하거나 추가, 삭제할 수 있습니다. 다만, 이해가 부족한 상태로 프로토콜 모듈 설정을 변경, 추가, 삭제하면 네트워크 접속이 불가능해지는 경우가 있으므로 확인이나 설정에는 주의하기 바랍니다.

윈도우의 처리 모듈 확인

1 [제어판] – [네트워크 및 인터넷] – [네트워크 및 공유 센터] – [어댑터 설정 변경] 순서로 클릭하면 PC에 장착된 네트워크 인터페이스 카드(보통은 LAN, Wi-Fi 두 종류) 아이콘이 표시됩니다.

2 프로토콜을 확인하고 싶은 네트워크 인터페이스 카드에서 마우스 오른쪽 버튼을 클릭한 후 [속성]을 클릭합니다.

3 열린 창에서 '이 연결에 다음 항목 사용'에 내장된 프로토콜 모듈 목록이 표시됩니다.

4 목록에서 프로토콜 모듈(예로 인터넷 프로토콜 버전 4)을 선택하고 [속성]을 클릭합니다.

5 프로토콜에 관련된 설정(IP 주소 등)을 지정하는 화면이 나타납니다(그림 1-6).

※만약 [설정] 버튼이 유효 상태가 아니라면 선택한 모듈에 설정 항목이 존재하지 않는다는 의미입니다. 윈도우의 네트워크 관련 설정은 설정할 수 없는 경우가 많습니다.

6 만약 프로토콜 모듈을 삭제하고 싶다면 프로토콜 모듈을 선택하고 [제거] 버튼을 클릭합니다.

7 또는 새로운 프로토콜 모듈을 추가하려면 [설치] 버튼을 클릭합니다(그림 1-7).

그림 1-6 | 윈도우의 프로토콜 처리 모듈 확인 화면

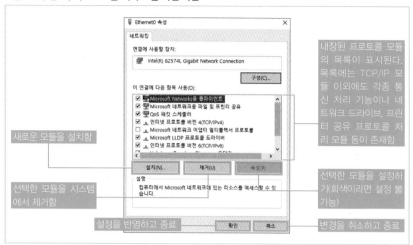

그림 1-7 | 새로운 모듈을 설치하는 모습

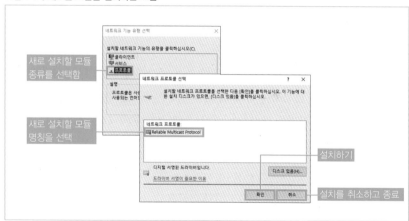

COLUMN | RFC 문서를 찾는 방법

RFC를 찾아보고 싶을 때, 만약 RFC xxx 형태의 문서 번호를 알고 있다면 인터넷에서 그 번호로 검색하면 곧바로 찾을 수 있습니다. 문서 번호를 모를 때는 '프로토콜명 RFC'로 검색하면 됩니다. RFC 문서는 지속적으로 새로운 문서로 갱신되는 경우가 많아 최신 RFC(번호가 큰 쪽)를 찾아보는 것이 중요합니다. 그리고 RFC 원문 자체는 영어이지만, 널리 쓰이는 문서는 번역된 문서가 공개되어 있기도 합니다.

04
프로토콜의 계층화

계층화의 의미

통신에 요구되는 기능(예: 홈페이지 보기)은 프로토콜 하나로 구현되는 것이 아니라 여러 프로토콜을 계층적으로 조합해서 구현합니다. 이때 각 프로토콜이 제공하는 기능은 하드웨어를 조작하는 기능(예: 0, 1비트를 동선으로 보내기)이 있으며, 추상적인 애플리케이션 기능(예: 웹서버에 페이지를 요청하기)일 때도 있습니다.

하나의 프로토콜이 모든 기능을 담당하는 것이 아니라 이렇게 여러 프로토콜을 조합해서 만드는 가장 큰 이유는 통신으로 주고받는 모든 것을 하나의 프로토콜로 정의하려면 너무 복잡해지기 때문입니다.

예를 들어 두 자리, 세 자리 수의 곱셈 개념을 누군가에게 설명한다고 생각해 봅시다(그림 1-8). 자릿수 올림이나 곱할 숫자의 자릿수 위치를 맞춰서 적는다는 건 설명하겠지만 구구단 방법은 생략하는 게 보통입니다. 만약 그런 것까지 설명하면 너무 복잡해져 핵심을 파악하기 힘듭니다.

그림 1-8 | **지식의 계층화**

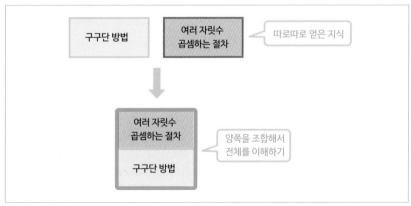

보통은 구구단 방법과 여러 자릿수를 곱셈하는 방법은 따로따로 설명하고 이를 조합하는 '지식의 계층화'를 합니다. 마찬가지로 프로토콜도 이렇게 계층적으로 조합합니다.

프로토콜을 조합하는 또 다른 이유는 기능을 쉽게 교체할 수 있기 때문입니다. 곱셈을 예로 들면 구구단 방법은 암산을 해도 되고 전자계산기를 써도 됩니다. 어느 쪽도 구구단 결과를 얻을 수 있으므로 자유롭게 교체 가능합니다(그림 1-9). 이렇듯 이용할 수단이나 처리 절차를 자유롭게 교체해서 폭넓은 조합이 가능한 것이 계층화를 사용하는 이유입니다.

그림 1-9 | **교체가 간단해지는 계층화**

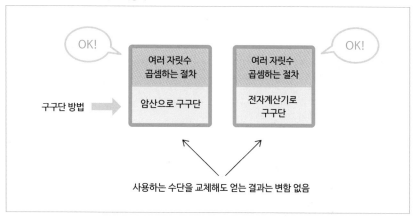

계층화 사고법은 통신의 기능 설계 이외에도 이런 설계로 만드는 프로그램에도 반영됩니다. 계산을 예로 들면 자릿수 곱셈, 구구단 암산, 전자계산기 계산 이렇게 세 종류의 프로그램을 준비하고 구구단 처리 부분은 상황에 따라 프로그램을 교체하는 형태입니다.

구체적인 계층화 예 – OSI 참조 모델

계층화가 통신 절차의 설계나 구현(프로그램으로 만들기)에 유용하다는 것을 보았습니다. 한 단계 더 나아가서 공통된 계층 구분과 계층화 방법을 사용하도록 '계층 모델'이 제창되었고, 이 모델을 바탕으로 실제로 설계 및 구현할 수 있습니다.

대표적인 계층 모델로는 OSI 참조 모델과 TCP/IP 4계층 모델이 있습니다. OSI 참조 모델은 OSI(Open Systems Interconnection: 개방형 시스템 간 상호 접속)라고 하는 컴퓨터 네트워크 표준(통신 절차나 계층 구조 등을 정의한 것)에서 사용한 통신 시스템을 계층적으로 정의하는 모델입니다. OSI 자체는 널리 퍼지지 못하고 끝나버렸지만, OSI 참조 모델은 그 범용성 덕분에 현재도 널리 사용되고 있습니다.

OSI 참조 모델은 통신에 필요한 기능을 7단계 계층(Layer, 레이어)으로 분류하고 각각의 명칭과 역할을 그림 1-10처럼 정의합니다. 이 모델은 통신에 필요한 기능을 자세히 정의한 것이 특징으로, 실제 프로토콜을 생각한다면 지나치게 세분화된 경향이 있습니다.

계층 모델은 맞닿은 바로 아래 계층의 기능을 이용해서 현재 계층의 기능을 실현하고, 그걸 맞닿은 바로 윗 계층에 제공하는 개념입니다. 예를 들어 전송 계층은 네트워크 계층에서 제공하는 임의의 대상끼리 통신할 수 있는 기능을 이용하고, 에러 정정이나 재전송 같은 기능을 추가해서 상위 계층인 세션 계층에 제공합니다.

그림 1-10 | OSI 참조 모델의 계층 구조

제7층	응용 계층	구체적인 통신 서비스 기능을 제공
제6층	표현 계층	데이터 표현 형식에 관한 기능을 제공
제5층	세션 계층	통신 시작부터 종료까지 절차를 제공
제4층	전송 계층	에러 정정이나 재전송 같은 통신 관리 기능을 제공
제3층	네트워크 계층	경로 선택이나 중계로 임의의 대상끼리 통신을 제공
제2층	데이터 링크 계층	직접적으로 접속한 기기 사이에 정보를 주고받는 기능을 제공
제1층	물리 계층	커넥터 형태, 핀 개수, 전기 신호 형식 등을 정함

구체적인 계층화 예 – TCP/IP 4계층 모델

또 다른 계층 모델인 TCP/IP 4계층 모델은 OSI 참조 모델보다 단순한 4단계로 구성된 간단한 모델입니다(그림 1-11). TCP/IP는 현대 네트워크의 핵심적인 통신 수단으로 이 모델은 TCP/IP가 제공하는 기능을 정리해서 계층화한 것입니다. OSI 참조 모델 같은 범용적인 모델은 아니지만, TCP/IP를 이해하기에는 충분합니다.

그림 1-11 | TCP/IP 4계층 모델의 계층 구조

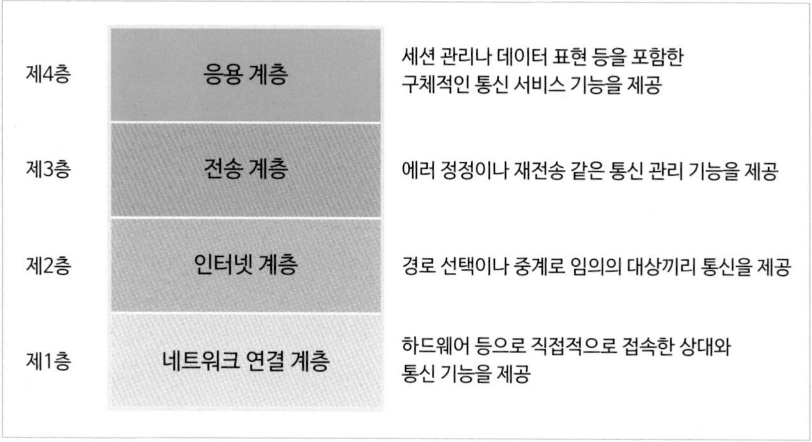

제4층	응용 계층	세션 관리나 데이터 표현 등을 포함한 구체적인 통신 서비스 기능을 제공
제3층	전송 계층	에러 정정이나 재전송 같은 통신 관리 기능을 제공
제2층	인터넷 계층	경로 선택이나 중계로 임의의 대상끼리 통신을 제공
제1층	네트워크 연결 계층	하드웨어 등으로 직접적으로 접속한 상대와 통신 기능을 제공

OSI 참조 모델과 TCP/IP 4계층 모델은 서로 따로 만들어져서 각 계층의 경계가 완전히 일치하는 건 아니지만 대략 그림 1-12처럼 대응됩니다.

그림 1-12 | OSI 참조 모델과 TCP/IP 4계층 모델의 대응 관계

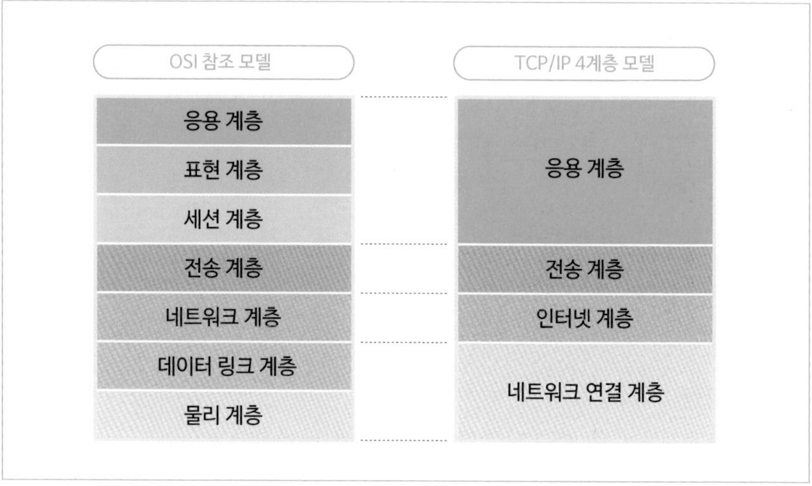

OSI 참조 모델	TCP/IP 4계층 모델
응용 계층	응용 계층
표현 계층	
세션 계층	
전송 계층	전송 계층
네트워크 계층	인터넷 계층
데이터 링크 계층	네트워크 연결 계층
물리 계층	

05

통신 방식

연결 지향형과 비연결 지향형

상대방과 지금부터 통신을 시작한다고 서로 확인한 후에 시작하는가, 사전에 확인 없이 시작하는가에 따라 통신 방식을 연결 지향형과 비연결 지향형으로 분류할 수 있습니다(그림 1-13).

그림 1-13 | **연결 지향형과 비연결 지향형**

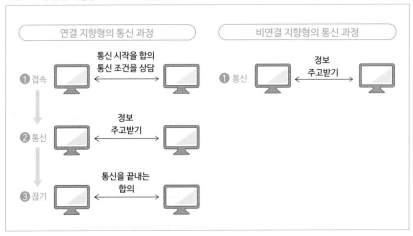

연결 지향형

- 지금부터 통신을 시작한다고 서로 확인한 후 시작하는 방식입니다.
- 통신을 시작하는 시점부터 통신 상대에 도달하는 것이 보증됩니다.
- 통신을 종료할 때도 상대와 서로 확인한 후 끝냅니다.

비연결 지향형

- 미리 확인하지 않고 언제라도 통신 상대에게 정보를 보낼 수 있는 방식입니다.
- 통신 상대가 준비가 끝나지 않았다면 보낸 정보를 받지 못할 가능성이 있습니다.
- 통신을 종료할 때도 확인하지 않습니다.

컴퓨터끼리 통신은 비연결 지향형이 기본입니다. 컴퓨터 간의 통신에서 사용하는 기본 기능을 제공하는 프로토콜(IP)이 비연결 지향형이기 때문입니다.

다만, IP는 계층화된 프로토콜로 동작해서(1장 04 참조) IP의 상위 계층에서 동작하는 TCP는 연결 지향형 통신을 제공하므로 필요에 따라 연결 지향형과 비연결 지향형을 골라 사용합니다.

프로그램 내부에서 보이는 특징

컴퓨터 간의 통신이 연결 지향형인지 여부는 애플리케이션 외부에서는 보이지 않아 알 수 없지만, 프로그램 내부를 보면 알 수 있습니다.

C 언어로 작성한 프로그램에서 통신을 사용할 때 보통은 그림 1-14와 같은 순서로 통신 기능(함수)을 호출합니다.

연결 지향형 TCP를 사용한다면 우선 connect()를 호출하고 나서 send()를 호출합니다. connect()는 상대방과 접속(지금부터 통신을 시작한다고 확인)하는 함수입니다. TCP는 connect()로 접속해서 앞으로 통신을 시작한다는 걸 확인하면 send()로 정보를 송신합니다. TCP의 연결 지향형 특징을 잘 알 수 있습니다.

한편, 비연결 지향형인 UDP를 사용한다면 connect()를 호출하는 게 아니라 갑자기 sendto()를 호출합니다. sendto()는 지정한 상대방에게 정보를 송신하는 함수입니다. 미리 접속하는 게 아니라 즉시 송신하는 UDP의 특징인 비연결 지향형이 프로그램에서는 나타납니다.

그림 1-14 | TCP, UDP의 통신 처리

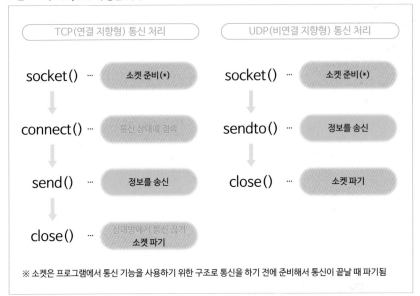

캐스트의 종류

통신 방식은 한 번의 통신으로 정보를 보낼 수 있는 상대방의 수에 따라 다음 세 종류로 분류합니다(그림 1-15).

유니캐스트(Unicast)

1대1 통신 형태로 어떤 송신자가 보내는 정보는 상대방으로 지정된 수신자만 받을 수 있습니다. 유니캐스트는 가장 범용적인 통신 방식으로 수신할 주소에 상대방을 특정할 수 있는 주소를 지정합니다.

브로드캐스트(Broadcast)

어떤 송신자가 보낸 정보를 네트워크에 속한 모든 대상이 수신하는 형태입니다. 브로드캐스트는 방송이라는 의미가 있습니다. 브로드캐스트는 전대상을 향한 일괄적인 문의 등에 사용하고 수신할 주소에 브로드캐스트 전용 주소를 지정합니다.

멀티캐스트(Multicast)

어떤 송신자가 보낸 정보를 그룹에 속한 특정 대상이 수신하는 형태입니다. 멀티캐스트는 특정한 대상에게 보내는 스트리밍 등에서 사용하고 수신할 주소에 멀티캐스트 그룹을 나타내는 전용 주소를 지정합니다.

그림 1-15 | **유니캐스트, 브로드캐스트, 멀티캐스트**

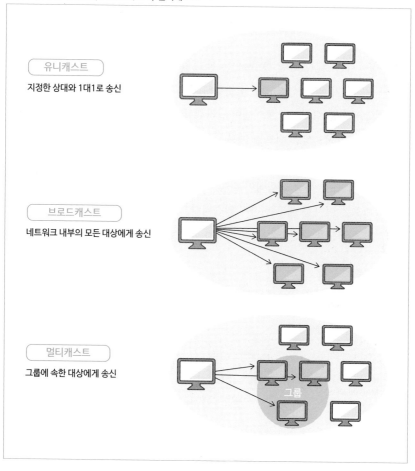

06

통신 상대를
특정하는 주소

주소의 의미

일상생활에서 주소(Address, 어드레스)는 살고 있는 곳을 뜻하는데, 통신에서는 통신 상대를 특정하기 위한 식별 정보를 뜻합니다. 주소는 사용 목적에 따라 체계가 나눠져 있고 각각의 형식이나 표기법이 달라집니다.

누군가를 특정하는 식별 정보를 예로 들어 설명하면 쉽게 이해될 것입니다. 누군가를 특정하는 식별 정보로 집 주소나 이름 외에도 휴대전화 번호, 이메일 주소 등이 있고 각각 사용 목적과 형식이 다릅니다. 집 주소는 이사를 하면 변하지만, 휴대전화 번호는 이사를 해도 변하지 않습니다. 그리고 휴대전화를 한 대에서 두 대로 늘리면 여러분을 특정하는 식별 정보는 하나에서 둘로 늘어납니다.

주소의 종류

통신에서 사용하는 주소는 크게 물리 주소와 논리 주소로 나눕니다(그림 1-16).

그림 1-16 | **물리 주소와 논리 주소**

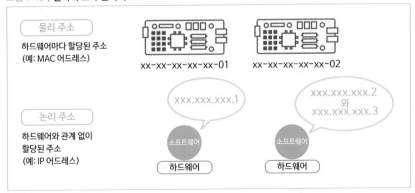

물리 주소

물리 주소는 하드웨어에 부여된 주소입니다. 네트워크 인터페이스 카드에 부여되며 원칙적으로 카드마다 서로 다른 주소가 할당됩니다. 예를 들어 이더넷용 네트워크 카드의 물리 주소에는 MAC 어드레스(3장 04 참조)가 할당됩니다.

논리 주소

논리 주소는 물리적인 실체(하드웨어)와 관계 없이 부여된 주소입니다. 대표적인 논리 주소에는 TCP/IP 네트워크에 연결된 컴퓨터에 할당된 IP 어드레스(2장 05 참조) 등이 있습니다. 하드웨어와 직접적으로 관계 없는 논리 주소를 사용하는 이유는 하드웨어가 고장났을 때를 생각해 보면 알 수 있습니다(그림 1-17). 만약, 물리 주소만 이용한다면 하드웨어에 문제가 생겨서 새롭게 교체할 경우 자신이나 상대방의 주소가 바뀌고, 그걸 다른 사람에게도 알려줘야 합니다.

그림 1-17 | **물리 주소만 사용하는 경우**

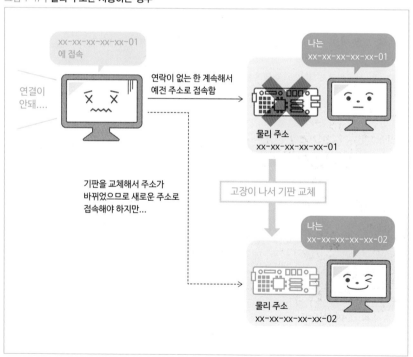

하지만 논리 주소를 사용하면 그 주소는 하드웨어와 직접적인 관련이 없으므로 고장이 난 하드웨어를 교체하더라도 외부에서 보는 자신의 주소는 바뀌지 않습니다. 논리 주소는 하드웨어와 직접적인 관계가 없기 때문에 그것만으로는 상대(하드웨어)를 특정할 수 없으므로 정보 전달이 불가능합니다. 따라서 상대방에게 정보를 보내려면 논리 주소와 물리 주소의 대응표를 준비하고, 알고 있는 논리 주소에서 상대방의 물리 주소를 알아내어 이걸 바탕으로 상대방에게 정보를 보내는 방법을 사용합니다. 앞에서 본 것처럼 하드웨어 고장이 발생하면 대응표에 기록된 고장이 발생한 기기의 물리 주소와 논리 주소를 최신 상태로 갱신합니다.

실물에서 물리 주소 확인하기

네트워크 인터페이스 카드에 할당된 물리 주소(MAC 어드레스)는 컴퓨터나 네트워크 기기 관리 화면에서 확인하는 방법 외에도 제품에 따라 본체에 직접 적혀 있는 경우가 있습니다.

그림 1-18은 USB 접속 타입의 네트워크 인터페이스 어댑터 본체에 붙어 있는 스티커에 제품명과 어댑터의 고유 MAC 어드레스가 적혀 있습니다.

그림 1-18 | 네트워크 인터페이스 어댑터 MAC 어드레스

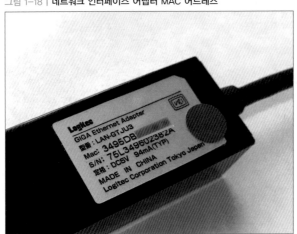

07

네트워크를
구성하는 요소

네트워크를 구성하는 요소

네트워크는 다양한 요소로 구성됩니다. 이번에는 네트워크에서 사용하는 대표적인 구성 요소의 개요와 형태를 살펴보겠습니다. 각각의 자세한 내용은 이 장 이후에 각 항목을 참조하기 바랍니다.

호스트(Host)

네트워크에 연결해서 다른 기기와 통신할 수 있는 컴퓨터, 스마트폰, 각종 기기 등을 뜻합니다(그림 1-19).[2]

전송 매체

네트워크에서 실제로 정보를 전송하는 매체를 뜻합니다(그림 1-20). 유선랜이라면 동선, 광섬유, 랜케이블 등에 해당합니다. 무선랜이라면 전파가 이에 해당합니다.

그림 1-19 | **호스트**

그림 1-20 | **전송 매체**

---

2 프린터 같은 기기도 호스트에 포함되는지에 대한 의견이 갈리지만 이 책에서는 포함합니다.

L2 스위치(L2 Switch)

하나의 네트워크를 구성할 때 사용하는
유선랜용 접속 박스입니다(그림 1-21).
네트워크에 참가하는 컴퓨터는 자신의
LAN 포트와 L2 스위치의 LAN 포트를
랜케이블로 접속합니다. 그리고 L2 스
위치끼리 서로 연결하면 네트워크 규모
를 확대할 수 있습니다.

그림 1-21 | L2 스위치

YAMAHA SWX2200

라우터(Router)

L2 스위치로 구성된 네트워크를 서로
접속하는 기기입니다(그림 1-22). 인터
네트워킹(1장 02 참조)을 할 때 네트워크
와 네트워크 사이에 설치해서 네트워크
끼리 정보를 중계하는 등 핵심적인 역
할을 담당합니다.

그림 1-22 | 라우터

YAMAHA RTX1210

L3 스위치

L2 스위치와 라우터를 하나로 합친 기능을 제공합니다. 컴퓨터에서 뻗어 나온 랜
케이블 접속, VLAN(하나의 스위치 안에서 가상적으로 여러 개의 독립 네트워크를 만드는 기
능) 설정, VLAN으로 만든 네트워크끼리 정보 중계 등을 담당합니다(그림 1-23). 최
근에는 대규모 조직을 중심으로 L3 스위치를 널리 사용합니다.

그림 1-23 | L3 스위치

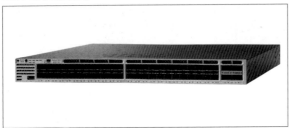

Cisco Catalyst 3850(제공: Cisco Systems, Inc.)

무선 공유기(Wi-Fi 라우터)

무선 접속 포인트(무선랜이 설치된 호스트에서 오는 접속을 관리하는 기능), 라우터, 스위치 등의 기능을 하나로 합친 기기입니다(그림 1-24). 주로 가정이나 소규모 조직에서 사용합니다. 규모가 큰 조직은 무선 접속 포인트(그림 1-25), 라우터, 스위치를 각각 별도의 기기로 구성하는 편입니다.

그림 1-24 | **무선 공유기**

Aterm WG2600HP3(제공: NEC 플랫폼즈 주식회사)

그림 1-25 | **무선 접속 포인트**

Cisco Aironet 1815i(제공: Cisco Systems, Inc.)

그림 1-26 | **각 기기의 이용**

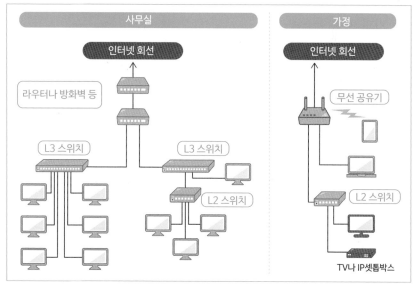

네트워크에서
사용하는 단위

데이터의 단위

일상 생활에서는 잘 사용하지 않지만, 컴퓨터나 통신 세계에서 빈번하게 사용하는
단위로 비트(bit)와 바이트(byte)가 있습니다(그림 1-27).[3]

비트

- 1비트는 0 또는 1로 표시하는 한 자리 값입니다.
- 컴퓨터나 통신에서 다루는 데이터의 최소 단위입니다.
- 한 번에 처리 가능한 비트 개수라는 의미로 64비트 OS, 최대 통신 속도 1Gbps(bit per
  second: 초당 비트 수) 같은 표현을 사용합니다.

바이트

- 1바이트는 8비트와 같습니다.
- 1바이트로 0에서 255까지 숫자를 표현할 수 있습니다.[4]
- 일반적으로 컴퓨터는 1바이트 또는 그 배수로 처리하므로 컴퓨터 세계에서 커다란 의미
  를 지닌 단위입니다.
- 바이트 단위는 내장 메모리, 하드디스크, 플래시 메모리 등의 용량을 표시할 때도 사용
  합니다.

그림 1-27 | **비트와 바이트**

데이터양의 접두사

단위가 큰 데이터를 표현하려면 비트나 바이트 단위 앞에 킬로, 메가, 기가 같은
접두사를 붙입니다(표 1-1).[5]

표 1-1 | 10을 밑수로 사용하는 접두사

접두사	읽는 방법	의미
k	킬로	10의 3승
M	메가	10의 6승
G	기가	10의 9승
T	테라	10의 12승
P	페타	10의 15승

통신 속도의 단위

랜이나 인터넷 접속의 통신 속도는 보통 1초간 보낼 수 있는 비트 수로 표현합니
다. 단위로는 bps(bit per second) 또는 비트/초, 초당 비트 수를 사용하는데 이건 모
두 1초 간에 송·수신한 비트 수를 뜻합니다.

통신 속도에서 사용하는 접두사는 10의 몇 승인가로 표현하는 k, M, G, T, P 등이
있습니다. 예를 들어 1Gbps는 1×10의 9승 비트/초 즉, 1000000000비트/초입니다.

> **COLUMN | 옥텟 단위**
>
> 통신 분야에서는 8비트를 1바이트가 아니라 1옥텟(octet)이라고 부르기도 합니다. 1바이트는
> 원래 그 컴퓨터에서 한 번에 처리 가능한 데이터 크기를 의미하는 게 장치에 따라서는 1바이트
> =8비트가 아닌 경우도 존재합니다. 그런 반면, 1옥텟은 반드시 8비트를 의미합니다. 따라서 주
> 고받을 데이터 형식을 정의하는 경우처럼 명확하게 표시해야 한다면 옥텟 단위를 사용합니다.
> 그러나 현재는 거의 모든 장치가 1바이트=8비트이므로 8비트=1바이트=1옥텟이라고 생각해
> 도 문제 없습니다.

---

3 비트와 바이트는 이름과 철자가 비슷하니 주의해야 합니다. 대문자 B라고 적으면 바이트를 의미하고,
소문자 b나 bit라고 적으면 비트를 의미하는 게 일반적인 표기 규칙입니다.
4 1비트로 표현할 수 있는 숫자는 0 또는 1입니다. 1바이트(=8비트)는 2진수 00000000에서 11111111까지
(10진수로 0에서 255) 256가지입니다. 2진수는 1장 09를 참조하기 바랍니다.
5 2를 밑수로 사용하는 접두사도 있습니다. 자세한 내용은 칼럼을 참조하기 바랍니다.

컴퓨터의 기억 용량 표시에 표 1-2처럼 2를 밑수로 사용하는 접두사도 존재합니다. 보면 알겠지만 표 1-1에서 본 10을 밑수로 사용하는 접두사 표기법과 동일합니다. 따라서 k(킬로), M(메가), G(기가) 같은 표시가 어느 쪽의 의미인지 잘 확인해야 합니다. 예를 들어 윈도우 7, 8, 10이라면 로컬 디스크(C: 드라이브) 설정은 2를 밑수로 사용하는 접두사를 사용하고, 맥이라면 하드 디스크 정보에 10을 밑수로 사용하는 접두사를 사용합니다.

표 1-2 | **2를 밑수로 사용하는 접두사**

접두사	읽는 방법	의미
k	킬로	2의 10승
M	메가	2의 20승
G	기가	2의 30승
T	테라	2의 40승
P	페타	2의 50승

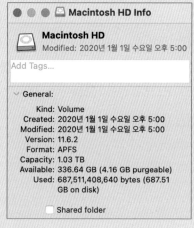

사용 중인 공간 45,171,908,608바이트가 42.0GB로 표시됩니다. 바이트값을 2의 30승으로 나누면 약 42.06이 되므로 2를 밑수로 하는 접두사가 사용된 걸 알 수 있습니다.

사용 중인 공간 687,511,408,640바이트가 687.51GB로 표시됩니다. 바이트 값을 10의 9승으로 나누면 약 687.51이므로 10을 밑수로 하는 접두사가 사용된 걸 알 수 있습니다.

CHAPTER 1
Computer Networking Basics

09 네트워크에서 숫자를 표시하는 방법

2진수와 16진수

일상생활에서는 보통 10진수로 숫자를 세지만, 네트워크나 컴퓨터 세계에서는 2진수나 16진수 같은 독특한 방법을 사용합니다. 숫자를 셈하는 방식과 표현법이 다를 뿐으로 숫자의 본질 자체가 변하는 건 아닙니다(그림 1-28).

그림 1-28 | 같은 숫자를 다르게 표현하는 방법

10진수	2진수	16진수
0	0	0
1	1	1
2	10	2
3	11	3
4	100	4
5	101	5
6	110	6
7	111	7
8	1000	8
9	1001	9
10	1010	A
11	1011	B
12	1100	C
13	1101	D
14	1110	E
15	1111	F
16	10000	10

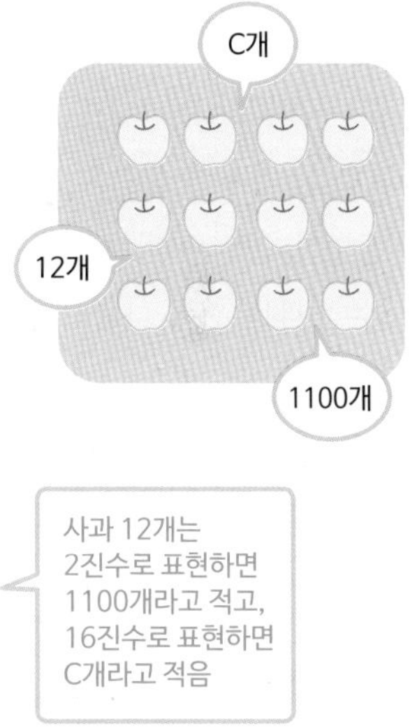

C개
12개
1100개
사과 12개는 2진수로 표현하면 1100개라고 적고, 16진수로 표현하면 C개라고 적음

※ 4자리 미만의 2진수를 4자릿수로 표현할 때 윗자리를 0으로 채움(예: 10 → 0010)

10진수, 2진수, 16진수로 숫자 세기[6]

10진수

0~9까지 10개의 숫자로 수를 표현합니다. 일상생활에서 수를 셀 때 10진수를 사용합니다. 손가락으로 숫자를 세는 인간의 생활 형태와 친화성이 높기 때문이 아닐까 라고 보고 있습니다.

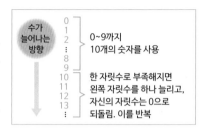

2진수

0과 1만으로 수를 표현합니다. 온·오프로 정보를 나타내는 컴퓨터와 친화성이 높아서 네트워크 관련해서 서브넷 마스크(p.60) 계산 등에서 등장합니다.

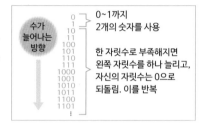

16진수

0~9와 A~F까지 16개의 숫자로 수를 표현합니다. 자릿수 올림은 2진수나 10진수와 동일하지만, 한 자릿수로 0~15를 나타낼 수 있다는 점이 다릅니다. 네트워크에서는 MAC 어드레스(p.138 참조) 표기 등에 사용합니다. 표현 범위가 좁아서 자릿수가 계속 늘어나는 2진수보다 훨씬 적은 자릿수로 표현 가능하므로 편리성 덕분에 널리 사용됩니다.

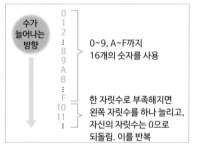

진법 변환

10진수, 2진수, 16진수는 표현 방법은 다르지만 모두 수의 개념을 표현하는 것입니다. 뜻하는 숫자 자체는 변함없이 다른 진수의 표현으로 변환하는 것을 진법 변환이라고 합니다.

---

6 2진수와 16진수 값을 읽을 때는 각 자릿수의 숫자를 그대로 읽는 게 일반적입니다. 그림 1-28에서 사과 개수는 일일영영(2진수), C(16진수)라고 읽습니다.

네트워크에서는 IP 주소를 다룰 때 10진수 → 2진수, 2진수 → 10진수 변환을 자주 사용합니다. 그림 1-29, 30이 이런 변환 절차입니다.

그림 1-29 | 10진수 → 2진수 변환 절차

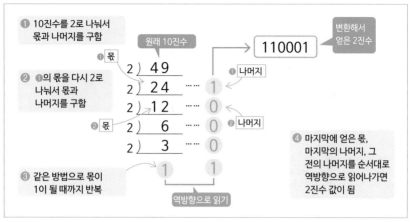

그림 1-30 | 2진수 → 10진수 변환 절차

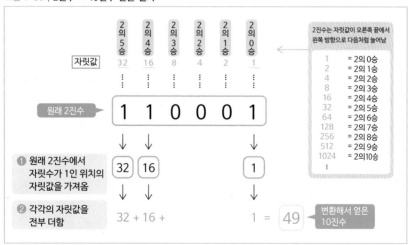

COLUMN | 10진수 → 16진수 변환 절차

10진수 → 16진수 변환은 10진수를 2진수로 변환하여 얻은 2진수의 값을 오른쪽 끝부터 4 자리씩 잘라서 그림 1-28의 표에 따라 16진수 문자로 바꾸면(예: 1001011100 → 0010 0101 1100 → 25C) 됩니다. 반대로 16진수 → 10진수 변환은 16진수의 각 자리를 그림 1-28의 표에 따라 4자리의 2진수로 바꾸고 그걸 10진수로 변환합니다(예: 4E1 → 0100 1110 0001 → 10011100001 → 1249).

계산기 프로그램으로 진법 변환하기

직접 진법 변환하는 방법은 기억해두면 좋지만 번번히 변환하기 번거롭다면 PC에 기본 설치된 계산기 프로그램을 사용합니다.

윈도우 10의 경우[7]

1 [시작] 버튼 → [계산기]를 클릭해서 계산기 애플리케이션을 실행합니다.

2 왼쪽 상단의 메뉴에서 [프로그래머]를 클릭합니다.

3 왼쪽에 있는 [HEX] (16진수), [DEC] (10진수), [OCT] (8진수), [BIN] (2진수) 중 원하는 것을 클릭해 입력할 값의 진법을 지정합니다.

4 변환하고 싶은 값을 입력하면 왼쪽에 각 진법별로 표시됩니다.

16진수로 표시하면 값 앞에 이 다음에 나오는 값이 16진수라는 걸 뜻하는 0x가 붙는다.

맥의 경우

1 [응용 프로그램] 폴더 → [Calc.app]를 클릭해 계산기를 실행합니다.

2 [보기] 메뉴에서 [프로그래머]를 클릭합니다.

3 오른쪽 위에 있는 [8], [10], [16] 버튼 중에서 값을 입력할 진법을 클릭해 지정합니다.

4 변환하고 싶은 값을 입력한 후에 변환하고 싶은 진법의 버튼을 클릭하면 해당 진법으로 변환한 값이 표시됩니다.

이 부분은 늘 2진법 값이 표시된다.

---

7 윈도우 7이나 8 계산기도 방법은 거의 같습니다. [보기] 메뉴에서 [프로그래머]를 선택하고 왼쪽에 있는 [16진], [8진], [2진] 라디오 버튼 중에서 원하는 걸 클릭합니다. 변환할 값을 입력한 후 변환하고 싶은 진법을 선택하면 값이 표시됩니다.

CHAPTER **2**

TCP/IP의 기초

애플리케이션 통신에서 빠질 수 없는 TCP/IP는 강력한 숨은 실력을 발휘합니다. 이 장에서는 TCP/IP 구조와 세련된 동작을 배웁니다.

Keyword

• IP	• IPv6	• ICMP
• TCP	• UDP	• 네트워크 인터페이스 계층
• 인터넷 계층	• 전송 계층	• 라우팅
• IP 주소	• 넷마스크	• 서브넷
• CIDR	• 포트 번호	• 잘 알려진 포트
• Wireshark	• ARP	• MSS
• MTU	• IP 단편화	• Path MTU Discovery
• 확인 응답	• 시퀀스 번호	• 윈도우 사이즈
• 슬라이딩 윈도우	• 3웨이 핸드쉐이크	• 라운드 트립 타임

01

TCP/IP 계층 모델

TCP/IP 계층 모델

컴퓨터 통신에서 사용하는 프로토콜은 1장 04에서 설명한 OSI 참조 모델이나 TCP/IP 4계층 모델로 표현하는 경우가 많습니다. 계층 모델은 서로 역할이 다른 여러 개의 프로토콜을 계층적으로 쌓아 올리거나 같은 계층 안에서도 기능을 교환하는 방식을 사용해 목적을 달성합니다. TCP/IP도 이런 방식으로 구성되는데, 특히 TCP/IP에서 중요한 역할을 담당하는 것이 IP와 TCP, UDP입니다. TCP/IP 4 계층 모델에 따라 각각의 관계를 살펴보겠습니다.

인터넷 계층을 담당하는 IP

인터넷 계층(Internet layer)은 네트워크 인터페이스 계층(이더넷 등) 위, 전송 계층 (TCP나 UDP 등) 아래에 위치합니다(그림 2-1). 인터넷 계층은 인터네트워킹을 실현하는 방법을 담당합니다. 즉, 여러 네트워크가 상호 접속된 구성에서 각각의 네트워크에 속한 컴퓨터가 자신의 네크워크 범위 밖에 있는 컴퓨터와 상호 통신을 가능하게 하는 기능을 제공합니다.

인터넷 계층 아래에 위치하는 네트워크 인터페이스 계층은 직접적으로 이어진 컴퓨터끼리 통신하는 기능을 제공하지만, 해당 범위(직접 연결)를 벗어난 통신은 불가능합니다. 이렇게 네트워크 인터페이스 계층의 한정된 기능을 사용하면서도 패킷 중계를 통해 직접적으로 연결되지 않은 컴퓨터라도 상호 통신할 수 있게 하는 것이 인터넷 계층의 역할입니다. 인터넷 계층에서 일어나는 패킷 중계를 일반적으로 라우팅(Routing)이라고 부릅니다.

또한, 각자의 네트워크에 속한 컴퓨터끼리 통신하려면 각 컴퓨터를 특정할 수 있는 주소도 필요합니다. 따라서 이런 주소도 인터넷 계층이 제공합니다.

그림 2-1 | IP 역할과 동작하는 레이어

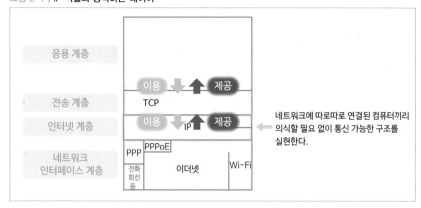

인터넷 계층 기능을 제공하는 대표적인 프로토콜이 IP(Internet Protocol)입니다(그림 2-2). 또한 IP와 더불어 사용할 때가 많은 프로토콜 ICMP(Internet Control Message Protocol)가 있습니다. IP와 마찬가지로 인터넷 계층으로 분류됩니다. ICMP는 네트워크 사용자의 데이터 전송이 목적이 아니라, 네트워크 기능을 유지하는 것이 목적인 프로토콜입니다. 구체적으로는 임의의 상대에게 도달 가능 여부를 검사해 도달 불가능하다면 이유를 통지하거나 각종 통신 제약 정보를 주고받는 처리 등에 ICMP를 사용합니다.

그림 2-2 | 인터넷 계층의 주요 프로토콜

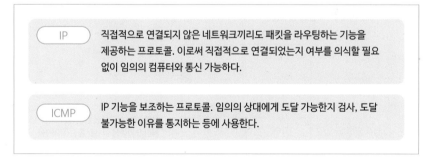

IP를 비롯한 대다수의 통신 프로토콜은 정해진 크기의 데이터 덩어리 단위로 송수신을 처리합니다. 이런 데이터 덩어리를 만드는 처리 단위를 일반적으로 패킷(Packet)이라고 부릅니다. 패킷에는 제어에 사용하는 정보를 포함하는 부분과 주고받을 데이터 자체를 포함하는 부분이 있습니다. 전자는 헤더(Header) 또는 헤더 영역이라고 하고, 후자를 페이로드(Payload) 또는 데이터 영역이라고 합니다. 패킷과 거의 같은 의미로 이더넷은 프레임(Frame), TCP는 세그먼트(Segment)라는 말도 사용합니다.

이 책에서는 이더넷은 '프레임', IP, TCP, UDP는 주로 '패킷'을 사용합니다. 그리고 패킷, 프레임, 세그먼트처럼 프로토콜이 처리 단위로 쓰는 것들은 PDU(Protocol Data Unit)라고 총칭합니다. 한편, IP나 UDP처럼 순서나 도착 여부가 보장되지 않는 경우에는 데이터그램(Datagram)이라는 명칭도 사용합니다.

전송 계층을 담당하는 TCP와 UDP

전송 계층(Transport layer)은 인터넷 계층 위, 응용 계층 아래에 위치합니다(그림 2-3). 전송 계층은 인터넷 계층이 제공하는 임의의 컴퓨터끼리 통신하는 기능을 기반으로 네트워크 사용 목적에 따른 통신 특성을 추가합니다. 구체적으로는 신뢰성 높은 통신 기능 혹은 신뢰성은 높지 않지만 실시간 통신 기능처럼 요구에 따른 특성을 지닌 통신을 실현합니다.

각자의 네트워크에 접속한 컴퓨터끼리 통신할 수 있는 기능은 인터넷 계층에서 제공하므로 그 기능을 이용하는 입장인 전송 계층은 의식하지 않아도 됩니다.

그림 2-3 | TCP와 UDP 역할과 동작하는 계층

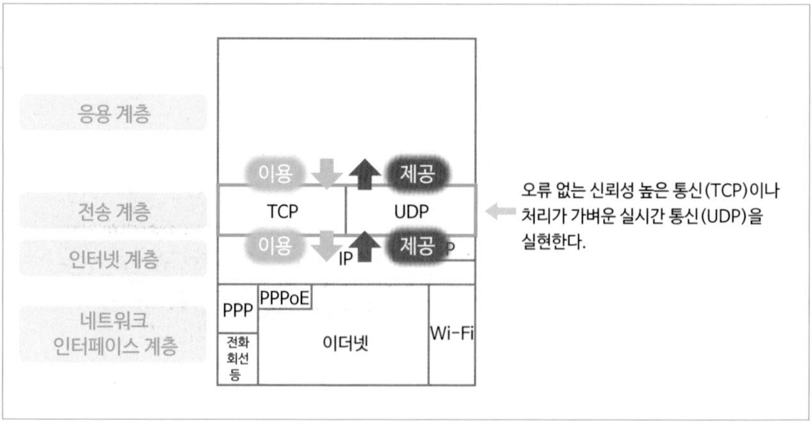

응용 계층

전송 계층

인터넷 계층

네트워크 인터페이스 계층

이용 / 제공

TCP / UDP

IP

PPP / PPPoE / 전화회선 등 / 이더넷 / Wi-Fi

오류 없는 신뢰성 높은 통신(TCP)이나 처리가 가벼운 실시간 통신(UDP)을 실현한다.

전송 계층은 고신뢰성 또는 실시간 통신 같은 통신 처리에만 중점을 둔 계층입니다.

대표적인 전송 계층 프로토콜로 TCP(Transimission Control Protocol)와 UDP(User Datagram Protocol)가 있습니다(그림 2-4).

TCP는 신뢰성 높은 통신을 구현하는 연결 지향형 프로토콜입니다. 수신한 패킷에서 오류를 발견하거나 일부 패킷이 손상 또는 중복되는 경우 패킷 순서가 뒤섞이는 등의 문제가 발생해도 해결할 수 있습니다. 구체적으로는 상대방에게 재송신을 의뢰하거나 중복 패킷 삭제하기, 패킷 순서 교체하기, 송신 속도 늦추기 같은 방법을 사용해서 송신한 패킷이 정확하게 상대방에게 도달하도록 제어합니다.

한편, UDP는 통신 신뢰성보다는 실시간으로 패킷이 도착하는 가벼운 처리에 중점을 둔 프로토콜입니다. UDP는 비연결 지향형 프로토콜이므로 접속 요청 같은 전처리 없이 곧바로 상대방에게 패킷을 송신할 수 있습니다. 또한, 순서 확인이나 재전송 의뢰와 같은 처리 없이 도착한 데이터를 곧바로 애플리케이션에 넘기므로 실시간성이 높습니다. 이런 UDP 특성은 IP 패킷 특성에 가까운 성질을 보입니다.

이렇게 성격이 다른 TCP와 UDP는 애플리케이션의 목적에 따라서 어떤 걸 사용할지 선택합니다. 웹, 메일, 파일 서버, SNS 등은 신뢰성이 높아야 하므로 TCP를 사용합니다. 동영상 스트리밍, IP 전화처럼 실시간 전송이 중요하거나 DNS나 NTP(시각 동기화)처럼 가벼운 처리가 필요하면 UDP를 사용합니다.

그림 2-4 | **전송 계층의 주요 프로토콜**

TCP
임의의 컴퓨터 간의 통신에 높은 신뢰성을 부가하는 프로토콜. 시작할 때 접속을 생성하고 통신이 끝나면 접속을 끊는 연결 지향형. 패킷 재전송이나 패킷 순서 재정렬 처리 때문에 실시간성은 떨어진다.

UDP
인터넷 계층 기능을 거의 그대로 사용해서 사전 준비가 필요 없는 가벼운 통신을 실현하는 프로토콜. 비연결 지향형. 도착한 데이터는 곧바로 애플리케이션에 전달되어 실시간성이 높다.

02
IP의 역할

여러 네트워크를 넘나드는 통신을 제공하는 IP

IP(Internet Protocol)는 가정이나 사무실은 물론, 인터넷 중추를 비롯한 현대 컴퓨터 네트워크에서 빠질 수 없는 인터넷 계층(네트워크 계층)의 통신 프로토콜입니다.

IP는 복수의 네트워크를 상호 연결해서 만든 커다란 네트워크 내부에서 즉, 어떤 네트워크 안에 있는 컴퓨터에서 송신한 데이터를 다른 네트워크 안에 있는 컴퓨터에 배달하는 역할을 담당합니다. 각자의 네트워크 안에서는 각각의 컴퓨터가 물리적인 연결을 통해 서로 통신할 수 있지만, 다른 네트워크라면 그 사이를 중계하는 방법이 필요한데 IP가 그런 방법을 제공합니다.

실생활에서 예를 들면 누군가가 버스를 이용해 목적지에 가려고 할 때, 어떤 회사가 버스 노선을 운영하는지와 관계없이 현재 교통 상황을 바탕으로 어떤 버스를 타서 어디에서 환승하면 되는지 교통편을 안내하는 역할이 IP에 해당합니다(그림 2-5).

높은 범용성으로 다양한 분야에서 활용

예전에는 인터넷 계층(네트워크 계층) 프로토콜에 IP 외에도 IPX 같은 프로토콜이 있었지만, 지금은 인터넷 계층 프로토콜 = IP라고 할 만큼 온갖 네트워크에서 IP를 사용합니다.

이렇게 IP가 널리 퍼진 주된 이유는 통신 절차가 간단해서 범용성이 높다는 점을 들 수 있습니다. 인터넷이나 랜처럼 컴퓨터 통신 목적으로 등장한 IP이지만 최근에는 유선전화나 휴대전화용 기반의 네트워크 프로토콜에서도 사용합니다.

지금까지는 독자적인 기능이 필요해서 각자 전용 네트워크를 구성했지만, 최근에는 모두 IP 네트워크 위에서 구축하는 형태로 바뀌었습니다. 이런 흐름에 따라 다양한 서비스와 컴퓨터 네트워크 사이에 존재하던 장벽이 허물어지고 있습니다 (그림 2-6).

그림 2-5 | IP의 역할을 버스 탑승 안내에 비유

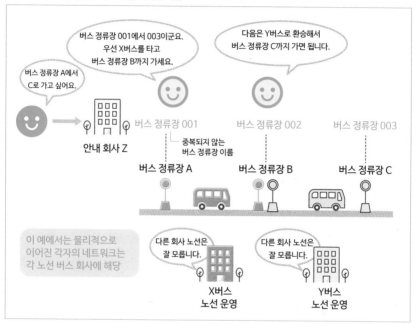

그림 2-6 | IP 네트워크는 다양한 서비스의 기반이 됨

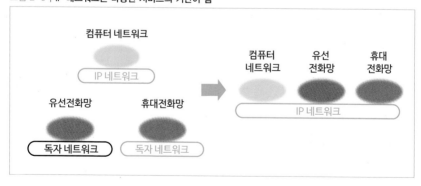

03

TCP의 역할

데이터를 확실하게 전달하는 TCP

TCP(Transmission Control Protocol)는 인터넷을 비롯해 현대 컴퓨터 네트워크에서 널리 사용하는 전송 계층 통신 프로토콜입니다.

전송 계층 프로토콜 TCP는 하위 계층인 IP가 제공하는 각자의 네트워크에 속한 기기 간의 통신 기능을 바탕으로 신뢰성을 보장하는 기능을 제공합니다. IP가 제공하는 통신 기능이 사용 불가능할 정도로 신뢰성이 낮은 건 아니지만, 이더넷이나 무선랜 전송에서 발생하는 통신 오류나 패킷 손실은 언제든 일어날 수 있습니다. 만약에 SNS로 주고받은 메시지 일부가 사라지거나 웹에 접속했는데 아무 것도 표시되지 않는다면 곤란하겠지요.

TCP는 데이터를 보내고 받는 양쪽이 서로 협력해서 상대가 제대로 받았는지 확인하기, 받은 패킷이 송신한 것과 동일한지 검사하기, 뒤죽박죽으로 도달한 패킷의 순서 맞추기, 도착하지 않은 패킷 재전송하기 같은 방법을 동원해서 데이터가 원본 그대로 상대방에게 도달할 수 있도록 최선을 다합니다. 따라서 수신하지 못한 데이터가 있다면 다시 받을 때까지 기다렸다가 완전한 데이터를 애플리케이션에 넘기므로, 데이터를 수신하면 곧바로 애플리케이션에서 처리하는 실시간 처리는 기대하기 어렵습니다. 게다가 재전송은 조금 번거로운 처리가 필요합니다.

TCP는 가벼운 처리나 실시간성 대신 상대방에게 확실하게 배달하는 신뢰성에 중점을 둔 프로토콜입니다(그림 2-7).

TCP를 사용하는 애플리케이션

실시간성이나 처리의 가벼움도 중요하지만 그보다 높은 신뢰성이 중요한 애플리케이션 쪽이 더 많습니다. 따라서 실시간성이나 가벼운 처리가 반드시 필요한 경우를 제외하면 대다수 애플리케이션은 TCP를 사용합니다. 표 2-1은 TCP를 이용한 애플리케이션의 예입니다.

그림 2-7 | TCP가 제공하는 기능

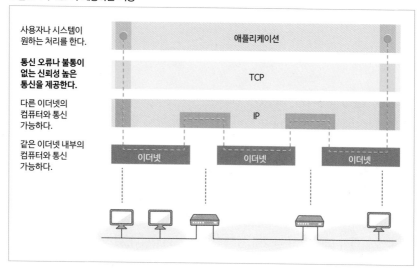

표 2-1 | TCP를 사용하는 애플리케이션 프로토콜의 예

프로토콜명	기능
HTTP	웹에 접속
POP3	이메일 박스 읽기
IMAP4	이메일 박스에 접속
SMTP	서버 간 메일 전송
SMTP Submission	PC에서 메일서버로 메일 전송
HTTPS	암호화된 HTTP
POP3s	암호화된 POP3
IMAP4s	암호화된 IMAP4
Submissions	암호화된 SMTP Submission
FTP Data	파일 전송(데이터 전송용)
FTP	파일 전송(제어용)
SSH	암호화된 컴퓨터 콘솔 접속
TELNET	컴퓨터 콘솔에 접속

※그 외에도 다양하게 사용

04

UDP의 역할

가벼운 통신 처리가 특징인 UDP

UDP(User Datagram Protocol)는 인터넷을 비롯한 현대 컴퓨터 네트워크에서 특히 실시간 처리나 가벼움이 필요할 때 사용하는 전송 계층 통신 프로토콜입니다.

전송 계층 프로토콜 UDP도 하위 계층 IP가 제공하는 각자의 네트워크에 속한 기기끼리 통신하는 기능이 기반인데 UDP는 그 기능을 거의 그대로 사용합니다. UDP는 통신 오류 확인, 송신한 포트나 상대방 포트 번호 확인 같은 일부 추가 기능 밖에 없어서 IP 패킷의 특성이 거의 그대로 드러납니다.

IP 패킷은 패킷 분할(단편화, fragmentation)이 일어나지 않는 한 '이더넷 하드웨어 전송 속도 + 무척 짧은 소프트웨어 처리 시간'으로 데이터를 주고받을 수 있습니다. 이런 IP 패킷 기능을 거의 그대로 이용하는 UDP는 이런 특성을 이어받아서 실시간성이 높습니다. 또한 UDP는 재전송 같은 기능을 제공하지 않으므로 무척 가볍게 처리할 수 있습니다.

UDP는 패킷이 도중에 사라지더라도 무시하고 계속해서 처리하며 실시간과 빠른 처리에 중점을 둔 프로토콜입니다(그림 2-8).

UDP를 사용하는 서비스

UDP는 상대방에게 모든 패킷이 그대로 도착한다는 보증이 없으므로 UDP를 이용한다면 이런 상황에서도 처리에 지장이 없거나 애플리케이션이 그에 맞게 대응해야 합니다.

동영상이나 음성 스트리밍 서비스라면 메일이나 웹과는 달리 때때로 패킷이 누락되더라도 큰 지장이 없고 실시간 처리가 더 중요하므로 UDP가 잘 어울립니다.

또한, 가벼운 처리가 필요한 DNS 문의에도 UDP를 사용하고, 만약 패킷이 누락되었다면 DNS가 재문의해서 대응합니다. 표 2-2는 UDP를 이용하는 애플리케이션의 예입니다.

그림 2-8 | UDP가 제공하는 기능

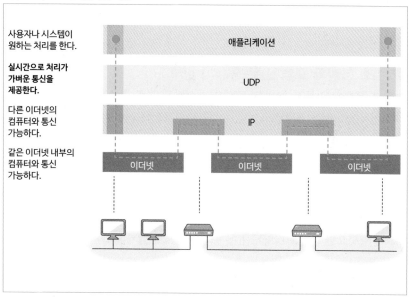

표 2-2 | UDP를 사용하는 애플리케이션 프로토콜의 예

프로토콜명	기능
DOMAIN	DNS 질의(DNS 서버끼리의 정보 전송은 TCP를 사용)
NTP	시각 정보 배포
RIP/RIP2	라우팅 정보 교환
RTP	음성이나 동영상 스트리밍
SNMP	컴퓨터나 네트워크 기기 감시

※한정적으로 이용

IP 주소

IP 주소 형식과 포함된 두 종류의 정보

인터넷 계층에서 통신 상대를 특정하는 식별자가 IP 주소(IP Address)[1]입니다.
IP 주소는 32비트로 구성되는데 32개의 0과 1을 나열하려면 불편하므로 보통 10진
수 표기법을 사용합니다. 32비트 나열을 8비트마다 묶어서 4개로 나누고, 각각
10진수 0~255로 표시한 다음 각 값의 사이에는 온점(.)을 찍어서 표시합니다.
203.0.113.43 같은 형태입니다.

이런 IP 주소는 컴퓨터에 할당한 단순한 번호의 나열처럼 보일지도 모르지만, IP
주소에는 중요한 역할을 담당하는 두 종류의 정보가 담겨 있습니다(그림 2-9).

그림 2-9 | IP 주소 표기와 내부 구조

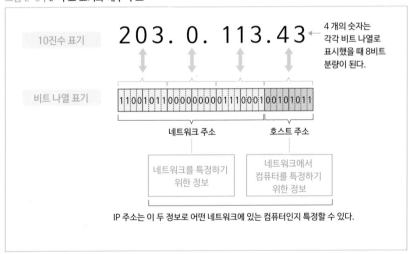

---

1 IPv4의 IP 주소를 바탕으로 설명합니다. IPv6는 2장 16을 참조하기 바랍니다.

IP 주소를 32비트로 표시할 때 왼쪽 부분을 네트워크 주소라고 부릅니다. 네트워크 주소는 네트워크를 특정하는 정보를 저장합니다. 이런 네트워크를 특정하는 정보는 여러 네트워크를 연결한 구성에서 각자의 네트워크를 가리킬 때 사용합니다. 그리고 비트 나열의 오른쪽 부분은 호스트 주소라고 부릅니다. 호스트 주소는 어떤 네트워크 안에서 해당하는 컴퓨터를 특정하는 정보가 들어갑니다.

이런 방식을 사용해 IP 주소 하나만 있으면 어떤 네트워크에 속한 컴퓨터인지 꼭 집어서 알아낼 수 있습니다.

네트워크 주소 길이와 클래스

그림 2-9의 예에서는 왼쪽에서 24비트까지가 네트워크 주소, 남은 8비트가 호스트 주소이지만, 네트워크 주소와 호스트 주소를 나누는 위치는 변경할 수 있습니다. 기본적인 IP 주소라면 네트워크 주소 길이는 8비트, 16비트, 24비트 세 종류가 있고, 각각 클래스 A, 클래스 B, 클래스 C라고 부릅니다(그림 2-10). 그 외에 클래스 D, E는 특수 목적으로 사용하므로 여기서 설명을 생략합니다.

그림 2-10 | IP 주소 클래스

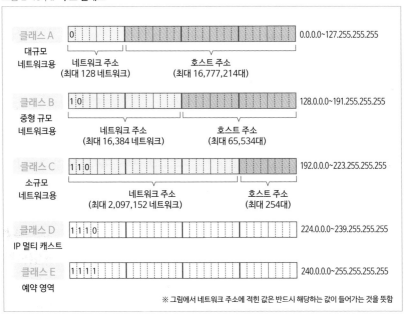

클래스 A의 IP 주소는 0.0.0.0~127.255.255.255 범위를 사용하고 네트워크 주소가 8비트, 호스트 주소가 24비트로 정해져 있습니다. 호스트 주소가 24비트라는 것은 0~16,777,215까지의 수를 나타낼 수 있다는 뜻입니다.

그중에서 호스트 주소의 모든 비트가 0인 경우(0)는 네트워크 자기 자신을, 호스트 주소의 모든 비트가 1이면(16,777,215) 브로드캐스트 주소로 정해져 있어 이 둘을 제외한 남은 1~16,777,214를 이용할 수 있습니다. 앞서 설명한 것처럼 호스트 주소는 네트워크에서 컴퓨터를 특정하는 주소이므로 이론적으로 클래스 A는 하나의 네트워크에 최대 16,777,214대의 컴퓨터를 식별(=접속 가능)할 수 있습니다.

클래스 B의 IP 주소는 128.0.0.0~191.255.255.255 범위를 사용하고 네트워크 주소가 16비트, 호스트 주소가 16비트입니다. 호스트 주소의 16비트는 0~65,535값을 나타낼 수 있으므로 거기서 모든 비트가 0인 경우(0)와 모든 비트가 1인 값(65535)를 제외한 1~65,534를 이용할 수 있습니다. 즉, 클래스 B는 하나의 네트워크에서 최대 65,534대 컴퓨터를 식별할 수 있습니다.

클래스 C의 IP 주소는 192.0.0.0~223.255.255.255 범위를 사용하고 네트워크 주소로 24비트, 호스트 주소로 8비트를 사용합니다. 호스트 주소의 8비트가 모두 0인 경우(0)와 모두 1인 경우(255)를 제외한 1~254를 이용할 수 있으므로 클래스 C는 하나의 네트워크에서 최대 254대의 컴퓨터를 접속할 수 있습니다.

클래스와 할당된 네트워크의 개수

벌써 눈치챈 독자분이 있을지도 모르지만 하나의 네트워크에서 수많은 컴퓨터를 식별(=접속) 가능한 클래스라면 네트워크 생성 개수가 제한됩니다. 예를 들어 클래스 A라면 호스트 주소가 24비트인 대신에 네트워크 주소는 8비트 밖에 없습니다. 클래스 A에서 사용하는 IP 주소 범위 0.0.0.0~127.255.255.255를 생각해보면 네트워크 주소인 앞부분 8비트는 0~127 밖에 없으므로 클래스 A 네트워크는 128종류 밖에 만들 수 없습니다.

마찬가지로 클래스 B는 IP 주소로 128.0.0.0~191.255.255.255 범위를 사용하고 네트워크 주소가 16비트이므로 128.0~191.255(128.0, 128.1, 128.2 ... 128.255, 129.0, 129.1 ... 191.254, 191.255로 변화)를 써서 16,384개의 네트워크를 설치할 수 있습니다. 그리고 클래스 C는 IP 주소로 192.0.0.0~223.255.255.255 범위를 쓰고 네트

워크 주소가 24비트이므로 192.0.0~223.255.255(192.0.0, 192.0.1, ..., 192.0.255, 192.1.0, 192.1.1, ..., 192.255.255, 193.0.0, 193.0.1, ..., 223.255.254, 223.255.255로 변화)를 써서 2,097,152개의 네트워크를 설치할 수 있습니다.

넷마스크와 네트워크 주소

IP 주소에서 네트워크 주소와 호스트 주소가 나뉘는 위치를 뜻하는 정보를 넷마스크(Netmask)라고 부릅니다. 넷마스크는 32비트 값으로 네트워크 주소에 해당하는 부분은 비트가 1, 호스트 주소 부분은 0이 됩니다. 넷마스크 표기법은 IP 주소와 마찬가지로 0~255 숫자 네 쌍 사이에 온점(.)을 찍는 형식을 많이 사용합니다.

이런 넷마스크와 IP 주소를 AND 연산하면 넷마스크의 비트값이 1인 위치의 IP 주소 비트(=네트워크 주소)를 추출할 수 있습니다. 그리고 넷마스크의 비트값이 0인 위치의 IP 주소 비트(=호스트 주소)는 모두 0이 됩니다(그림 2-11).

IP 주소에서 호스트 주소가 모두 0이라면 IP 주소가 속한 네트워크의 주소를 뜻하며 네트워크 주소라고 부릅니다. AND 연산으로 이런 네트워크 주소를 추출할 수 있습니다. 네트워크 주소는 라우팅 테이블에서 상대방 네트워크를 지정할 때 사용합니다.

한편, 이와 반대로 호스트 주소가 모두 1인 주소를 브로드캐스트(Broadcast) 주소라고 부릅니다. 브로드캐스트 주소는 어떤 네트워크에 소속된 모든 기기를 향해 한꺼번에 송신하는 브로드캐스트용 목적지로 지정합니다.

그림 2-11 | **넷마스크와 네트워크 주소의 관계**

IP 주소와 넷마스크를 AND 연산하면 네트워크 주소 부분은 그대로 남고 호스트 주소 부분의 비트는 모두 0이 되어서 네트워크 주소를 얻을 수 있음

IP 주소를 유용하게 활용하는 서브넷

클래스 A~C라는 개념은 논리 정연하지만, 현실에 적용하기에는 유연성이 부족합니다. 예를 들어 클래스 C 주소라면 254대까지 접속 가능하지만, 실제로 접속하는 기기가 20대뿐이면 많은 영역이 낭비됩니다. 그래서 나온 방법이 클래스 A~C라는 하나의 네트워크 안에서 다시 작은 네트워크를 만드는 서브넷(Subnet) 방식입니다.

서브넷의 구체적인 예를 봅시다. 지금 네트워크 주소가 192.168.1.0이고 IP 주소로 192.168.1.0~192.168.1.255를 사용하는 254대(호스트 주소가 모두 0인 것과 모두 1인 것을 제외)의 컴퓨터가 접속 가능한 네트워크가 있다고 합시다. 클래스 C 네트워크이므로 네트워크 주소는 24비트(8비트×3)이고 따라서 넷마스크는 255.255.255.0입니다. 만약 이걸 서브넷 4개로 분할한다면 네트워크 주소가 192.168.1.0이고 192.168.1.0~192.168.1.63을 사용하는 서브넷 1, 네트워크 주소가 192.168.1.64이고 192.168.1.64~192.168.1.127을 사용하는 서브넷 2, 네트워크 주소가 192.168.1.128이고 192.168.1.128~192.168.1.191을 사용하는 서브넷 3, 네트워크 주소가 192.168.1.192이고 192.168.1.192~192.168.1.255를 사용하는 서브넷 4를 만들 수 있습니다. 그림 2-12는 이 중에서 서브넷 1과 2를 써서 네트워크를 만드는 예입니다.

서브넷의 본질은 비트열로 표시한 네트워크 주소가 어떻게 변화하는지 보면 이해하기 좋습니다. 주목할 부분은 네트워크 주소 길이입니다. 이 예라면 서브넷을 만들기 위해서 24비트였던 네트워크 주소를 26비트로 확장하고, 대신에 호스트 주소를 6비트로 줄였습니다(그림 2-13). 즉, 서브넷은 IP 주소에서 호스트 주소 일부를 네트워크 주소로 이용하는 것입니다. 이에 따라 넷마스크 값도 255.255.255.0(11111111 11111111 11111111 00000000)에서 255.255.255.192(11111111 11111111 11111111 11000000)로 변합니다.

그림 2-12 | 서브넷

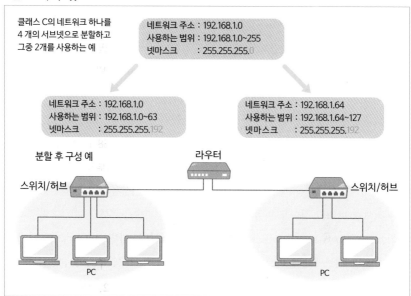

클래스 C의 네트워크 하나를
4개의 서브넷으로 분할하고
그중 2개를 사용하는 예

네트워크 주소 : 192.168.1.0
사용하는 범위 : 192.168.1.0~255
넷마스크   : 255.255.255.0

네트워크 주소 : 192.168.1.0
사용하는 범위 : 192.168.1.0~63
넷마스크   : 255.255.255.192

네트워크 주소 : 192.168.1.64
사용하는 범위 : 192.168.1.64~127
넷마스크   : 255.255.255.192

분할 후 구성 예

라우터

스위치/허브

스위치/허브

PC

PC

그림 2-13 | 서브넷에 의한 IP 주소의 변화

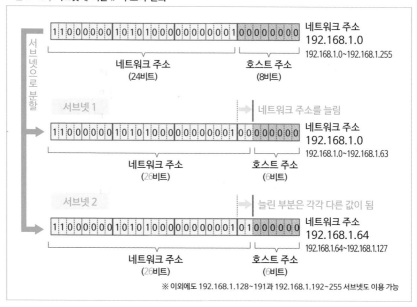

서브넷으로 분할

1 1 0 0 0 0 0 0 1 0 1 0 1 0 0 0 0 0 0 0 0 0 0 1 0 0 0 0 0 0 0 0

네트워크 주소
(24비트)

호스트 주소
(8비트)

네트워크 주소
192.168.1.0
192.168.1.0~192.168.1.255

서브넷 1

네트워크 주소를 늘림

1 1 0 0 0 0 0 0 1 0 1 0 1 0 0 0 0 0 0 0 0 0 0 1 0 0 0 0 0 0 0 0

네트워크 주소
(26비트)

호스트 주소
(6비트)

네트워크 주소
192.168.1.0
192.168.1.0~192.168.1.63

서브넷 2

늘린 부분은 각각 다른 값이 됨

1 1 0 0 0 0 0 0 1 0 1 0 1 0 0 0 0 0 0 0 0 0 0 1 0 1 0 0 0 0 0 0

네트워크 주소
(26비트)

호스트 주소
(6비트)

네트워크 주소
192.168.1.64
192.168.1.64~192.168.1.127

※ 이외에도 192.168.1.128~191과 192.168.1.192~255 서브넷도 이용 가능

이 예에서는 네트워크 주소로 연장한 2비트는 00, 01, 10, 11의 네 가지 패턴이 가능하므로 네트워크를 4개 더 만들 수 있습니다. 그 대신 호스트 주소가 짧아지므로 각 네트워크에 접속 가능한 컴퓨터 개수는 줄어듭니다. 예제에서 호스트 주소는 6비트이므로 64종류의 값을 표현할 수 있으며 모든 비트가 0인 경우와 1인 경우를 제외하면 각 네트워크에는 62대까지 접속할 수 있습니다.

예제에서는 네트워크 주소 확장에 2비트를 사용했지만, 비트 수는 원하는대로 늘릴 수 있습니다. 다만, 네트워크 주소를 늘릴수록 호스트 주소가 짧아지므로 접속 가능한 컴퓨터 대수도 줄어듭니다.

이 예에서 각 서브넷은 같은 길이의 서브넷 마스크를 사용하고 있지만, 서브넷마다 서브넷 마스크 길이도 바꿀 수 있습니다. 이런 기술을 가변 길이 서브넷 마스크 (VLSM: Variable Length Subnet Masking)라고 부릅니다. 가변 길이 서브넷 마스크를 사용하면 서브넷 분할이 유연해집니다. 예를 들어 64개의 주소를 가진 네트워크 4개로 분할하는 이외에도 64개의 주소를 가진 네트워크 2개와 128개의 주소를 가진 네트워크 하나로 분할하는 것도 가능합니다.

CIDR

CIDR(Classless Inter-Domain Routing, 사이더)는 가변 길이 서브넷 마스크에 기반한 기술이라 기능은 비슷하지만, 원래는 다른 목적으로 만든 기술입니다.

그림 2-14와 같은 네트워크가 있을 때 라우터 B는 라우터 A 앞에 있는 4개의 네트워크에 속한 전송 규칙을 가지고 있습니다. 이걸 하나의 규칙으로 합치는 것이 CIDR입니다. 구체적으로는 왼쪽에서부터 22비트를 네트워크 주소라고 합시다. 4개의 네트워크는 22비트까지 비트값이 공통이므로 규칙 하나로 네트워크 4개 몫의 규칙을 합칠 수 있습니다.

가변 길이 서브넷 마스크나 CIDR 관련 표기는 IP 주소와 서브넷 마스크를 동시에 표기하는 CIDR 표기를 많이 사용합니다(그림 2-15).

그림 2-14 | CIDR 방식

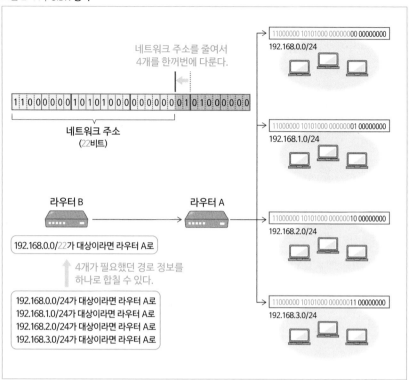

그림 2-15 | IP 주소와 서브넷 마스크를 합쳐서 표시하는 CIDR 표기

글로벌 IP 주소와 프라이빗 IP 주소

IP 주소에는 규칙에 따라 인터넷에서 유일한 주소가 되는 글로벌 IP 주소 외에도 집이나 사무실에서 자유롭게 사용 가능한 프라이빗 IP 주소가 있습니다. 그림 2-16에 있는 IP 주소 범위가 프라이빗 IP 주소입니다. 프라이빗 IP 주소를 사용하는 컴퓨터가 인터넷에 접속할 때 NAT/NAPT(4장 06 참조)를 사용해서 글로벌 IP 주소로 변환됩니다.

이런 번거로운 절차를 사용하는 건 IPv4 주소는 약 43억(2^{32})개 제한이 있으므로 인터넷에 접속한 모든 기기에 글로벌 IP 주소를 할당하려면 부족하기 때문입니다. 따라서 NAT/NAPT로 부족한 글로벌 IP 주소를 공유해서 어떻게든 유지하고 있습니다. 참고로 새로운 IP 프로토콜인 IPv6는 IP 주소가 약 340간(2^{128})개 존재하므로 고갈될 가능성이 거의 없습니다.

그림 2-16 | 프라이빗 IP 주소 범위

클래스 A	10.0.0.0	~ 10.255.255.255
클래스 B	172.16.0.0	~ 172.31.255.255
클래스 C	192.168.0.0	~ 192.168.255.255

COLUMN | 의미가 늘어나는 서브넷 마스크와 CIDR

서브넷의 넷마스크는 엄밀히 따지면 서브넷 마스크를 의미합니다. 하지만 서브넷을 일반적으로 사용하다보니 넷마스크와 서브넷 마스크를 구별하지 않는 편입니다.
마찬가지로 네트워크 주소 길이를 줄여서 여러 네트워크에 대한 전송 규칙을 하나로 합치는 기술이 본래의 CIDR이지만, 요즘에는 IP 주소 클래스에 관계 없이 네트워크 주소 길이를 자유롭게 설정하는 걸 CIDR라고 부릅니다.

06
포트 번호

포트 번호의 기능

전송 계층에서 통신 상대의 어떤 기능과 접속할지 구분하는 식별자가 포트 번호입니다. IP 주소로 통신할 상대방이 어떤 네트워크의 컴퓨터인지 특정 가능합니다. 하지만 컴퓨터에는 여러 프로그램(기능)이 동작 중이라 IP 주소만으로 어떤 프로그램과 접속해야 할지 구별하기 어렵습니다. 따라서 포트 번호를 사용해서 컴퓨터의 어떤 프로그램과 접속해야 할지 지정합니다(그림 2-17).

TCP/IP를 사용해서 접속 대기 중인 프로그램(웹서버나 메일서버처럼 서버 프로그램은 이런 형태가 일반적)은 특정 포트 번호로 들어온 접속만 처리합니다. 그리고 그런 서버 프로그램과 접속하려는 프로그램(클라이언트)은 상대방 컴퓨터의 IP 주소와 포트 번호를 지정해서 접속한 후 통신을 시작합니다.

그림 2-17 | **접속 포트 번호로 동일한 컴퓨터 내부에서 서비스 구별 가능**

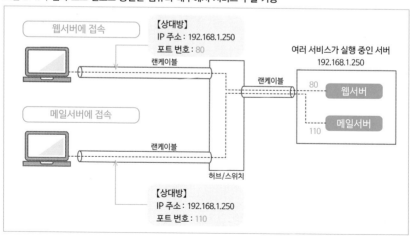

프로그램(서비스) 종류에 따라 서로 다른 포트에서 대기하도록 지정함으로써 그림 2-17처럼 적절한 서비스를 골라 사용할 수 있습니다.

포트 번호의 구조와 할당

IP 주소와 달리 포트 번호는 0~65535 범위의 단순한 숫자를 사용합니다. 이 중에서 0~1023을 잘 알려진 포트(Well-known port)라고 부르는데 대표적인 서비스가 사용하는 포트 번호로 정해져 있습니다. 1024~49151은 등록된 포트(Registered port)라 하고 편의상 어떤 서비스가 어떤 포트 번호를 사용할지 미리 정한 대응표가 있습니다. 그리고 49152~65535는 어떤 서비스가 사용할지 정해지지 않은 영역으로 목적에 상관없이 자유롭게 사용할 수 있습니다.

포트 번호와 서비스의 대응 관계는 인터넷에 관련된 각종 번호 할당을 관리하는 IANA(Internet Assigned Numbers Authority, 인터넷 할당 번호 관리기관)가 담당하는데, 포트 번호는 Service Name and Transport Protocol Port Number Registry(https://www.iana.org/assignments/service-names-port-numbers)에 공개되어 있습니다. 표 2-3은 자주 사용하는 잘 알려진 포트 목록입니다.

표 2-3 | 자주 사용하는 잘 알려진 포트

포트 번호	프로토콜명	전송 프로토콜	기능
80	HTTP	TCP	웹에 접속
110	POP3	TCP	이메일 박스 읽기
143	IMAP4	TCP	이메일 박스에 접속
25	SMTP	TCP	서버 간 메일 전송
587	SMTP Submission	TCP	PC에서 메일서버로 메일 전송
443	HTTPS	TCP	암호화된 HTTP
995	POP3s	TCP	암호화된 POP3
993	IMAP4s	TCP	암호화된 IMAP4
465	Submissions	TCP	암호화된 SMTP Submission
20	FTP Data	TCP	파일 전송(데이터 전송용)
21	FTP	TCP	파일 전송(제어용)
22	SSH	TCP	암호화된 컴퓨터 콘솔 접속
23	TELNET	TCP	컴퓨터 콘솔에 접속
53	DOMAIN	TCP/UDP	DNS 문의나 DNS 서버 사이의 정보 전송

※ Service Name and Transport Protocol Port Number Registry(https://www.iana.org/assignments/service-names-port-numbers)에서 발췌하여 정리

IANA가 정한 포트 할당을 무시하고 동일한 포트 번호를 사용하는 방법도 있지만, 대부분 프로그램이 이런 규정을 지킨다는 가정 하에 통신하기 때문에 아주 특별한 이유가 없다면 할당된 포트 번호와 일치하는 포트를 사용하는 편이 혼란을 피할 수 있습니다.

한편 포트 번호는 전송 계층에 해당하는 TCP 또는 UDP가 제공하는 기능입니다. 따라서 포트 번호 정보는 TCP 패킷이나 UDP 패킷에 존재하는 포트 번호 필드(송신지, 목적지)에 담겨서 상대방에게 도착합니다.

TCP의 포트 번호 취급

TCP 통신은 연결 지향형이므로 통신을 시작할 때 상대방과 접속을 열고 통신을 한 후 접속을 끊습니다. 통신을 시작하는 단계의 접속은 상대방 IP 주소와 서비스를 특정하는 포트 번호를 지정합니다. 이때 지정한 IP 주소의 컴퓨터에서 지정한 포트 번호가 접속 대기 상태라면 해당 접속이 성립한 후 통신이 가능해집니다.

접속할 때 접속을 여는 쪽의 컴퓨터도 포트 번호를 하나 사용합니다. 이 포트 번호는 상대방이 응답을 돌려줄 때 지정할 포트 번호로 사용합니다. 또한, 그림 2-18처럼 같은 컴퓨터에서 다른 컴퓨터의 서비스에 동시 접속할 때 각각의 접속을 식별하는 경우에도 사용합니다. 이런 내용을 정리하면 TCP의 접속에는 상대방 IP 주

그림 2-18 | **TCP에서 자신의 포트 번호를 기반으로 접속 구분 가능**

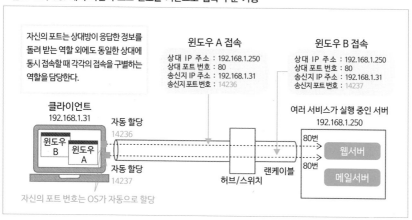

소, 상대방 포트, 자신의 IP 주소, 자신의 포트 이렇게 네 가지 정보가 존재하고 이런 네 가지 정보를 조합해서 각각의 접속을 식별합니다.[2]

UDP의 포트 번호 취급

UDP 통신은 비연결 지향형이므로 곧바로 상대방에게 정보를 보냅니다. 따라서 미리 접속을 확보한다는 개념이 존재하지 않습니다. UDP도 TCP처럼 통신을 할 때 상대방 IP 주소, 상대방 포트 번호, 자신의 IP 주소, 자신의 포트 번호 이렇게 네 종류의 정보를 사용합니다. 다만, 접속 개념이 없으므로 접속을 식별할 필요도 없어 자신의 포트 번호는 상대가 응답을 보낼 포트라는 의미만 존재합니다.

다른 컴퓨터와 접속 상태를 확인하기

윈도우, 맥, 리눅스 같은 OS에서 컴퓨터와의 접속 상태를 명령어로 확인할 수 있습니다. 명령 프롬프트나 터미널을 열고 그림 2-19의 명령어를 입력하면 그림처럼 표시됩니다. 표시된 각 줄이 TCP 접속 상태인데, 접속마다 자신의 IP 주소와 포트, 상대방 IP 주소와 포트, 접속 상태 등이 표시됩니다. OS에 따라서 명령어 옵션 등 조금씩 표시 내용이 다를 수 있습니다.

그림 2-19 | TCP 접속 상태를 확인하기

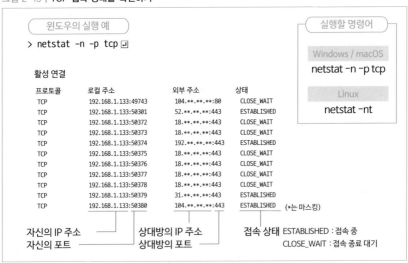

---

2 자신이 사용하는 포트 번호는 OS에 따라 다르지만 보통은 49152~65535 범위 안에서 자동으로 할당됩니다.

07
IP 패킷의 포맷

IP 패킷의 구조

IP로 데이터를 주고받을 때 패킷(Packet)을 단위로 사용합니다. 만약 패킷보다 큰 데이터를 보내야 한다면 데이터를 패킷 크기에 맞춰 분할해서 그걸 패킷의 데이터 영역에 실어서 보냅니다.

IPv4 패킷 구조는 그림 2–20과 같습니다. 가로 폭이 32비트(8비트×4)이므로 각 행의 상자는 32비트 데이터를 나타냅니다. 네트워크 송수신은 왼쪽 위에 있는 바이트부터 순서대로 주고받습니다.

그림 2–20 | **IP 패킷의 구조**

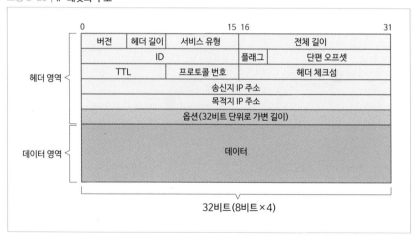

필드 구성과 의미

패킷은 크게 헤더 영역과 데이터 영역으로 나눕니다. 헤더 영역에는 패킷 전송에 필요한 다양한 정보가 들어가는데, 반드시 필요한 고정 길이의 각종 필드가 20바이트 분량, 필요에 따라 사용하는 32비트 단위의 가변 길이 옵션 필드가 존재합니다.

데이터 영역에는 패킷이 실제로 전송할 데이터가 들어갑니다. 여기에는 TCP나 UDP 같은 상위 프로토콜 패킷이 포함됩니다. IP 패킷의 전체 크기는 최대 64킬로바이트까지입니다.

헤더 영역 각 필드의 의미는 표 2-4와 같습니다.

표 2-4 | IP 패킷 필드의 의미

명칭	길이(비트)	내용
버전(Version)	4	IP 버전. IPv4라면 4가 들어간다.
헤더 길이(Header length)	4	헤더 부분의 크기를 나타내는 값으로 바이트 크기를 4로 나눈 값이 들어간다.
서비스 유형(Type of service)	8	우선도나 품질 제어 정보 등을 지정한다.
전체 길이(Total length)	16	IP 패킷 전체 크기를 바이트 크기로 표시한다.
ID(Identification)	16	단편화 이전의 원래 패킷을 나타내는 값
플래그(Flags)	3	단편화 관련 플래그(2개) (그림 2-21 참조)
단편 오프셋 (Fragement offset)	13	단편의 원래 위치를 나타내는 값으로 바이트 위치를 8로 나눈 값이 들어간다.
TTL(Time to live)	8	생존 시간을 뜻하는 값으로 라우터를 지날 때마다 하나씩 줄어서 0이 되면 파기한다.
프로토콜 번호(Protocol)	8	데이터 영역에 저장된 데이터가 사용하는 프로토콜을 나타내는 번호(표 2-5 참조)
헤더 체크섬(Header checksum)	16	헤더 영역을 검사할 때 쓰는 체크섬 값
송신지 IP 주소 (Source IP address)	32	송신한 IP 주소
목적지 IP 주소 (Destination IP address)	32	수신할 IP 주소
옵션(Option)	가변 길이	옵션 지정
데이터(Data)	가변 길이	주고받을 데이터. TCP 등 상위 프로토콜 패킷이 들어간다.

└─ IP 단편화(Fragementation)[3]에 필요한 필드

그림 2-21 | **플래그 필드 구성과 의미**

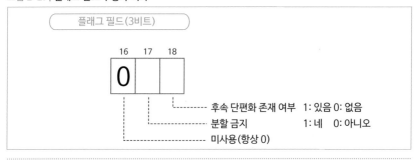

3 IP 단편화는 2장 13을 참조하기 바랍니다.

표 2-5 | 프로토콜 번호의 예

번호	약칭	프로토콜명
1	ICMP	Internet Control Message
4	IPv4	IPv4 encapsulation(캡슐화로 IPv4에 IPv4를 실음)
6	TCP	Transmission Control
17	UDP	User Datagram
41	IPv6	IPv6 encapsulation(캡슐화로 IPv4에 IPv6를 실음)
47	GRE	Generic Routing Encapsulation
50	ESP	Encap Security Payload
51	AH	Authentication Header

※ https://www.iana.org/assignments/protocol-numbers/에서 발췌

실제 IP 패킷 분석하기

네트워크에서 실제로 주고받는 IP 패킷을 잡아서 헤더에 어떤 내용이 있는지 분석해 봅시다(그림 2-22).

'A. 와이어샤크(Wireshark)[4] 캡쳐 결과의 IP 패킷 부분'은 위에서부터 (1) 주고받은 패킷의 목록, (2) 패킷의 각 필드값을 문자로 표시한 내용, (3) 패킷 원본 데이터를 그대로 표시한 내용이 나열되어 있습니다.

이 중에 (3)에서 어떤 IP 패킷 헤더를 선택해서 IP 패킷 구조에 맞춰 정리한 것이 'B. IP 패킷 대응표'입니다. 앞서 IP 헤더 구조에서 본 필드 길이에 맞춰 값을 구합니다. 예를 들어 플래그 필드는 3비트이므로 해당하는 부분의 16진수값 40(0100 0000)에서 상위 3비트(010)를 가져와서 10진수로 변환한 2가 플래그 필드 값이 됩니다.

그리고 이 값을 헤더 필드에 대응시키면 'C. 각 헤더 필드값의 의미'가 됩니다. 이 표를 보면 해당하는 IP 패킷 헤더가 의미하는 내용을 알 수 있습니다. 이 패킷은 헤더 영역이 20바이트, 전체가 501바이트, 분할은 없고 송신지 IP 주소가 192.168.128.128, 목적지 IP 주소가 61.111.13.51, 데이터 영역에는 상위 프로토콜인 TCP 패킷이 저장되었다는 걸 알 수 있습니다. 이번에는 데이터 영역에 담긴 내용까지는 분석하지 않지만, 분석해 보면 TCP가 어떤 상호 작용을 하는지 파악할 수 있습니다. 와이어샤크 화면 (2)는 필드명과 대응하는 값이 표시되므로 익

---

4 IP 패킷을 잡으려면 PC에 패킷 캡쳐 프로그램을 설치해서 사용합니다. 다양한 패킷 캡쳐 프로그램이 있지만, 이 책에서는 고성능 무료 프로그램인 와이어샤크를 사용합니다. 와이어샤크 설치 방법은 이 장의 마지막 컬럼을 참조하기 바랍니다.

숙해지면 이것만 봐도 패킷 개요를 이해할 수 있습니다.

그림 2-22 | 와이어샤크 캡쳐 결과를 분석하기

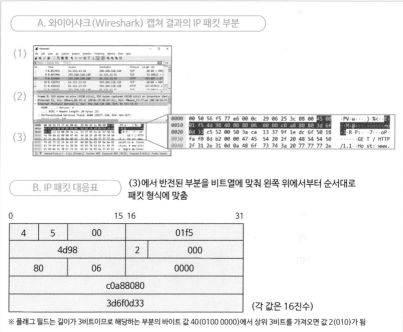

A. 와이어샤크(Wireshark) 캡쳐 결과의 IP 패킷 부분

(1)
(2)
(3)

B. IP 패킷 대응표

(3)에서 반전된 부분을 비트열에 맞춰 왼쪽 위에서부터 순서대로
패킷 형식에 맞춤

0		15	16		31
4	5	00		01f5	
	4d98		2	000	
80		06		0000	
		c0a88080			
		3d6f0d33			

(각 값은 16진수)

※ 플래그 필드는 길이가 3비트이므로 해당하는 부분의 바이트 값 40(0100 0000)에서 상위 3비트를 가져오면 값 2(010)가 됨

C. 각 헤더 필드값의 의미

명칭	길이(비트)	값(16진수)	의미
버전	4	4	IPv4
헤더 길이	4	5	20바이트
서비스 유형	8	0	지정 없음
전체 길이	16	01f5	501바이트
ID	16	4d98	19864
플래그	3	2	분할 금지
단편 오프셋	13	0	0
TTL	8	80	128
프로토콜 번호	8	6	TCP
헤더 체크섬	16	0000	0
송신지 IP 주소	32	c0a88080	192.168.128.128
목적지 IP 주소	32	3d6f0d33	18.182.225.171
옵션	가변 길이	없음	없음

08
TCP 패킷의 포맷

TCP 패킷의 구조

TCP 패킷은 IP 패킷의 데이터 영역에 담겨서 전송되고 IP 기능을 사용해서 상대방 컴퓨터까지 전달됩니다. 이때 IP는 송신할 패킷 크기와 MTU에 따라 필요하다면 패킷 분할(파편화)을 하는데, 이건 IP가 담당하는 책임 범위이므로 TCP는 이런 내용을 의식하지 않습니다.

그림 2−23은 TCP 패킷 구조입니다. 가로 너비는 32비트(8비트×4)이므로 한 행이 32비트 데이터를 나타냅니다. 이런 열이 위에서부터 아래로 이어집니다. 네트워크 송수신은 왼쪽 위에 있는 바이트부터 순서대로 주고받습니다.

그림 2−23 | TCP 패킷의 구조

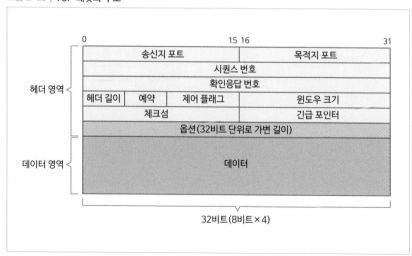

필드 구성과 의미

TCP 패킷의 각 필드는 표 2-6과 같습니다.

표 2-6 | TCP 패킷 필드의 의미

명칭	길이(비트)	내용
송신지 포트(Source port)	16	송신지 포트 번호. 반드시 지정한다.
목적지 포트(Destination port)	16	목적지 포트 번호. 반드시 지정한다.
시퀀스 번호(Sequence number)	32	송신하는 쪽이 관리하는 시퀀스 번호. 초깃값이 반드시 0이 아닌 임의의 값
확인응답 번호(Acknowledge number)	32	수신하는 쪽이 관리하는 확인응답 번호
헤더 길이(Header length)	4	헤더 영역의 바이트 수를 4로 나눈 값
제어 플래그(Flags)	8	각종 제어 플래그(그림 2-24 참조). 해당 비트가 1이면 설정된 걸 의미
윈도우 크기(Window size)	16	수신 가능한 데이터 크기
체크섬(Checksum)	16	패킷을 검사하는 체크섬 값
응급 포인터(Urgent pointer)	16	응급 데이터 바이트 수(URG 플래그 사용 시)
옵션(Options)	가변 길이	각종 옵션 지정(표 2-7 참조). 32비트 단위
데이터(Data)	가변 길이	주고받을 데이터

※ 체크섬은 TCP 유사 헤더(검사에만 사용하는 IP 헤더와 비슷한 유사 데이터)와 TCP 헤더 부분, TCP 데이터 부분을 대상으로 1의 보수의 합을 구해서 그 값의 1의 보수를 취한 것. 계산 시 체크섬 필드는 0이 된다.

그림 2-24 | 제어 플래그 구조와 의미

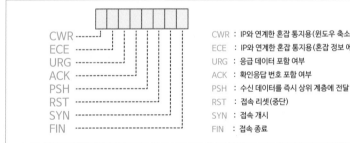

CWR : IP와 연계한 혼잡 통지용(윈도우 축소)
ECE : IP와 연계한 혼잡 통지용(혼잡 정보 에코)
URG : 응급 데이터 포함 여부
ACK : 확인응답 번호 포함 여부
PSH : 수신 데이터를 즉시 상위 계층에 전달
RST : 접속 리셋(중단)
SYN : 접속 개시
FIN : 접속 종료

표 2-7 | 주요 옵션

번호	명칭	내용
1	No-Operation	아무 것도 하지 않음(옵션 크기 조절용)
2	Maximum Segment Size	수신 가능한 MSS 통지
3	Window Scale	윈도우 크기를 적용할 배수를 통지
4	SACK Permitted	선택적 확인응답을 허가
5	SACK	선택적 확인응답
8	Timestamp	타임스탬프 정보

TCP 유사 헤더

그림 2-25는 IPv4의 TCP 유사 헤더(TCP Pseudo Header) 구조입니다. 체크섬 값을 계산할 때 실제 헤더 대신에 사용해서 이 헤더를 포함한 전체를 대상으로 체크섬을 구합니다. 그림 2-26은 IPv6의 TCP 유사 헤더입니다. 이러한 유사 헤더를 사용해서 송신지나 목적지 IP 주소 등을 포함한 정보가 올바른 값인지 검사합니다 (2장 09 UDP 유사 헤더 참조).

그림 2-25 | TCP 유사 헤더의 구조(IPv4)

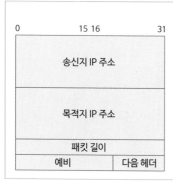

필드의 의미

명칭	길이(비트)	내용
송신지 IP 주소	32	송신하는 IP 주소
목적지 IP 주소	32	수신하는 IP 주소
예비	8	항상 0
프로토콜 번호	8	항상 TCP를 의미하는 6
패킷 길이	16	TCP 패킷 전체 바이트 수 (유사 헤더 비포함)

그림 2-26 | TCP 유사 헤더의 구조(IPv6)

필드의 의미

명칭	길이(비트)	내용
송신지 IP 주소	128	송신하는 IP 주소
목적지 IP 주소	128	수신하는 IP 주소
패킷 길이	32	TCP 패킷 전체 바이트 수 (유사 헤더 비포함)
예비	24	항상 0
다음 헤더	8	항상 TCP를 의미하는 6

※다음 헤더의 의미는 2장 16 참조

실제 TCP 패킷 분석하기

실제로 주고받은 TCP 패킷을 분석해 봅시다(그림 2-27).[5]

'A. 와이어샤크(Wireshark) 캡쳐 결과의 TCP 패킷 부분' 화면의 (3)에서 TCP 패킷 헤더에 해당하는 부분의 덤프(숫자로 표시된 데이터)를 취득해서 TCP 패킷 구조에 맞춰 해석하면 'B. TCP 패킷 대응표'가 됩니다. 그리고 각 필드값 의미를 분석해서

---

5 TCP 패킷 분석은 패킷 캡쳐 프로그램인 와이어샤크를 사용합니다. 와이어샤크 설치 방법은 컬럼을 참조하기 바랍니다.

'C. 각 헤더 필드값의 의미'를 만들었습니다.

이 TCP 패킷은 송신지 포트 50514번에서 목적지 포트 80번(HTTP)으로 데이터 필드에 포함된 GET 요청을 송신합니다. 통신을 시작한지 얼마 안 된 패킷이지만 시퀀스 번호나 응답확인 번호는 이미 커다란 값으로 무작위로 정해진 걸 알 수 있습니다. 제어 플래그는 PSH와 ACK가 설정되어 있고 윈도우 크기는 64240이라고 통지합니다. 응급 포인터는 URG 플래그가 비설정이므로 무효입니다. 그리고 옵션은 없습니다.

그림 2-27 | 와이어샤크 캡쳐 결과 분석하기

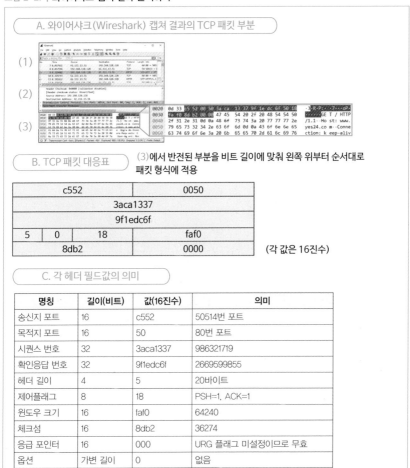

A. 와이어샤크(Wireshark) 캡쳐 결과의 TCP 패킷 부분

B. TCP 패킷 대응표

(3)에서 반전된 부분을 비트 길이에 맞춰 왼쪽 위부터 순서대로 패킷 형식에 적용

c552			0050	
3aca1337				
9f1edc6f				
5	0	18	faf0	
8db2			0000	

(각 값은 16진수)

C. 각 헤더 필드값의 의미

명칭	길이(비트)	값(16진수)	의미
송신지 포트	16	c552	50514번 포트
목적지 포트	16	50	80번 포트
시퀀스 번호	32	3aca1337	986321719
확인응답 번호	32	9f1edc6f	2669599855
헤더 길이	4	5	20바이트
제어플래그	8	18	PSH=1, ACK=1
윈도우 크기	16	faf0	64240
체크섬	16	8db2	36274
응급 포인터	16	000	URG 플래그 미설정이므로 무효
옵션	가변 길이	0	없음

09

UDP 패킷의 포맷

UDP 패킷의 구조

UDP 패킷은 IP 패킷 데이터 영역에 담겨 전송됩니다. 이렇게 만든 IP 패킷이 MTU 크기를 넘으면 IP는 분할(단편화)되는데 분할 여부와 관리는 IP가 담당하므로 UDP는 이런 내용을 의식하지 않습니다.

UDP 패킷의 구조는 그림 2-28과 같습니다. 이번에도 마찬가지로 가로 너비는 32 비트(8비트×4)이고 1열이 32비트 데이터입니다. 네트워크 송수신은 왼쪽 위에서부터 순서대로 주고받습니다.

그림 2-28 | UDP 패킷의 구조

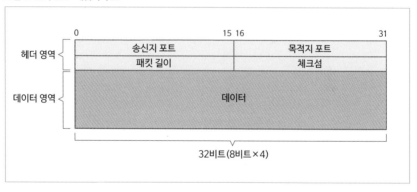

필드 구성과 의미

UDP 패킷의 구조는 무척 간단합니다(표 2-8). 송신지 포트는 응답 패킷이 필요 없다면 0을 지정합니다. 체크섬은 패킷을 검사하는데 사용하는 값으로 대상 범위에 대해 1의 보수의 합을 구한 후 그 1의 보수를 취한 값을 설정합니다.

체크섬을 계산할 때 UDP 패킷 헤더 영역과 데이터 영역 앞에 UDP 유사 헤더가 존재한다고 보고 이것을 포함해서 체크섬을 계산합니다. 이때 체크섬 필드에 0이 들어있다고 보고 계산합니다. IPv4는 체크섬 필드를 0으로 설정하면 수신할 때 체크섬 검사를 생략하지만 추천하지 않는 사용법입니다(그림 2-29).

표 2-8 | UDP 패킷 필드의 의미

명칭	길이(비트)	내용
송신지 포트	16	송신한 포트 번호
목적지 포트	16	수신할 포트 번호
패킷 길이	16	UDP 패킷의 전체 바이트 수. UDP 유사 헤더는 미포함
체크섬	16	패킷을 검사하기 위한 체크섬 값(그림 2-29 참조)
데이터	가변 길이	주고받을 데이터

그림 2-29 | 체크섬은 UDP 유사 헤더를 포함해서 계산

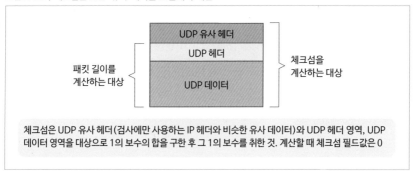

체크섬은 UDP 유사 헤더(검사에만 사용하는 IP 헤더와 비슷한 유사 데이터)와 UDP 헤더 영역, UDP 데이터 영역을 대상으로 1의 보수의 합을 구한 후 그 1의 보수를 취한 것. 계산할 때 체크섬 필드값은 0

UDP 유사 헤더

IPv4에서 UDP 유사 헤더는 그림 2-30과 같은 구성입니다. 체크섬 값을 계산할 때 UDP 패킷 앞에 UDP 유사 헤더를 추가한 전체의 체크섬을 계산합니다. IPv6를 사용한다면 UDP 헤더는 그림 2-31과 같습니다. 사실 UDP 유사 헤더에 있는 필드는 IP 패킷에 포함된 필드입니다. UDP 패킷에는 송신지 IP 주소나 목적지 IP 주소, 프로토콜 번호 같은 필드가 없습니다. 이는 지정한 IP 주소까지 패킷을 보내는 것은 IP의 역할이기 때문입니다(그림 2-32).

하지만 UDP는 이런 정보를 포함해서 체크섬을 만들기 때문에 송수신 IP 주소를 비롯한 데이터가 올바른지 검사합니다. 그리고 이때 UDP 유사 헤더에 설정할 값은 IP에서 가져온 정보로 설정합니다.

그림 2-30 | UDP 유사 헤더의 구조(IPv4)

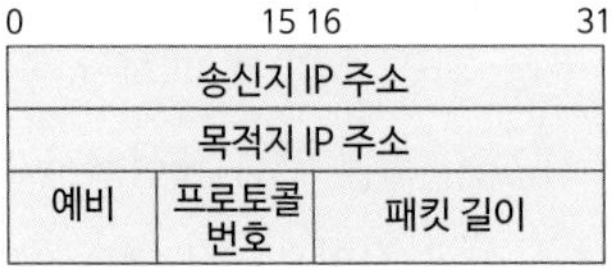

0	15 16	31
송신지 IP 주소		
목적지 IP 주소		
예비	프로토콜 번호	패킷 길이

필드의 의미

명칭	길이(비트)	내용
송신지 IP 주소	32	송신하는 IP 주소
목적지 IP 주소	32	수신하는 IP 주소
예비	8	항상 0
프로토콜 번호	8	항상 UDP를 의미하는 17
패킷 길이	16	UDP 패킷 전체 바이트 수 (유사 헤더 비포함)

그림 2-31 | UDP 유사 헤더의 구조(IPv6)

0	15 16	31
송신지 IP 주소		
목적지 IP 주소		
패킷 길이		
예비		다음 헤더

필드의 의미

명칭	길이(비트)	내용
송신지 IP 주소	128	송신하는 IP 주소
목적지 IP 주소	128	수신하는 IP 주소
패킷 길이	32	UDP 패킷 전체 바이트 수 (유사 헤더 비포함)
예비	24	항상 0
다음 헤더	8	항상 UDP를 의미하는 17

※ 다음 헤더의 의미는 2장 16 참조

그림 2-32 | UDP 패킷은 IP 패킷의 데이터 영역에 저장되어 전송됨

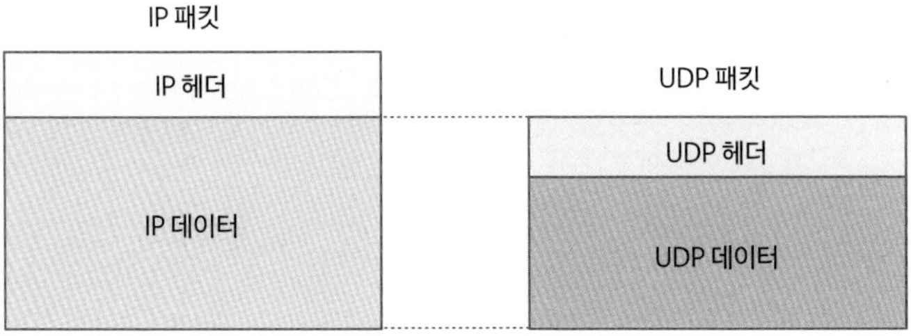

IP 패킷

IP 헤더
IP 데이터

UDP 패킷

UDP 헤더
UDP 데이터

실제 UDP 패킷 분석하기

실제로 주고받은 UDP 패킷을 분석해 봅시다(그림 2-33).[6]

'A. 와이어샤크(Wireshark) 캡처 결과의 UDP 패킷 부분' 화면의 (3)에 표시된 통신 내용에서 UDP 패킷 헤더에 해당하는 부분을 TCP 패킷 구조에 맞춰 해석해서 'B. UDP 패킷 대응표'를 작성하고, 각 필드값의 의미를 분석한 것이 'C. 각 헤더 필드 값'입니다.

이 UDP 패킷은 송신지 포트 65398번에서 목적지 포트 53번(DNS)을 향해 데이터 필드에 포함된 31바이트(패킷 전체 39바이트 - 헤더 8바이트) 데이터를 송신합니다. 이 데이터 필드에는 DNS 프로토콜에 따른 www.yes24.com의 IP 주소를 문의하는 내용이 들어 있고 상대방 컴퓨터의 53번 포트를 사용하는 프로그램(DNS 서버)에 전달됩니다.

그림 2-33 | 와이어샤크 캡처 결과를 분석하기

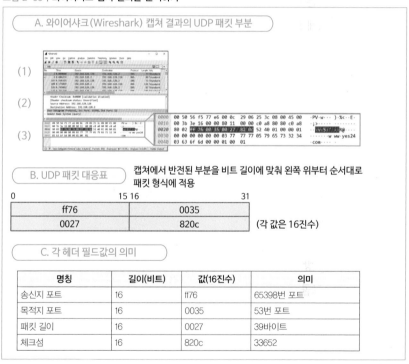

명칭	길이(비트)	값(16진수)	의미
송신지 포트	16	ff76	65398번 포트
목적지 포트	16	0035	53번 포트
패킷 길이	16	0027	39바이트
체크섬	16	820c	33652

---

6 UDP 패킷 분석은 패킷 캡처 프로그램인 와이어샤크를 사용합니다. 와이어샤크 설치 방법은 컬럼을 참조하기 바랍니다.

10

ARP 기능과 패킷 포맷

IP와 이더넷을 연결하는 ARP

IP는 인터넷 계층 기능 즉, 다른 네트워크의 컴퓨터와 통신할 수 있는 기능을 제공합니다. 하지만 실제로 네트워크에서 데이터를 송수신하는 건 네트워크 인터페이스 계층에 위치하는 이더넷 하드웨어이므로 IP라고 해도 최종적으로는 이더넷 통신을 이용해야 합니다. 여기서 문제는 IP에서 상대방을 지정하는 방법인 IP 주소와 이더넷에서 상대를 지정하는 방법인 MAC 주소를 서로 연관 짓는 방법입니다.

IP 패킷을 상대방에게 보낼 때 컴퓨터나 라우터는 IP 주소에서 찾은 네트워크 주소를 바탕으로 목적지를 결정합니다. 이때 만약 목적지의 네트워크 주소가 자신이 소속된 네트워크 주소와 동일하다면 상대방이 자신과 같은 네트워크에 접속된 상태 즉, 이더넷 등으로 물리적으로 연결된 상태라고 판단할 수 있습니다. 그렇다면 컴퓨터나 라우터는 이더넷 기능을 사용해서 상대방에게 패킷이 도달 가능한지 시험해 봅니다 (그림 2-34).

컴퓨터나 라우터는 ARP(Address Resolution Protocol) 프로토콜을 사용해서 상대방 컴퓨터의 IP 주소에서 MAC 주소를 취득합니다. 원한대로 상대방 컴퓨터의 MAC 주소를 취득했으면 이번에는 MAC 주소를 이더넷 프레임의 목적지로 지정하고, 이더넷 프레임의 데이터 영역에는 IP 패킷을 담아서 네트워크에 송출합니다. 이렇게 해서 IP 패킷이 상대방 컴퓨터에 실제로 도달합니다.

한편 TCP/IP 프로토콜 계층 모델이라면 ARP는 네트워크 인터페이스 계층 프로토콜에 속합니다.

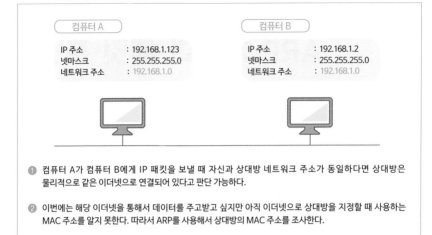

그림 2-34 | 상대방 IP 주소가 동일 네트워크 주소라면 이더넷으로 직접 보냄

컴퓨터 A

IP 주소	: 192.168.1.123
넷마스크	: 255.255.255.0
네트워크 주소	: 192.168.1.0

컴퓨터 B

IP 주소	: 192.168.1.2
넷마스크	: 255.255.255.0
네트워크 주소	: 192.168.1.0

❶ 컴퓨터 A가 컴퓨터 B에게 IP 패킷을 보낼 때 자신과 상대방 네트워크 주소가 동일하다면 상대방은 물리적으로 같은 이더넷으로 연결되어 있다고 판단 가능하다.

❷ 이번에는 해당 이더넷을 통해서 데이터를 주고받고 싶지만 아직 이더넷으로 상대방을 지정할 때 사용하는 MAC 주소를 알지 못한다. 따라서 ARP를 사용해서 상대방의 MAC 주소를 조사한다.

❸ ARP로 상대방의 MAC 주소를 알아냈으면 이더넷 프레임의 목적지로 설정하고 이더넷 프레임 데이터 영역에는 IP 패킷을 담아서 상대방에게 송출한다.

이런 방식으로 같은 이더넷으로 연결된 컴퓨터에 IP 패킷을 보낼 수 있다.

ARP의 동작

ARP 기능은 네트워크 내부에 있는 모든 컴퓨터에 일제히 송신하는 브로드캐스트(Broadcast)를 사용해서 실현합니다.

IP 주소에서 MAC 주소를 취득하고 싶은 컴퓨터는 브로드캐스트를 사용해서 IP 주소 xxx.xxx.xxx.xxx를 사용하고 있는 컴퓨터가 있는지 문의합니다. 이런 문의를 ARP 리퀘스트(ARP request)라 하고 네트워크 내부의 모든 컴퓨터가 수신합니다.

ARP 리퀘스트를 수신한 컴퓨터는 해당하는 IP 주소가 자신의 IP 주소인지 확인해서 자신과 다르면 그냥 무시합니다. 만약 ARP 리퀘스트에 자신의 IP 주소가 포함되어 있다면 해당하는 컴퓨터는 ARP 리퀘스트를 보낸 쪽에 자신이 사용하고 있다는 걸 전하는 응답을 반환합니다. 이걸 ARP 리플라이(ARP replay)라고 합니다.

ARP 리플라이는 1대1 유니캐스트로 보내고 그 이더넷 프레임에 ARP 리플라이를 보낸 컴퓨터의 MAC 주소가 설정됩니다. 이 정보로 ARP 리퀘스트를 보낸 컴퓨터가 요청한 IP 주소의 MAC 주소를 취득합니다(그림 2-35).

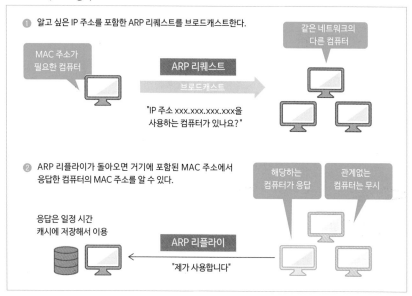

그림 2-35 | ARP 동작

① 알고 싶은 IP 주소를 포함한 ARP 리퀘스트를 브로드캐스트한다.

MAC 주소가
필요한 컴퓨터

같은 네트워크의
다른 컴퓨터

ARP 리퀘스트

브로드캐스트

"IP 주소 xxx.xxx.xxx.xxx을
사용하는 컴퓨터가 있나요?"

② ARP 리플라이가 돌아오면 거기에 포함된 MAC 주소에서
응답한 컴퓨터의 MAC 주소를 알 수 있다.

해당하는
컴퓨터가 응답

관계없는
컴퓨터는 무시

응답은 일정 시간
캐시에 저장해서 이용

ARP 리플라이

"제가 사용합니다"

이렇게 얻은 IP 주소와 MAC 주소의 대응은 일정 시간 동안(단말은 수 분~십여 분, 라우터는 수 시간 정도) ARP 캐시에 저장됩니다. 그리고 유효 기간 내에는 캐시한 정보를 이용하므로 반복된 ARP 리퀘스트를 방지합니다.

ARP 패킷의 구조

그림 2-36은 이더넷에서 사용하는 ARP 패킷의 구조를 나타냅니다. ARP는 이더넷이 아니더라도 이용할 수 있도록 고안되었지만, 거의 모든 네트워크 하드웨어가 이더넷인 요즘은 대부분 이 그림과 같습니다.

하드웨어 종류에는 네트워크 하드웨어를 표현하는 값이 들어갑니다. 이더넷은 1입니다. 프로토콜 종류는 상위 프로토콜을 가리키는 값이 들어가는데, IP라면 16진수로 0800입니다. HLEN은 하드웨어 주소 길이로 이더넷이라면 MAC 주소에 해당하므로 바이트 길이인 6을 지정합니다. PLEN은 프로토콜 주소 길이를 지정합니다.

그림 2-36 | ARP 패킷의 구조(이더넷)

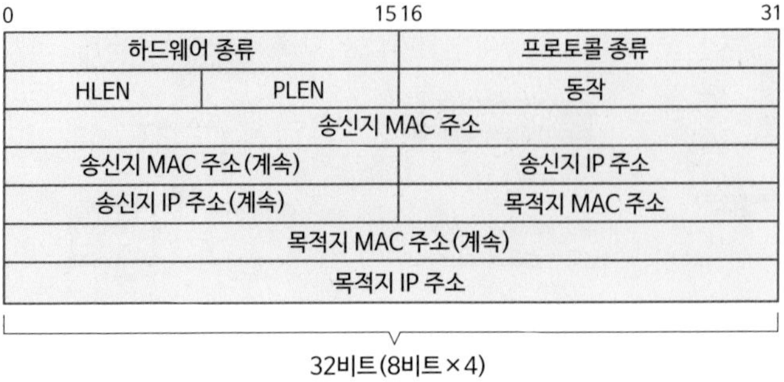

0	15 16	31
하드웨어 종류	프로토콜 종류	
HLEN	PLEN	동작
송신지 MAC 주소		
송신지 MAC 주소(계속)	송신지 IP 주소	
송신지 IP 주소(계속)	목적지 MAC 주소	
목적지 MAC 주소(계속)		
목적지 IP 주소		

32비트(8비트×4)

필드의 의미

명칭	길이(비트)	내용
하드웨어 종류	16	네트워크 하드웨어를 뜻하는 값. 이더넷은 1
프로토콜 종류	16	상위 프로토콜을 뜻하는 값. IP는 0800
HLEN	8	하드웨어 주소 길이를 뜻하는 값. 이더넷은 6
PLEN	8	프로토콜 주소 길이를 뜻하는 값. IP는 4
동작	16	ARP 리퀘스트라면 1, ARP 리플라이라면 2
송신지 MAC 주소	48	이 패킷을 송신하는 컴퓨터의 MAC 주소
송신지 IP 주소	32	이 패킷을 송신하는 컴퓨터의 IP 주소
목적지 MAC 주소	48	ARP 리퀘스트라면 00:00:00:00:00:00이나 FF:FF:FF:FF:FF:FF 같은 값. ARP 리플라이라면 목적지 컴퓨터의 MAC 주소
목적지 IP 주소	32	ARP 리퀘스트라면 MAC 주소를 얻고 싶은 IP 주소, ARP 리플라이라면 목적지 컴퓨터의 IP 주소

(값은 모두 16진수)

ARP 패킷은 이더넷 프레임의 데이터 영역에 담아서 전송

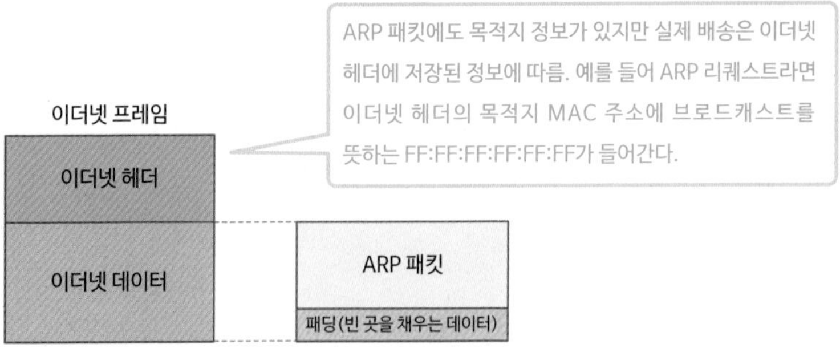

> ARP 패킷에도 목적지 정보가 있지만 실제 배송은 이더넷 헤더에 저장된 정보에 따름. 예를 들어 ARP 리퀘스트라면 이더넷 헤더의 목적지 MAC 주소에 브로드캐스트를 뜻하는 FF:FF:FF:FF:FF:FF가 들어간다.

이더넷 프레임

| 이더넷 헤더 |
| 이더넷 데이터 |

| ARP 패킷 |
| 패딩(빈 곳을 채우는 데이터) |

IP라면 IP 주소에 해당하므로 바이트 수 4를 지정합니다. 동작은 ARP 리퀘스트는 1, ARP 리플라이는 2를 지정합니다.

'송신지 MAC 주소' 및 '송신지 IP 주소'는 ARP 리퀘스트 또는 ARP 리플라이를 송신한 컴퓨터의 MAC 주소 및 IP 주소를 설정합니다. 목적지 MAC 주소는 ARP 리퀘스트라면 00:00:00:00:00:00이나 FF:FF:FF:FF:FF:FF 같은 값, ARP 리플라이라면 목적지 컴퓨터의 MAC 주소를 설정합니다. 목적지 IP 주소는 ARP 리퀘스트라면 MAC 주소를 얻고 싶은 IP 주소, ARP 리플라이라면 목적지 컴퓨터의 IP 주소를 각각 설정합니다.

그리고 ARP 패킷은 이더넷 프레임에 담아서 주고받습니다. 이때 이더넷 데이터 영역은 최소 크기가 46바이트이지만 ARP 패킷은 28바이트에 불과하므로 부족한 분량은 가짜 데이터(패딩, padding)로 빈 곳을 채웁니다.

ARP 캐시를 확인하는 방법

윈도우, 맥OS, 리눅스에서 명령어로 ARP 캐시를 확인할 수 있습니다. 그림 2-37은 명령 프롬프트나 터미널에서 사용하는 명령어와 실행 예입니다.

그림 2-37 | ARP 캐시를 확인하는 방법

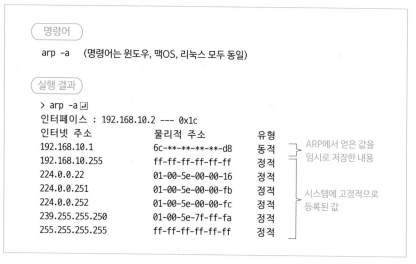

11

패킷 송수신 처리

같은 이더넷으로 연결된 단말끼리 통신

컴퓨터끼리 어떻게 통신하는지 전체 모습을 살펴볼 목적으로 패킷 송수신을 단순화해서 생각해 봅시다. 시작은 같은 이더넷으로 연결된 단말 사이의 통신입니다(그림 2-38).

그림 2-38 | 같은 이더넷으로 연결된 단말과 통신하는 경우

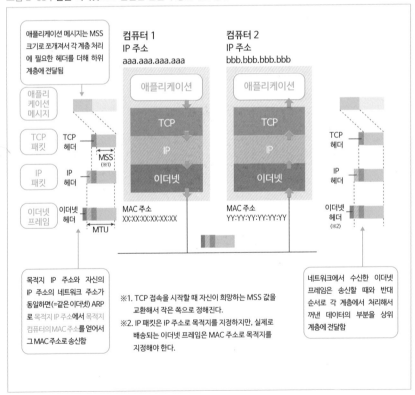

애플리케이션 메시지는 MSS 크기로 쪼개져서 각 계층 처리에 필요한 헤더를 더해 하위 계층에 전달됨

애플리케이션 메시지

TCP 패킷

TCP 헤더

IP 패킷

IP 헤더

이더넷 프레임

이더넷 헤더

MTU

컴퓨터 1
IP 주소
aaa.aaa.aaa.aaa

애플리케이션

TCP

IP

이더넷

MAC 주소
XX:XX:XX:XX:XX:XX

컴퓨터 2
IP 주소
bbb.bbb.bbb.bbb

애플리케이션

TCP

IP

이더넷

MAC 주소
YY:YY:YY:YY:YY:YY

TCP 헤더

IP 헤더

이더넷 헤더
(※2)

목적지 IP 주소와 자신의 IP 주소의 네트워크 주소가 동일하면(=같은 이더넷) ARP로 목적지 IP 주소에서 목적지 컴퓨터의 MAC 주소를 얻어서 그 MAC 주소로 송신함

※1. TCP 접속을 시작할 때 자신이 희망하는 MSS 값을 교환해서 작은 쪽으로 정해진다.
※2. IP 패킷은 IP 주소로 목적지를 지정하지만, 실제로 배송되는 이더넷 프레임은 MAC 주소로 목적지를 지정해야 한다.

네트워크에서 수신한 이더넷 프레임은 송신할 때와 반대 순서로 각 계층에서 처리해서 꺼낸 데이터의 부분을 상위 계층에 전달함

메일이나 웹 같은 애플리케이션은 보통 클라이언트와 서버 사이에 다양한 요청과 응답 메시지를 주고받습니다. 그림 2-38에서 컴퓨터 1은 이런 애플리케이션이 동작해서 만들어 낸 메시지를 TCP에 전달하려고 합니다.

TCP는 메시지가 일정 크기 이상이라면 작게 쪼개고 아니면 그대로 처리합니다. TCP는 데이터 앞에 TCP 헤더를 추가해서 TCP 패킷을 만듭니다. TCP 헤더는 신뢰성 높은 통신을 제공하는 다양한 처리를 합니다. 재전송 같은 처리 목적으로 애플리케이션 메시지를 포함하지 않은 TCP 헤더만 있는 패킷을 주고받기도 합니다. TCP 데이터를 쪼갤지 여부를 정하는 크기를 MSS(Maximum Segment Size)라 부르고, MTU(네트워크 하드웨어에서 결정)에서 IP 헤더와 TCP 헤더 크기를 뺀 값(그림 2-39)을 통신하기 전에 접속 처리할 때 상대방 컴퓨터와 교환하고 둘 중 작은 값을 사용합니다. 이렇게 조합한 TCP 패킷은 하위 계층 IP에 전달됩니다.

IP는 받은 데이터에 통신을 제어하는 IP 헤더를 추가한 다음 패킷을 어디에 전달해야 하는지 검토합니다. 패킷 목적지 IP 주소와 자신이 속한 네트워크 주소가 동일하면 같은 이더넷으로 연결되어 있으니 패킷을 직접 주고받으면 됩니다. 그러면 ARP로 상대방 IP 주소를 MAC 주소로 변환해서 목적지로 삼습니다. 그리고 데이터(IP 패킷)와 목적지를 이더넷에 전달합니다.

그림 2-39 | MSS와 MTU 관계

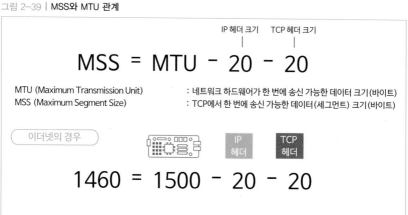

그러면 이더넷은 데이터 앞에 이더넷 헤더를 더해서 네트워크 매체에 맞는 신호 형식으로 실제 이더넷 프레임을 송출합니다. 네트워크에 흐르는 이더넷 프레임을 수신한 컴퓨터는 목적지 MAC 주소가 자신과 같은지 확인하고 아니라면 무시합니다. 여기서 그림 2-38의 컴퓨터 2가 자신이 목적지인 이더넷 프레임을 받았다고 합시다. 그러면 이더넷 하드웨어는 이더넷 프레임 검사를 한 후에 이더넷 헤더를 제거한 데이터 영역 즉, IP 패킷을 IP에 전달합니다. IP는 그걸 받아서 필요한 검사 등을 한 후 IP 헤더를 제거한 데이터 영역 즉, TCP 패킷을 TCP에 넘깁니다.

다시 TCP는 이걸 받아서 필요한 검사를 하거나 필요에 따라 재전송 처리를 하면서 TCP 헤더를 제거한 데이터 영역에서 애플리케이션 메시지 조합을 만들어 애플리케이션에 전달합니다. 그러면 애플리케이션은 메시지를 가지고 필요한 처리를 합니다. 같은 이더넷으로 연결된 단말끼리 통신은 이렇게 이루어집니다.

다른 이더넷에 연결된 단말끼리 통신

이번에는 다른 이더넷에 연결된 단말과 통신하는 경우를 생각해 봅시다(그림 2-40). 연결된 이더넷이 다르다는 말은 두 단말 사이에 라우터가 존재한다는 의미입니다. 컴퓨터 1에서 동작하는 애플리케이션이 보내는 메시지가 TCP와 IP로 처리되는 건 변함없습니다. 다른 점은 IP에서 패킷을 어디로 전달해야 하는지 판단하는 부분입니다.

서로 다른 이더넷에 연결되어 있다면 패킷의 목적지 IP 주소와 자신의 IP 주소의 네트워크 주소가 다르다는 점으로 판정할 수 있습니다. 만약 네트워크 주소가 다르면 목적지 IP 주소의 컴퓨터에 직접 패킷을 보낼 수 없으므로 패킷은 다음 라우터에 전달합니다.

패킷을 맡겨야 할 라우터의 IP 주소는 컴퓨터 1에 저장된 라우팅 테이블에 있으므로 라우팅 테이블을 확인합니다. 그리고 ARP로 다음 라우터의 IP 주소에서 MAC 주소를 취득합니다. 이제 데이터(IP 패킷)와 목적지를 하위 계층인 이더넷에 전달합니다. 데이터를 받은 이더넷은 거기에 이더넷 헤더를 더해서 네트워크 매체에 이더넷 프레임을 송출합니다. 프레임을 받은 라우터는 자기에게 온 것이 아니면 무시하고, 자신에게 온 것이라면 수신한 프레임을 처리합니다.

그림 2-40 | 다른 이더넷에 연결된 단말과 통신하는 경우

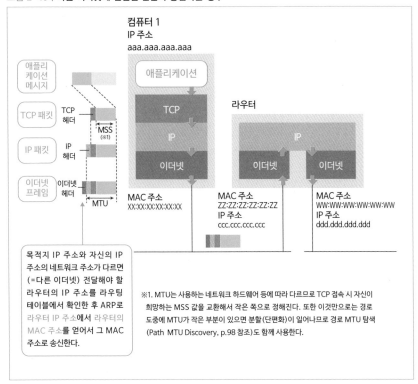

라우터 중계

라우터는 TCP 프로토콜 자체는 처리하지 않으므로 프로토콜 계층은 IP까지입니다. 수신한 이더넷 프레임은 필요한 검사를 하고 나서 이더넷 헤더를 제거한 데이터를 IP에 넘깁니다.

라우터의 IP에서는 패킷 검사나 헤더 갱신을 한 후 받은 패킷의 목적지 IP 주소가 직접 연결된 이더넷인지 확인합니다. 이것도 역시 네트워크 주소로 판단 가능합니다.

만약 직접 연결된 이더넷이라면 목적지에 직접 IP 패킷을 전달할 수 있으므로 ARP로 목적지 IP 주소에서 목적지 컴퓨터의 MAC 주소를 얻어서 IP 패킷과 MAC 주소를 이더넷에 넘깁니다. 그러면 이더넷이 목적지 컴퓨터 MAC 주소를 향해 이더넷 프레임으로 IP 패킷을 송출합니다.

또한, 직접 연결된 이더넷이 아니라면 앞에서 본 것처럼 해당 패킷은 다음 라우터에 맡깁니다. 패킷을 전달해야 할 라우터의 IP 주소와 인터페이스(NIC)는 라우터의 라우팅 테이블에 있으므로 라우팅 테이블을 확인합니다. 그리고 ARP로 다음 라우터의 IP 주소에서 MAC 주소를 취득해서 데이터(IP 패킷)와 목적지 MAC 주소를 담당하는 이더넷에 전달합니다. 이후는 같은 처리를 반복해서 목적지 단말과 통신합니다(그림 2-41).

그림 2-41 | **라우터에서 패킷 송출**

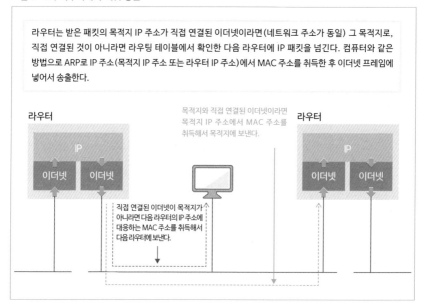

라우터는 받은 패킷의 목적지 IP 주소가 직접 연결된 이더넷이라면(네트워크 주소가 동일) 그 목적지로, 직접 연결된 것이 아니라면 라우팅 테이블에서 확인한 다음 라우터에 IP 패킷을 넘긴다. 컴퓨터와 같은 방법으로 ARP로 IP 주소(목적지 IP 주소 또는 라우터 IP 주소)에서 MAC 주소를 취득한 후 이더넷 프레임에 넣어서 송출한다.

라우터

IP

이더넷　이더넷

목적지와 직접 연결된 이더넷이라면
목적지 IP 주소에서 MAC 주소를
취득해서 목적지에 보낸다.

라우터

IP

이더넷　이더넷

직접 연결된 이더넷이 목적지가
아니라면 다음 라우터의 IP 주소에
대응하는 MAC 주소를 취득해서
다음 라우터에 보낸다.

12

라우팅 테이블의 역할

라우팅 테이블이란

라우팅 테이블(Routing table)은 기기가 IP 패킷을 어디로 송출해야 하는지 적혀 있는 목록입니다. 라우팅 정보 데이터베이스 또는 단순히 경로 정보라고 부르기도 합니다.

라우팅 테이블에는 '어떤 네트워크/호스트 목적지라면 이런 인터페이스(NIC)를 통해서 이런 라우터로 보낸다' 같은 정보가 모여 있습니다. 그리고 IP 패킷을 전송 처리할 때 이런 내용을 참조해서 IP 패킷을 전송합니다. 라우팅 테이블에 기반한 라우팅 모습은 4장 12를 참조하기 바랍니다.

라우팅 테이블은 라우터처럼 네트워크 기기에서만 사용하는 걸로 오해하기 쉽지만 기본적으로 IP로 통신하는 각종 기기는 라우팅 테이블을 갖고 있습니다. 예를 들어 컴퓨터나 스마트폰에도 라우팅 테이블이 있습니다.

기본 게이트웨이

라우팅 테이블에는 네트워크/호스트 목적지에 따른 사용할 인터페이스와 라우터 정보 외에도 해당하는 목적지를 찾지 못했을 때 사용할 인터페이스와 라우터 정보도 적혀 있습니다. 이건 패킷의 목적지 네트워크가 라우팅 테이블 목록에 없을 때 어디로 전송해야 하는지 지정합니다. 이렇게 라우팅 테이블에 존재하지 않을 때 일괄적으로 전송할 곳을 기본 경로(Default route)라고 부르고, 여기에 지정된 라우터를 기본 게이트웨이(Default gateway) 또는 기본 라우터라고 합니다.

이런 기본 게이트웨이는 네트워크 인터페이스 카드(NIC)가 여러 개 탑재된 컴퓨터라도 하나만 지정하는 게 보통입니다.

한편, OS에 따라 여러 개의 기본 게이트웨이를 지정하면 사용 중인 기본 게이트웨이에 문제가 생기더라도 다른 기본 게이트웨이로 전환하는 기능을 제공합니다.

윈도우 10의 라우팅 테이블

윈도우 10에서 라우팅 테이블을 확인하는 방법과 표시 내용을 설명하겠습니다.

명령 프롬프트를 실행해서 netstat -r 또는 route print 명령어를 입력하고 엔터키를 눌러 명령어를 실행하면 명령 프롬프트에 실행 결과가 표시됩니다(그림 2-42).

실행 결과의 윗 부분은 PC에 장착된 NIC의 인터페이스 번호, MAC 주소, 명칭이 표시됩니다. 만약 유선랜과 무선랜 같은 여러 NIC가 장착되어 있으면 모든 인터페이스의 정보가 표시됩니다. 또한 루프백 인터페이스(Loopback interface)는 OS가 자동으로 만든 가상적인 내부 인터페이스로 IP 주소는 127.0.0.1이 할당됩니다.

그림 2-42 | 라우팅 테이블 표시 예(윈도우 10, route print 실행)

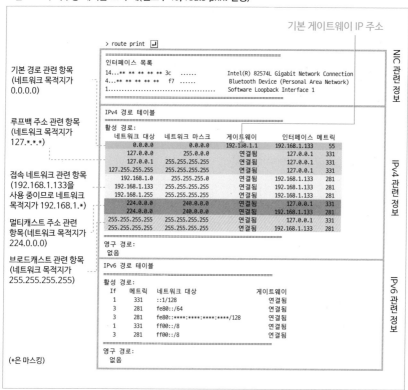

NIC 관련 정보 다음에는 IPv4 라우팅 테이블이 표시됩니다. 여기에는 기본 게이트웨이 관련 항목, 루프백 주소 관련 항목, PC가 접속한 네트워크 관련 항목, 멀티캐스트 주소 관련 항목, 브로드캐스트 주소 관련 항목 등이 있습니다. 어떤 특별한 설정을 하지 않아도 이런 항목들이 표시됩니다. 그리고 그 다음에 IPv6 라우팅 테이블이 표시됩니다. 그림 2-42에서 IPv6는 거의 사용하지 않는 경우의 예입니다. 라우팅 테이블 엔트리(경로 정보)를 읽는 방법은 그림 2-43과 같습니다. 기본 경로 관련 항목은 네트워크 목적지가 0.0.0.0이고 게이트웨이 칸에 기본 게이트웨이의 IP 주소가 들어갑니다. 메트릭(Metric)은 여러 경로가 있을 때 우선도를 의미하는 값으로 값이 작을수록 우선도가 높습니다.

또한 접속 네트워크 관련 항목은 그림 2-43의 예에서는 (1) 소속된 네트워크(넷마스크 255.255.255.0), (2) 자기 자신(넷마스크 255.255.255.255), (3) 소속 네트워크의 브로드캐스트(넷마스크 255.255.255.255) 이렇게 세 가지가 있고, 모두 직접 접속한 링크(네트워크)에 송출하도록 지정되어 있습니다. 넷마스크가 255.255.255.255인 항목은 목적지에 개별 IP 주소가 지정되고, 그렇지 않으면 네트워크 주소가 지정됩니다.

그림 2-43 | 라우팅 테이블 엔트리를 읽는 법

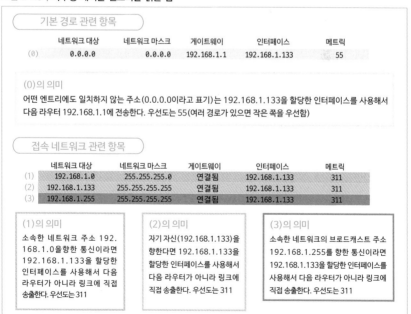

맥OS나 리눅스에서 라우팅 테이블을 표시하려면 터미널을 열고 netstat -rn 명령어를 실행합니다(그림 2-44, 2-45). 표시 내용은 OS에 따라 조금씩 다르지만 대상 네트워크/호스트별로 사용할 인터페이스와 라우터 정보가 표시됩니다.

그림 2-44 | **맥 OS 실행 예(macOS Big Sur/ netstat -rn)**

```
$netstat -rn ↵
Routing tables

Internet:
Destination        Gateway              Flags      Netif    Expire
default            192.168.10.1         UGScg      en0
default            192.168.10.1         UGScIg     en1
default            link#18              UCSIg      bridge1      !
default            link#20              UCSIg      bridge1      !
127                127.0.0.1            UCS        lo0
127.0.0.1          127.0.0.1            UH         lo0
169.254            link#4               UCS        en0          !
169.254            link#5               UCSI       en1          !
172.16.157/24      link#18              UC         bridge1      !
172.16.157.255     ff.ff.ff.ff.ff.ff    UHLWbI     bridge1      !
192.168.10         link#4               UCS        en0          !
192.168.10         link#5               UCSI       en1          !
192.168.10.1/32    link#4               UCS        en0          !
192.168.10.1       6c:**:**:**:*:d8     UHLWIir    en0       1184
(이하 생략)                                        (* 부분은 마스킹)
```

그림 2-45 | **리눅스 실행 예(우분투 16.04 / netstat -rn)**

```
$netstat -rn ↵
Kernel IP routing table
Destination     Gateway      Genmask          Flags   MSS   Window    irtt   Iface
0.0.0.0         10.0.0.1     0.0.0.0          UG      0     0         0      ens3
10.0.0.0        0.0.0.0      255.255.255.0    U       0     0         0      ens3
169.254.0.0     0.0.0.0      255.255.0.0      U       0     0         0      ens3
```

13

IP 패킷 분할과 재구축

패킷 분할이 발생하는 이유

이번에는 IPv4 기능인 라우터에서의 IP 패킷 분할(단편화)을 설명합니다.[7]

이더넷은 하나의 프레임에 1,500바이트 데이터를 담을 수 있습니다. 즉, 한 번에 최대 1,500바이트의 데이터를 송신할 수 있습니다. 최대 1,500바이트는 이더넷이 그렇다는 것이고 네트워크 하드웨어에 따라서 최대 크기는 달라집니다.

라우터는 서로 다른 네트워크 사이에 패킷을 중계하는데 네트워크마다 송신 가능한 최대 크기가 다를 수 있습니다. 예를 들어 한쪽은 이더넷이라서 최대 1,500바이트까지 데이터를 보낼 수 있지만, 다른 쪽의 네트워크 하드웨어는 1,000바이트가 최대인 경우입니다. 이때 이더넷에서 IP 패킷에 담긴 1,500바이트짜리 데이터를 받았을 때 이보다 작은 크기의 데이터만 처리 가능한 네트워크에 전송하려면 라우터는 어떤 처리를 해야 할까요?

이런 경우에 IP 패킷이 분할 금지로 설정되어 있으면 라우터는 패킷을 파기하고 송신지에 그 사실을 알립니다. 분할 가능하다면 1,500바이트의 IP 패킷을 라우터가 전송할 매체에서 다룰 수 있는 크기로 IP 패킷을 분할해서 송출합니다. 이런 동작을 IP 단편화(IP fragmentation)라고 부릅니다.

네트워크 하드웨어가 한 번에 송신할 수 있는 최대 데이터 크기를 MTU(Maximum Transmission Unit)라고 부르고, MTU 크기가 상대적으로 작은 네트워크에 패킷을 라우팅할 때 IP 단편화가 발생할 수 있습니다(그림 2-46). 한편 IP를 사용하는 네트워크 하드웨어는 반드시 576바이트 이상의 MTU를 사용해야 한다고 정해져 있습니다.

---

[7] 처리를 라우터가 하는 건 효율이 좋지 않으므로 IPv6에는 라우터에 의한 단편화가 없습니다.

그림 2-46 | MTU보다 큰 IP 패킷을 분할하는 모습

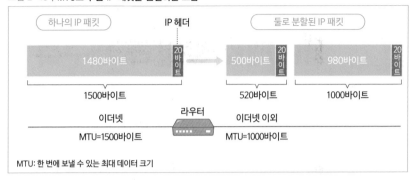

그리고 컴퓨터 내부에서는 송출하는 네트워크 하드웨어의 MTU를 고려해서 IP 패킷을 만들기 때문에 IP 단편화가 발생하지 않는 게 보통입니다.

분할 방법

IP 단편화가 일어나면 전송할 네트워크 하드웨어의 MTU 크기에 맞춰 패킷을 분할합니다. IP 패킷에는 IP 헤더(20바이트)가 붙으므로 분할한 각 패킷에도 IP 헤더가 필요하므로 분할한 데이터 크기와 IP 헤더(20바이트)를 더한 크기가 새로운 MTU 이하가 되어야 합니다.

분할한 각 패킷의 헤더 영역은 원래 패킷을 기준으로 작성하지만 분할로 바뀌는 부분도 있습니다(2장 07 참조). IP 헤더에서 패킷 길이는 분할된 패킷 길이가 들어갑니다. ID는 원래 패킷과 같은 값이 들어가고 이 값을 기준으로 하나의 패킷에서 분할된 것이라고 인식합니다. 후속 단편화 유무 플래그는 분할한 패킷 중에서 마지막 패킷에는 0(아니오)이 들어가고 그 외에는 1(네)을 설정합니다. 단편화 오프셋은 분할된 데이터의 원래 위치를 나타내는 값(0바이트부터 시작)을 8로 나눈 값을 설정합니다(그림 2-47).

그리고 전송하려면 분할이 필요하지만 IP 패킷에 분할 금지 플래그가 1로 설정되어 있다면 전송이 불가능하므로 해당 패킷은 파기하고 그 사실을 ICMP로 패킷을 보낸 쪽에 통지합니다.

그림 2-47 | IP 패킷을 재구축하는 모습

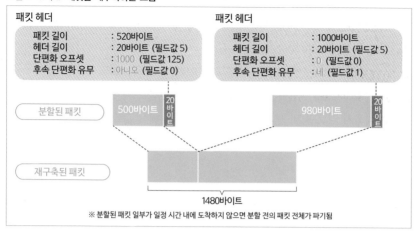

재구축 방법

분할된 패킷은 그 이후 라우터에서 별다른 처리 없이 각각 독립된 패킷으로 라우팅됩니다(그림 2-48). 그리고 최종적으로 상대방 컴퓨터에 배송됩니다.

따로따로 도착한 분할된 IP 패킷의 재구축은 목적지 컴퓨터가 담당합니다. 분할된 각 부분은 독립적으로 라우팅되므로 각자가 어떤 순서로 도착할지 알 수 없습니다.

그림 2-48 | 분할된 패킷은 독립적으로 라우팅됨

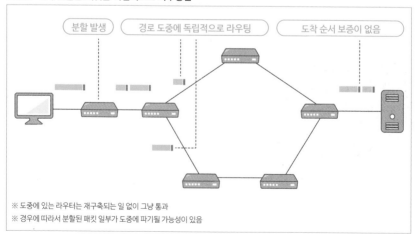

따라서 컴퓨터는 IP 헤더의 단편화 오프셋을 바탕으로 패킷 순서를 정렬하고 후속 단편화 유무 플래그로 마지막 패킷이 도착한 것을 확인하면 분할된 IP 패킷을 재구축합니다.

한편, IP 패킷은 반드시 목적지에 도착한다는 보증이 없어서 도중에 어떤 이유로 도착하지 않을 수도 있습니다. 만약 재구축할 때 일정 시간을 기다려도 분할된 패킷의 일부가 도착하지 않으면 재구축이 불가능하다고 판단해서 분할 전의 IP 전체를 파기합니다. 만약 재전송 등이 필요하다면 상위 계층에서 처리합니다.

분할을 피하는 방법

지금까지 본 IP 패킷 분할과 재구축은 라우터나 컴퓨터에서 처리해야 할 일이 늘어나고, 분할된 패킷 중 하나라도 빠지면 원래 패킷 전체를 파기해야 하므로 통신 효율이 낮아지는 원인이 됩니다. 따라서 패킷 분할이 일어나지 않도록 피하는 게 좋습니다.

IP 패킷 분할을 피하는 방법 중 하나가 경로 MTU 탐색(Path MTU Discovery)입니다(그림 2-49). 이것은 TCP나 UDP가 지원하는 기능으로 ICMP를 이용해 경로 상에서 패킷 분할이 발생하지 않는 최적의 MTU 크기를 찾습니다. 그렇게 얻은 MTU 크기로 패킷을 만들어서 송출하면 라우터에서 발생하는 패킷 분할을 피할 수 있습니다. 다만, ICMP 패킷을 통과시키지 않는 기기가 도중에 포함된 경로라면 제대로 동작하지 않는 경우가 있습니다(경로 MTU 탐색 블랙홀이라고 부릅니다).

그림 2-49 | 경로 MTU 탐색으로 분할을 피하는 모습

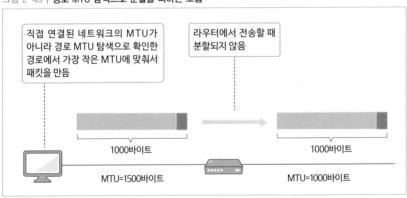

직접 연결된 네트워크의 MTU가 아니라 경로 MTU 탐색으로 확인한 경로에서 가장 작은 MTU에 맞춰서 패킷을 만듦

라우터에서 전송할 때 분할되지 않음

1000바이트

1000바이트

MTU=1500바이트

MTU=1000바이트

14

ICMP의 역할과 기능

IP 네트워크에서 중요한 역할을 담당하는 ICMP

IPv4의 ICMP(Internet Control Message Protocol)를 설명합니다. ICMP는 IP와 밀접하게 관련된 프로토콜로. 정보 전달이 목적이 아니라 IP 통신에서 발생하는 각종 통지나 통신 확인 등에 사용합니다.

ICMP는 IP와 마찬가지로 네트워크 계층으로 분류됩니다(그림 2-50). 같은 계층의 프로토콜은 서로 기능을 이용하거나 제공하지 않는 게 보통이지만, ICMP는 IP 기능을 사용한 네트워크 관리 기능을 제공하므로 TCP나 UDP처럼 IP 기능을 이용하는 입장입니다. 그럼에도 불구하고 ICMP가 담당하는 기능은 전송 계층이 제공하는 기능과 거리가 있으므로 역시나 인터넷 계층에 해당하는 기능입니다. 따라서 ICMP는 조금 특수한 입장에 해당하는 프로토콜입니다.

그림 2-50 | **ICMP는 인터넷 계층 프로토콜이지만 IP를 이용해 동작함**

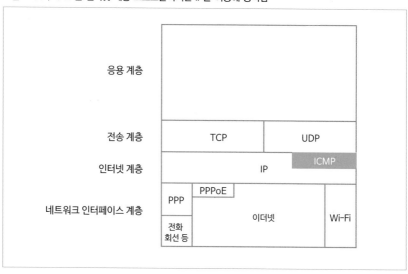

ICMP 패킷의 구성

ICMP 패킷은 TCP나 UDP처럼 IP 패킷 데이터 영역에 담아서 송수신합니다(그림 2-51). 즉, 라우터에 경로 정보가 설정되어서 IP가 도달 가능한 상대가 아니라면 보낼 수 없습니다. 달리 말하면 경로 문제가 없으면 서로 다른 네트워크에 있는 상대라도 괜찮습니다. 이건 ICMP에 있어 중요한 부분입니다.

ICMP 패킷은 그림 2-52처럼 구성됩니다. ICMP는 어떤 통지 또는 테스트를 할지 타입과 코드로 지정하는데, 타입에는 대분류, 코드에는 지정한 타입의 개별적인 메시지를 설정합니다. 체크섬은 ICMP 패킷 전체를 검사할 때 사용하는 체크섬값을 저장하는 필드로 IP 패킷과 마찬가지로 1의 보수를 사용해서 계산합니다. 체크섬을 계산할 때 체크섬 필드값은 0이 들어 있다고 가정합니다. 데이터에는 타입별로 정해진 정보를 저장합니다. 이런 구조의 패킷이 IP 패킷 데이터 영역에 실려서 IP 패킷으로 전송됩니다.

그림 2-51 | ICMP 패킷은 IP 패킷의 데이터 영역에 저장되어 전송됨

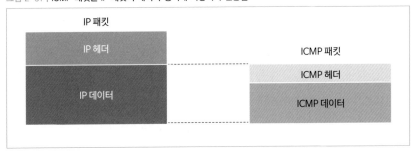

그림 2-52 | ICMP 패킷의 구조

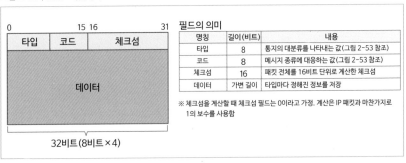

필드의 의미

명칭	길이(비트)	내용
타입	8	통지의 대분류를 나타내는 값(그림 2-53 참조)
코드	8	메시지 종류에 대응하는 값(그림 2-53 참조)
체크섬	16	패킷 전체를 16비트 단위로 계산한 체크섬
데이터	가변 길이	타입마다 정해진 정보를 저장

※ 체크섬을 계산할 때 체크섬 필드는 0이라고 가정. 계산은 IP 패킷과 마찬가지로 1의 보수를 사용함

그림 2-53 | ICMP 타입과 코드

타입	분류	코드
0	에코 응답(Echo Reply)	0
3	목적지 도달 불가능 통지(Destination Unreachable)	0~15
4	송출 제어 요구(Source Quench)	0
5	경로 변경 요구(Redirect)	0~3
8	에코 요구(Echo Request)	0
9	라우터 광고(Router Advertisement)	0
10	라우터 요청(Router Solicitation)	0
11	시간 초과 통지(Time Exceeded)	0~1
12	파라미터 이상 통지(Parameter Problem)	0~2
13	타임스탬프 요구(Timestamp)	0
14	타임스탬프 응답(Timestamp Reply)	0
15	정보 요구(Information Request)	0
16	정보 응답(Information Reply)	0
17	주소 마스크 요구(Address Mask Request)	0
18	주소 마스크 응답(Address Mask Reply)	0

타입=3(목적지 도달 불가능 통지)의 코드 일부

코드	의미
0	네트워크 도달 불가(Network Unreachable)
1	호스트 도달 불가(Host Unreachable)
2	프로토콜 도달 불가(Protocol Unreachable)
3	포트 도달 불가(Port Unreachable)
4	IP 패킷 분할이 필요하나 분할 금지 지정(Fragementattion Needed And DF Set)
5	소스 경로 실패

(일부 발췌)

타입=11(시간 초과 통지)의 코드

코드	의미
0	전송 중에 TTL이 0이 됨(Time To Live Exceeded In Transit)
1	패킷 재구축 시간 초과(Fragement Reassembly Time Exceeded)

ping에서 사용하는 ICMP 패킷의 예

ICMP를 이용하는 대표적인 예로 ping 명령어가 있습니다. ping 명령어는 명령어를 실행한 컴퓨터에서 지정한 컴퓨터까지 IP 패킷이 도달 가능한지 확인하는 기능을 제공합니다. 이때 ICMP 에코 요구(타입 8, 코드 0)와 에코 응답(타입 0, 코드 0)을 이용합니다.

그림 2-54는 에코 요구와 에코 응답 패킷을 가리킵니다. 에코 요구는 ping 명령어를 실행하는 컴퓨터가 조사 대상 컴퓨터에 송신하는 패킷이고, 에코 응답은 에코 요구를 수신한 컴퓨터가 응답을 반환하는 패킷입니다.

패킷 필드의 타입에는 에코 요구라면 8, 에코 응답이라면 0을 설정합니다. 코드에는 에코 요구, 에코 응답 모두 0을 설정합니다. 체크섬은 패킷 전체를 대상으로 계산한 값을 지정합니다. 식별자는 에코 요구를 식별할 수 있는 적당한 값을 지정합니다. 시퀀스 번호에는 같은 식별자로 에코 요구를 계속해서 보낼 때 연속된 번호를 설정합니다. 또한, 테스트용 데이터라면 적당히 데이터를 지정합니다.

그림 2-54 | 에코 요구와 에코 응답 패킷

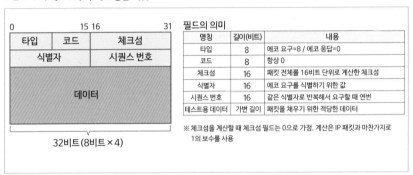

필드의 의미

명칭	길이(비트)	내용
타입	8	에코 요구=8 / 에코 응답=0
코드	8	항상 0
체크섬	16	패킷 전체를 16비트 단위로 계산한 체크섬
식별자	16	에코 요구를 식별하기 위한 값
시퀀스 번호	16	같은 식별자로 반복해서 요구할 때 연번
테스트용 데이터	가변 길이	패킷을 채우기 위한 적당한 데이터

※ 체크섬을 계산할 때 체크섬 필드는 0으로 가정. 계산은 IP 패킷과 마찬가지로 1의 보수를 사용

ICMP 패킷 주고받기

컴퓨터 A에서 ping을 실행하면 컴퓨터 A는 명령어로 지정한 컴퓨터 B를 향해 에코 요구 패킷을 송신합니다(그림 2-55). 패킷은 라우터를 통해 중계되어 목적지 컴퓨터 B에 도달합니다. 패킷을 수신한 컴퓨터 B는 에코 응답 패킷을 만들어서 식별자, 시퀀스 번호, 테스트용 데이터에 에코 요구의 내용을 그대로 설정한 다음, 컴퓨터 A에 에코 응답 패킷을 되돌려 줍니다. 응답 패킷은 도중에 몇몇 라우터 중계를 거쳐 컴퓨터 A에 도달합니다. 패킷을 수신한 컴퓨터 A는 식별자, 시퀀스 번호 등을 확인해서 대응하는 에코 요구 패킷을 보낸 시간과 응답 패킷이 도착한 시간 간격을 계산해 결과를 화면에 표시합니다.

이런 ping 동작은 컴퓨터 A가 B를 향해 에코 요구를 송신하거나 컴퓨터 B가 A를 향해 에코 응답을 송신하므로 서로를 향한 통신이 도착하는지 확인 가능합니다.

따라서 ping이 성공하면 컴퓨터 A와 B 사이에 양방향으로 IP 패킷이 도달 가능하다는 뜻입니다. 네트워크 문제가 발생했는지 확인할 때 제일 먼저 ping 명령어로 통신 가능한지 확인해 보는 것도 이런 조사를 명령어로 간단히 할 수 있기 때문입니다. 대부분의 OS에서 ping 명령어에는 테스트용 데이터 필드 크기를 지정하는 옵션(윈도우 -l, 맥OS나 리눅스는 -s)이 있습니다. 이 옵션을 사용하면 크기가 작은 ICMP 패킷, 크기가 큰 ICMP 패킷, 이더넷 MTU보다 큰 ICMP 패킷 등 조건을 바꿔가며 테스트할 수 있습니다.

그림 2-55 | ping 동작

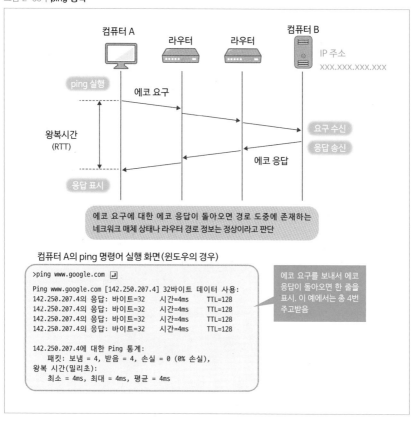

CHAPTER 2
How TCP/IP Protocol Works

15 TCP의 동작

신뢰성 높은 통신을 실현하는 기본 방침

TCP는 송신할 데이터를 미리 정해진 크기로 나누고, 이렇게 나눈 데이터를 하나의 단위로 송수신, 데이터 손실 확인, 재전송 등의 처리를 합니다. 이렇게 나눈 데이터에 헤더를 더한 것을 TCP 패킷이라고 부릅니다(그림 2-56). 데이터 영역의 최대 크기는 MSS(Maximum Segment Size)라고 하고 접속 처리를 할 때 서로 정보를 교환(희망하는 값을 서로 주고받아서 보다 작은 쪽을 채용)해서 크기를 결정합니다.

신뢰성 높은 통신 즉, 보낸 데이터가 도중에 사라지거나 잘못되지 않고 도착하는 통신을 실현하는 목적으로 TCP는 데이터에 번호를 붙여서 송수신할 대상을 명확하게 파악하고, 데이터를 수신하면 상대방에게 확인 응답을 돌려줘서 배달 확인을 합니다. 이런 두 가지 통신 원칙을 사용해서 데이터 도착 여부와 만약 이상이 생겼다면 그게 무엇인지 확인 가능합니다. 이렇게 확인한 결과를 바탕으로 만약 상대방에게 도착하지 않았다면 도착하지 않은 패킷을 재전송합니다.

그림 2-56 | TCP 패킷과 시퀀스 번호

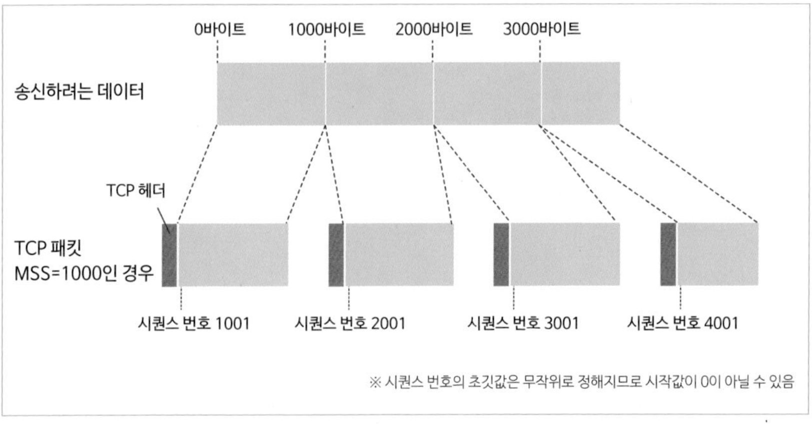

데이터 번호는 1바이트 단위로 붙입니다. 이렇게 붙인 번호를 시퀀스 번호(Sequence number)라고 부릅니다. 앞에서 본 것처럼 TCP는 패킷 단위로 주고받으므로 그림 2-56처럼 MSS가 1000바이트이고 첫 패킷의 시퀀스 번호가 1001부터 시작한다면 두 번째 패킷의 시퀀스 번호는 2001로 시작합니다. 그리고 TCP 패킷 헤더(2장 08 참조)에 있는 시퀀스 번호 필드에는 패킷 선두에 있는 데이터의 시퀀스 번호가 들어 갑니다. 한편, 시퀀스 번호의 초깃값은 무작위로 정해지므로 반드시 0부터 시작하는 것은 아닙니다.

데이터를 수신하면 상대방에게 확인 응답을 돌려주는 건 TCP에서 통신 신뢰성을 보장하는 기본 동작입니다. 이때 통신 효율면을 생각해 봅니다. 보낸 데이터가 상대방에게 도착하고 이번에는 상대방이 확인 응답을 보내서 다시 자신에게 돌아올 때까지 일정 시간이 걸립니다. 만약 그동안 아무 것도 하지 않고 응답을 기다리기만 한다면 통신 효율은 무척 낮아집니다.

따라서 TCP는 일정 개수의 데이터는 확인 응답을 기다릴 필요 없이 송신하는 방법으로 문제를 해결합니다(그림 2-57). 그 개수를 윈도우 크기(Window size)라고 합니다.

그림 2-57 | 일정 개수의 데이터까지는 확인 응답을 기다리지 않고 송신함

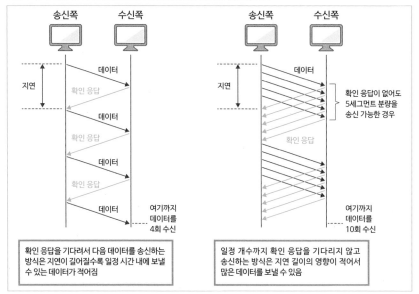

윈도우 크기 즉, 데이터를 확인하지 않고 보낼 수 있는 개수는 기본적으로 받는 쪽이 정해서 보내는 쪽에 통지합니다. 예를 들어 수신한 쪽에 아직 미처리 데이터가 많이 남아 있다면 보다 작은 윈도우 크기를 통지합니다.

TCP가 담당하는 재전송 등의 제어

윈도우 크기를 고려하면서 확인 응답을 대기 없이 송신하거나, 도착하지 않은 데이터의 재전송를 요구하는 등 TCP 동작은 조금 복잡합니다. 이걸 간단히 효율적으로 처리하는 방법으로 슬라이딩 윈도우(Sliding window) 방식을 사용한 제어를 이용합니다.

슬라이딩 윈도우는 송신쪽과 수신쪽에서 데이터를 모아 두는 영역(버퍼, Buffer)에 통신 처리 대상의 범위를 특정하는 개념으로써 창(윈도우)을 두고, 통신 처리 진행 상황에 맞춰 창을 이동시켜서 송신의 확인 응답 유무나 재전송을 관리합니다(그림 2-58). 수신쪽의 윈도우는 다음에 수신하고 싶은 데이터가 윈도우 왼쪽 시작 부분에 오도록 윈도우를 오른쪽으로 이동시킵니다. 또한 송신쪽의 윈도우는 확인 응답을 받으면 요구된 위치까지 오른쪽으로 이동시킵니다.

그림 2-59는 슬라이딩 윈도우를 사용해서 도중에 사라진 송신 데이터를 재전송하는 모습입니다. 지금 송신한 데이터가 ①에서 도중에 사라졌다고 합시다. 송신쪽은 이어서 데이터를 보내므로 ②에서 다음 데이터를 수신합니다. 이때 수신쪽은 송신쪽에 확인 응답 ③을 돌려주는데 응답으로 다음에 필요한 데이터가 아직 수신하지 못한 2001이라고 지정합니다. 이런 지정에는 TCP 패킷을 확인하는 응답 번호 필드를 사용합니다. ④나 ⑥을 수신할 때도 마찬가지입니다.

그림 2-58 | 슬라이딩 윈도우의 개념

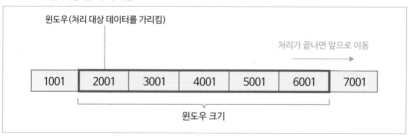

윈도우(처리 대상 데이터를 가리킴)

처리가 끝나면 앞으로 이동

| 1001 | 2001 | 3001 | 4001 | 5001 | 6001 | 7001 |

윈도우 크기

그림 2-59 | 송신 데이터가 사라졌을 때의 동작

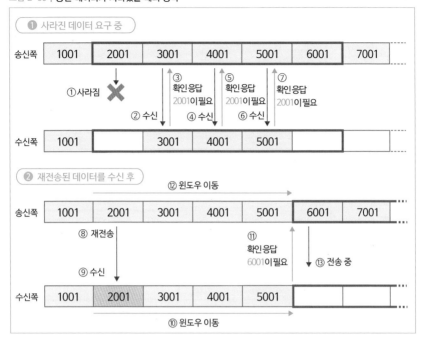

여기서 송신쪽은 이미 보냈던 데이터를 세 번이나 요구받았으므로 해당하는 데이터를 ⑧처럼 재전송합니다. 재전송한 데이터를 수신쪽에서 ⑨로 수신하면 필요한 데이터가 도착했으므로 ⑩에서 윈도우를 이제 받아야 할 6001까지 이동시키고 재전송으로 받은 데이터의 확인 응답을 ⑪로 보냅니다. 이 확인 응답에는 앞으로 필요한 6001을 지정합니다. 이런 응답을 받은 송신쪽은 요구된 6001까지 ⑫로 윈도우를 이동시키고 ⑬으로 송신합니다. 그림에서 보는 것처럼 TCP는 무척 멋진 방법으로 재전송 처리를 합니다.

그림 2-60은 확인 응답이 사라진 경우의 동작 모습입니다. ①을 수신하면 수신쪽은 ②의 확인 응답을 돌려주는데 그 응답이 도중에 사라졌다고 합시다. 수신쪽은 그런 사실을 알 수 없으므로 ③에서 윈도우를 한 칸 이동시킵니다. ④를 수신했을 때도 마찬가지로 ⑤의 확인 응답을 돌려주고 이 응답도 도중에 사라졌더라도 수신쪽은 ⑥에서 윈도우를 또다시 오른쪽으로 이동시킵니다.

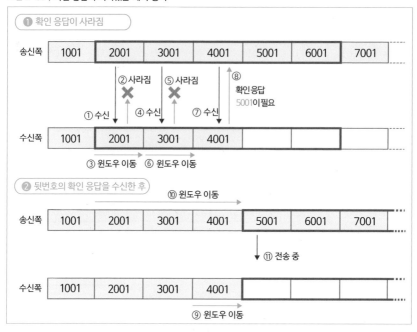

그림 2-60 | 확인 응답이 사라졌을 때의 동작

다음은 ⑦을 수신해서 ⑧의 확인 응답을 돌려주는데 이번에는 정상적으로 송신쪽에 도착했다고 합시다. 수신쪽은 정상적으로 수신 가능하므로 ⑨에서 윈도우를 하나 이동시킵니다. 이때 송신쪽은 ⑧ 확인 응답을 받아서 확인한 응답에 5001이 필요하다고 되어 있으므로 ⑩에서 윈도우를 5001까지 한번에 이동시킵니다. 그리고 송신쪽은 5001 송신을 시작합니다.

이때 흥미로운 건 수신쪽에서 보낸 확인 응답이 중간에 빠지더라도 뒷번호의 확인 응답이 도착하면 송신쪽은 도착하지 않은 확인 응답은 무시하고 다음 번 송신으로 이동하는 점입니다. 이건 미수신 데이터가 있었다면 수신쪽이 반복해서 요구할 것이므로, 그렇지 않다는 말은 중간 번호는 제대로 도착했을 거라고 송신쪽이 판단할 수 있다는 뜻입니다. 이렇듯 재전송이나 확인 응답 등의 각종 제어는 슬라이딩 윈도우를 사용하면 무척이나 효율적으로 이루어집니다.

그 외에 TCP는 주고받는 정보량도 제어합니다. 흐름 제어(Flow control)는 수신쪽 처리 속도가 통신 속도를 따라가지 못하는 경우가 발생하면, 수신쪽이 송신쪽을 향해서 확인 응답 없이 송출하는 데이터양을 줄이도록 통지합니다. 이런 통지는 수신쪽에서 송신쪽에 통지하는 윈도우 크기를 줄이는 방법으로 이루어집니다.

윈도우 크기는 확인 응답을 기다릴 필요 없이 송신해도 좋은 크기를 뜻하므로, 예를 들어 윈도우 크기가 1이라면 수신쪽에서 확인 응답이 올 때까지 송신쪽은 대기하므로 수신쪽은 그 동안 밀린 처리를 진행시킬 수 있습니다.

한편, 슬로우 스타트(Slow start)는 송신쪽이 스스로 알아서 윈도우 크기를 줄여서 확인 응답 없이 송출하는 데이터양을 줄이는 동작입니다. 이름에서 알 수 있듯이 통신을 시작할 때는 작은 윈도우 크기로 시작해서 수신쪽에서 통지한 윈도우 크기가 될 때까지 조금씩 늘립니다. 이는 수신쪽이나 네트워크 통신량이 갑자기 늘어나서 폭주(네트워크 정체)가 일어나는 걸 방지하기 위함입니다.

그 외에도 TCP에는 효율적이고 신뢰성 높은 통신을 제공하기 위해 다양한 기능과 설정이 존재하므로 정보 누락이나 오류가 발생해도 신경 쓸 필요 없이 안심하고 네트워크를 이용할 수 있어 널리 사용됩니다.

접속 처리와 종료 처리의 흐름

TCP는 연결 지향형이므로 통신을 시작하기 전에 접속을 확립(접속 처리)하고, 통신이 끝나면 이용한 접속을 닫습니다(종료 처리). 따라서 특별한 순서로 패킷을 주고받습니다(그림 2-61).

그림 2-61 | **접속 처리와 접속 종료 처리**

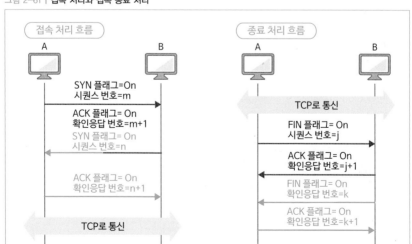

접속 처리(Connection establishment)는 접속을 시작하는 컴퓨터(그림에서 A)가 접속할 컴퓨터(그림에서 B)를 향해 SYN 플래그를 설정한 헤더만 존재하는 패킷을 송신합니다. 시퀀스 번호에는 어떤 값 m을 설정합니다. 이를 수신한 컴퓨터 B는 접속개시 패킷의 확인 응답을 보내는데 ACK 플래그를 유효로 설정하고 확인응답 번호에는 수신한 시퀀스 번호 m+1값을 설정합니다. 그리고 자신도 상대방과 통신을 시작한다는 선언으로 SYN 플래그도 유효로 설정하고, 시퀀스 번호에는 어떤 값 n을 설정해서 만든 패킷을 컴퓨터 A에 보냅니다. 그러면 컴퓨터 A는 ACK 플래그를 유효로 설정해서 확인응답 번호에 n+1을 설정한 패킷을 컴퓨터 B에 돌려줍니다. 이런 세 번의 요청과 응답으로 TCP 접속이 확립되면 TCP 통신이 가능해집니다. 이런 패킷 교환을 3웨이 핸드쉐이크(3-way handshake)라고 부릅니다. 한편, MSS 교환은 이런 과정에서 TCP 옵션 중 하나를 사용합니다.

또한 종료 처리(Connection termination)는 종료를 요구하는 컴퓨터(그림에서 A)가 FIN 플래그를 유효로 설정한 패킷을 상대방 컴퓨터(그림에서 B)에 보냅니다. 그걸 받은 컴퓨터 B는 ACK 플래그를 유효로 설정하고 수신한 시퀀스 번호+1을 확인응답 번호로 설정한 패킷을 컴퓨터 A에 돌려줍니다. 그리고 자신도 종료를 요구한다는 뜻으로 FIN 플래그를 유효로 설정한 패킷을 컴퓨터 A에 보냅니다. 그걸 받은 컴퓨터 A는 ACK 플래그를 유효로 설정하고 수신한 시퀀스 번호+1을 확인응답 번호로 설정한 패킷을 컴퓨터 B에 보냅니다. 이런 과정을 통해 TCP 접속은 닫히고 통신을 종료합니다.

COLUMN | TCP 최고 통신 속도

TCP는 윈도우 크기만큼 데이터를 한꺼번에 송신합니다. 이런 처리는 대부분 순식간에 끝나고 조금 시간이 지난 후에 확인 응답이 돌아옵니다. 그리고 응답 수신이 끝나면 다시 다음 윈도우 크기만큼 데이터를 한꺼번에 보냅니다. 즉, TCP는 확인 응답이 돌아올 때까지의 시간(라운드 트립 타입, Round trip time) 간격으로 윈도우 크기만큼 데이터를 보냅니다.

이걸 바탕으로 실제 통신 속도를 계산할 수 있고, 이 속도가 TCP 통신 속도의 한계값이 됩니다. 예를 들어 64킬로바이트 윈도우 크기에 라운드트립 타임이 10밀리초라고 하면 65536바이트 ÷ 0.01초 × 8비트 = 52428800bps ≒ 52.4Mbps가 최대 속도가 됩니다. 왕복 시간이 길어지면 이 값(속도)이 작아지므로 지연이 발생하는 네트워크에서 TCP 속도가 떨어진다는 걸 알 수 있습니다.

16

IPv6의 개요

IPv6가 생겨난 배경과 현재 상태

인터넷에 접속하는 기기는 IP 주소 할당이 필요합니다. 하지만 지금까지 주로 사용하던 IPv4는 IP 주소 길이가 32비트라서 2^{32}(약 43억)개에 불과하므로 언젠가는 모자를 것이라고 예상했습니다. 실제로 인터넷에 접속하는 단말 숫자가 폭발적으로 늘어난 현재, 이미 IP 주소는 바닥나서 NAT/NAPT 같은 기술을 통해서 하나의 주소를 여러 기기가 공유하는 상황입니다.

IPv6는 이런 상황을 근본적으로 해결하려는 목적으로 등장했습니다. IPv6는 IP 주소로 128비트를 사용하도록 개량하여 2^{128}만큼 IP 주소가 존재하기 때문에 IP 주소가 부족할 일은 없습니다. 하지만 기존 IPv4와 IPv6 사이에 호환성이 없어 가정이나 사무실에서 사용하는 컴퓨터, 라우터, 인터넷 접속 사업자(ISP)의 라우터, 서버 등이 IPv6에 대응해야 합니다.

IPv6 대응에는 랜 케이블이나 허브, 스위치를 교체하지 않아도 됩니다. 네트워크 장치 규격인 이더넷은 기존 그대로 사용하고 대신에 그 위에 주고받는 데이터(IP 패킷) 형식만 바뀌는 형태입니다. 최근에 나온 기기는 IPv6에 대응하는 경우가 많아 설정을 조금 바꾸면 대응이 가능할 수도 있습니다.

실제로 접속회선사업자, ISP, 서버사업자 쪽이 먼저 IPv6 대응을 완료한 경우도 많습니다. 따라서 현재는 가정, 사무실에서 사용하는 PC나 와이파이 기기가 IPv6에 대응하도록 설정을 변경하고 접속회선사업자나 ISP에 IPv6로 접속하겠다고 신청하면 됩니다. 하지만 아직까지 IPv6 대응이 끝나지 않은 서버도 많으므로 한동안은 새로운 IPv6 형식으로 통신하는 서버와 지금처럼 IPv4 형식으로 통신하는 서버가 동시에 존재하는 상황입니다.

가정이나 사무실에서 IPv6 이용 설정을 했으면, 인터넷에 접속하는 컴퓨터는 접속 대상이 IPv6에 대응한다면 IPv6로, 아직 미대응이라면 IPv4로 접속합니다. 만약 자신이 IPv6 설정한 적이 없더라도 접속회선사업자나 ISP가 제공하는 라우터 등을 사용하면 자신도 모르는 사이에 IPv6로 인터넷에 접속하는 경우도 있습니다. 현재 이용하는 컴퓨터가 IPv6로 인터넷에 접속 가능한지 조사하려면 구글 검색에서 'What's my IP'로 검색해보는 등 IPv6 대응 상황을 웹사이트에서 확인할 수 있습니다.[8]

IPv6 패킷의 구조

그림 2-62는 IPv6 패킷의 구조입니다. IPv4와 비교해서 헤더 영역 크기가 20바이트에서 40바이트로 늘어났지만 필드 종류는 오히려 줄었습니다.

그림 2-62 | IPv6 패킷의 구조

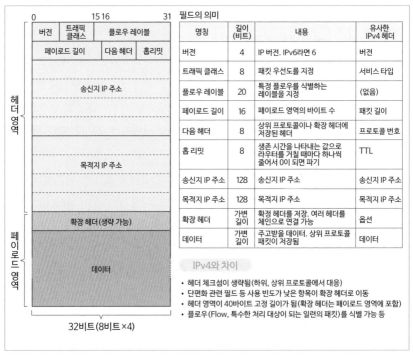

명칭	길이 (비트)	내용	유사한 IPv4 헤더
버전	4	IP 버전. IPv6라면 6	버전
트래픽 클래스	8	패킷 우선도를 지정	서비스 타입
플로우 레이블	20	특정 플로우를 식별하는 레이블을 지정	(없음)
페이로드 길이	16	페이로드 영역의 바이트 수	패킷 길이
다음 헤더	8	상위 프로토콜이나 확장 헤더에 저장된 헤더	프로토콜 번호
홉 리밋	8	생존 시간을 나타내는 값으로 라우터를 거칠 때마다 하나씩 줄어들어 0이 되면 파기	TTL
송신지 IP 주소	128	송신지 IP 주소	송신지 IP 주소
목적지 IP 주소	128	목적지 IP 주소	목적지 IP 주소
확장 헤더	가변 길이	확정 헤더를 저장. 여러 헤더를 체인으로 연결 가능	옵션
데이터	가변 길이	주고받을 데이터. 상위 프로토콜 패킷이 저장됨	데이터

IPv4와 차이

- 헤더 체크섬이 생략됨(하위, 상위 프로토콜에서 대응)
- 단편화 관련 필드 중 사용 빈도가 낮은 항목이 확장 헤더로 이동
- 헤더 영역이 40바이트 고정 길이가 됨(확장 헤더는 페이로드 영역에 포함)
- 플로우(Flow, 특수한 처리 대상이 되는 일련의 패킷)를 식별 가능 등

8 역자주: IPv6 신청과 사용 관련 내용은 일본 기준으로, 한국은 국가별로 할당된 IPv4 주소에 조금 여유가 있어서 IPv6는 그다지 보급되지 않은 상황입니다.

IPv6는 헤더 체크섬 필드가 없는데 IP 패킷에서 데이터 검사를 생략하고 하위나 상위 프로토콜에 맡기기 때문입니다. 또한 경로 도중에 라우터에서 일어나는 패킷 분할이 없어져서(송신하는 쪽이 분할하는 경우는 존재) 단편화 관련 필드(ID나 단편화 오프셋)는 확장 헤더로 이동했습니다. 그 외의 헤더 필드는 IPv4와 동일하거나 비슷한 필드가 존재합니다.

IPv6는 기본 헤더 영역이 40바이트 고정 길이입니다. 고정 길이가 되면 컴퓨터나 라우터에서 처리하기 쉬워지고 확장 헤더는 페이로드(주고받을 데이터가 담기는 영역)에서 데이터와 함께 다루게 됩니다.

확장 헤더의 종류는 표 2-9와 같고 정해진 순서에 따라 체인처럼 이어진 형태로 확장 헤더 영역에 들어갑니다. 그리고 다음 헤더 필드에 체인 최초의 확장 헤더와 관련된 정보가 들어갑니다. 확장 헤더가 없다면 다음 헤더 필드에는 상위 프로토콜의 프로토콜 번호가 들어갑니다.

표 2-9 | 확장 헤더의 종류

명칭	내용
홉 바이 홉 옵션 헤더	도중에 통과하는 라우터에서 처리할 옵션을 저장
라우팅 헤더	소스 라우팅(경로 지정) 정보를 저장
단편화 헤더	송신하는 쪽이 처리한 패킷 분할 관련 정보를 저장
캡슐화 시큐리티 페이로드 헤더	페이로드 영역을 암호화한 IPsec의 ESP 관련 정보를 저장
인증 헤더	IPsec의 AH 관련 정보를 저장
목적지 옵션 헤더	목적지 컴퓨터에서 처리하는 옵션을 저장

IPv6의 IP 주소

IP 주소가 128비트가 되면서 IPv6에서는 IP 주소의 종류와 표기법이 변했습니다(그림 2-63). IPv4에서는 0~255 숫자를 점(.)으로 구분한 숫자 4개를 나열했지만, IPv6는 네 자리의 16진수(소문자)를 콜론(:)으로 구분한 8개를 나열한 형태가 기본입니다. 하지만 이대로는 너무 길어서 사용하기 어려우므로, 생략 표기로 간결하면서도 같은 주소라면 표기법은 하나가 되도록(여러 방법의 표기가 존재하지 않도록) 고려한 표기 규칙이 있습니다.

우선, 네 자리 16진수 중에서 상위에 존재하는 0은 생략합니다. 예를 들어 0db8이라면 db8, 0000이라면 0으로 각각 바꿉니다. 그리고 연속한 0이 있으면 ::으로 표기합니다. 0:0도 0:0:0:0도 ::으로 바꿔 쓸 수 있습니다. 이런 치환은 IP 주소에서 한 번만 이루어지는데 만약 연속한 0이 여러 군데 있다면 연속한 0이 더 많은 쪽에 적용합니다. 연속한 0의 개수가 동일하다면 왼쪽에 있는 0에 적용합니다. 주소에는 16진수 값이 반드시 8개 존재하므로 이렇게 생략해도 원래 주소를 복원할 수 있습니다. 따라서 ::이나 ::1도 올바른 주소 표기입니다. ::은 미지정 주소를 의미하는 0000:0000:0000:0000:0000:0000:0000:0000이 되고, ::1은 0000:0000:0000:0000:0000:0000:0000:0001로 루프백 주소를 뜻합니다.

그림 2-63 | IPv6 주소의 표기 규칙

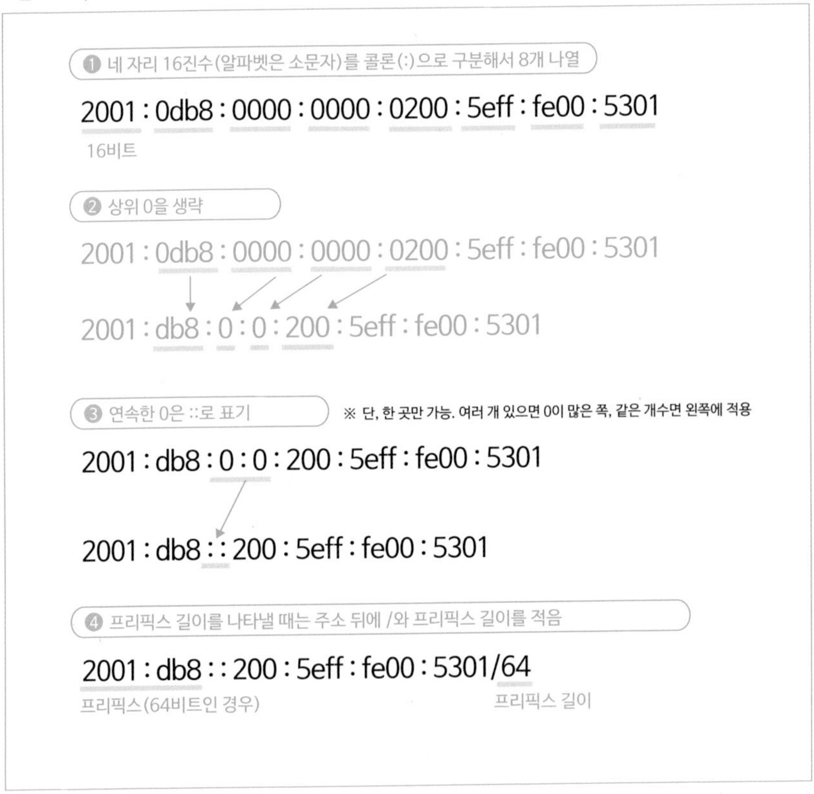

❶ 네 자리 16진수(알파벳은 소문자)를 콜론(:)으로 구분해서 8개 나열

2001 : 0db8 : 0000 : 0000 : 0200 : 5eff : fe00 : 5301

16비트

❷ 상위 0을 생략

2001 : 0db8 : 0000 : 0000 : 0200 : 5eff : fe00 : 5301

2001 : db8 : 0 : 0 : 200 : 5eff : fe00 : 5301

❸ 연속한 0은 ::로 표기   ※ 단, 한 곳만 가능. 여러 개 있으면 0이 많은 쪽, 같은 개수면 왼쪽에 적용

2001 : db8 : 0 : 0 : 200 : 5eff : fe00 : 5301

2001 : db8 :: 200 : 5eff : fe00 : 5301

❹ 프리픽스 길이를 나타낼 때는 주소 뒤에 /와 프리픽스 길이를 적음

2001 : db8 :: 200 : 5eff : fe00 : 5301/64

프리픽스(64비트인 경우)   프리픽스 길이

IPv6 주소의 종류와 형식

IPv6는 IPv4와 또 다른 형태로 주소 종류를 정의합니다. 그중에서 글로벌 유니캐스트 주소는 인터넷에서 유일한 값으로 가장 중심적인 역할을 합니다. 또한, 링크로컬 유니캐스트 주소는 라우터에서 중계하지 않는 특정 이더넷 내부에서만 유효한 주소로, 단말이나 기기를 네트워크에 연결하면 별다른 설정을 하지 않아도 자동으로 할당되는 주소입니다.

이런 두 주소는 그림 2-64와 같은 구조로, 64비트의 네트워크 프리픽스와 64비트의 인터페이스 ID로 구성됩니다. 네트워크 프리픽스는 IPv4의 네트워크 주소에 해당하는 값으로 네트워크를 나타내고, 마찬가지로 인터페이스 ID는 호스트 주소에 해당하는 값으로 네트워크 내부에서 단말이나 기기를 특정하는 역할을 담당합니다. 한편, IPv4는 호스트 주소 길이가 변하지만, IPv6 인터페이스 ID는 64비트로 고정입니다. 네트워크 프리픽스에는 라우팅 프리픽스(Routing prefix)와 서브넷 ID 필드가 있고, 라우팅 프리픽스에는 글로벌 IP 주소의 일부로 할당받은 값이 설정됩니다.

그림 2-64 | 대표적인 IPv6 주소의 필드 구성

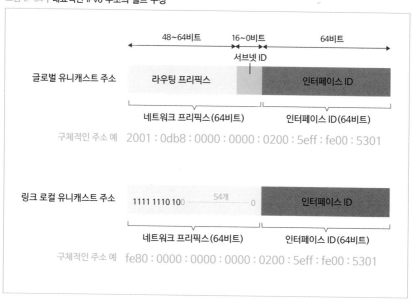

서브넷 ID는 사용자가 서브넷을 설정할 때 사용합니다. 또한 링크 로컬 유니캐스트 주소는 네트워크 프리픽스가 2진수의 1111 1110 10으로 시작하고 그 뒤에 54개의 0이 이어집니다.

IPv6는 하나의 네트워크 인터페이스 카드(NIC)에 글로벌 유니캐스트 주소, 링크 로컬 주소 등 여러 종류의 IP 주소가 할당되므로 그중에서 상황에 맞는 걸 선택해서 사용합니다.

IPv4에서 중요한 역할을 담당한 기능은 어떻게 되었나

IPv6는 DHCP 서버가 없어도 IP 주소를 자동으로 할당할 수 있습니다. 이건 라우터가 중요한 역할을 담당하는데 라우터가 프리픽스를 알려주고, 기기가 인터페이스 ID를 자동 생성해서 이루어집니다. 인터페이스 ID 생성은 MAC 주소에 기반한 방법과 무작위로 생성하는 방법이 있습니다. 필요하다면 DHCP 서버도 여전히 사용 가능합니다.

모든 기기에 글로벌 IP 주소를 할당 가능한 IPv6에서는 NAT/NAPT를 사용할 필요가 없지만, NAT/NAPT를 사용하면 내부 네트워크 정보를 숨길 수 있는 효과가 있으므로 필요에 따라 사용하면 됩니다. 기존의 프라이빗 IP 주소에 해당하는 주소가 유니크 로컬 유니캐스트 주소(Unique local unicast address)이고 가정이나 사무실 내부 통신에 사용합니다. 인터넷과 연결은 안 됩니다.

한편, IP 주소에서 MAC 주소로 변환하는 ARP는 IPv6의 ICMP에 해당하는 기능이 들어 있으므로 독립적인 IPv6용 ARP 정의는 존재하지 않습니다.

COLUMN | 와이어샤크 설치 방법

고성능 무료 패킷 캡쳐 소프트웨어인 와이어샤크(Wireshark)는 다음과 같이 설치합니다. '윈도우 10 홈 64비트'에 설치 옵션은 기본값 그대로 설치하는 경우입니다. 맥OS는 와이어샤크 대신에 표준 내장 명령어 tcpdump를 사용해서 패킷을 캡쳐하는 방법도 있습니다.

❶ 와이어샤크 홈페이지(https://www.wireshark.org/download.html)에서 자신의 컴퓨터 OS에 맞는 설치 파일을 다운로드합니다. 2022년 10월 현재 최신 버전은 안정판 4.0.0입니다.

❷ 다운로드한 설치 파일을 실행합니다. 디바이스 변경 허용을 요구하는 창이 나타나면 예(Yes)를 누릅니다.

❸ 설치 마법사가 실행되면 모두 기본값 그대로 [Next]나 [I Agree], [Install] 버튼을 클릭합니다(그림 2-65). 그러면 와이어샤크 설치가 시작됩니다.

❹ 도중에 Npcap 설치 마법사가 자동으로 실행되므로 [Next], [I Agree], [Install] 버튼을 클릭해서 Pcap을 설치합니다. 설치가 끝나면 [Finish]를 클릭합니다.

❺ 조금 기다리면 와이어샤크 설치가 끝나므로(그림 2-66) [Next], [Finish]를 클릭합니다. 필요하면 PC가 재시작된 후 와이어샤크를 사용할 수 있습니다.

그림 2-65 | **옵션 지정 화면**

특별히 설정이 필요 없으면 Next로 다음으로 진행

그림 2-66 | **설치 완료 화면**

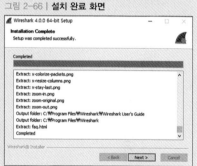

이후 Next, Finish 를 클릭해 설치 종료

와이어샤크는 다음과 같은 순서로 사용합니다.

❶ 와이어샤크를 사용해서 패킷을 캡쳐(분석하려고 취득하기)하려면 우선 통신을 캡쳐할 PC에
와이어샤크를 설치합니다(컬럼 참조).
❷ 설치가 끝나면 와이어샤크를 실행합니다. 와이어샤크 시작 화면에 표시된 인터페이스 목록
에서 캡쳐하고 싶은 인터페이스를 더블클릭하면 캡쳐가 시작됩니다(그림 2–67). 이후 캡쳐
메뉴에서 시작을 눌러도 캡쳐 가능합니다.

그림 2–67 | **캡쳐할 인터페이스(NIC) 선택**

로컬 영역 연결* 8
로컬 영역 연결* 7
로컬 영역 연결* 6
Bluetooth 네트워크 연결
Ethernet0
Adapter for loopback traffic capture

> 캡쳐하고 싶은 인터페이
> 스를 더블클릭하면 캡쳐
> 가 시작됨. 무선랜 접속
> 이라면 Wi-Fi, 유선랜 접
> 속이라면 이더넷을 선택

❸ 캡쳐가 시작되면 캡쳐 대상 앱을 실행해서 조작합니다. 그러면 주고받는 통신 내용이 모두
캡쳐되므로 필요한 조작이 끝나면 캡쳐 메뉴에서 정지를 선택해서 캡쳐를 멈춥니다.
❹ 캡쳐를 중지하면 캡쳐한 내용이 메인 화면에 시간 순서대로 표시됩니다. 화면은 삼단 구성
으로 이루어져 있는데, 상단에 표시된 개요 중에서 하나를 선택하면 중단에는 상세 내용이,
하단에는 16진수로 덤프가 표시됩니다. 표시 필터(그림 2–68)를 사용하면 보고 싶은 대상만
표시할 수 있습니다.
❺ 캡쳐 내용을 나중에 다시 분석하려면 파일 메뉴에서 저장을 선택해 파일로 저장합니다. 나
중에 다시 필요해지면 파일 메뉴에서 열기를 선택해서 다시 불러 옵니다.

한편, 같은 네트워크에 연결된 상태라도 다른 단말에서 주고받는 통신 내용은 캡쳐할 수 없습
니다. 최근에는 대부분이 스위칭 허브라서 다른 포트에 연결된 단말에서 주고받는 패킷은 일절
흘러 들어오지 않기 때문입니다.

그림 2–68 | **표시 필터 지정 방법**

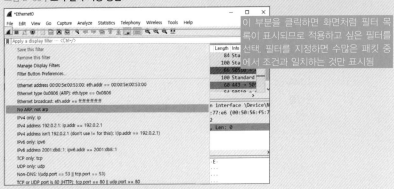

> 이 부분을 클릭하면 화면처럼 필터 목
> 록이 표시되므로 적용하고 싶은 필터를
> 선택. 필터를 지정하면 수많은 패킷 중
> 에서 조건과 일치하는 것만 표시됨

CHAPTER **3**

유선랜의 기초

이 장에서는 계속해서 진화하는 이더넷 기술과 네트워크 기초 요소를 배웁
니다.

01

이더넷의 사양과 종류

이더넷의 중요도

이더넷(Ethernet)은 컴퓨터를 비롯한 각종 정보통신기기에서 널리 사용하는 유선 접속 네트워크 표준 규격입니다. 이더넷은 전기 신호나 광신호 형식, 커넥터 형태, 통신 방식 등을 규정하고 컴퓨터, 입출력장치, 통신장치가 서로 정보를 주고받을 때 사용합니다.

과거에는 이더넷 이외의 네트워크 규격으로 토큰링, FDDI, ATM 등을 사용하기도 했지만, 지금은 '유선 네트워크 = 이더넷'인 상황이라 다른 규격의 네트워크를 볼 일은 거의 없습니다.

이더넷이 이렇게 널리 보급된 이유는 다루기 쉬운 구리선 케이블을 사용한다는 점, 충분히 빠른 통신 속도, 케이블이나 기기의 가격이 낮은 점, 설치 간편성 등이 있습니다. 그리고 요즘은 구리선 이외에도 광케이블을 사용하는 이더넷도 데이터 센터 등에서 사용합니다. 이더넷 통신 속도를 향상시키기는 연구 개발이 계속되고 있으므로 앞으로도 당분간 주류 네트워크 규격을 담당할 것입니다.

네트워크 인터페이스 카드

컴퓨터나 각종 기기에 내장된 통신용 콤포넌트를 네트워크 인터페이스 카드(NIC)라고 합니다. 요즘 대부분의 PC는 메인보드에 NIC 기능이 내장되어 있습니다. 하지만 PC 한 대에 2개 이상의 NIC를 탑재하거나 내장 NIC 기능이 부족한 경우 별도로 준비한 NIC를 이용합니다. 보통은 USB 인터페이스나 PCI Express 확장 슬롯 등에 장착합니다(그림 3-1).

PCI Express에 장착하는 NIC
(제공: 주식회사 아이오 데이터 기기)

USB 인터페이스에 장착하는 NIC

NIC에는 랜케이블(구리선을 사용하는 케이블)이나 광케이블(광섬유를 사용하는 케이블)을 접속하는 포트가 있습니다. PC를 네트워크에 접속할 때 NIC 접속 포트에 케이블 한 쪽을 연결하고 다른 한 쪽을 스위치 같은 네크워크 기기에 연결합니다. 증설용 NIC는 접속 포트가 하나인 경우가 대부분이지만 최대로 8포트 이상 지원하는 NIC 도 있습니다.

이더넷에서 사용하는 커넥터

랜케이블을 사용하는 이더넷은 NIC와 케이블을 연결하는 커넥터(Connector)로 일반적으로 RJ-45(8P8C, 8 position 8 contact, 8극8심)를 사용합니다(그림 3-2 왼쪽 위). RJ-45 플러그는 전화용 모듈러 플러그보다 조금 더 큰 형태로, 전기 신호를 전달하는 8개의 핀이 존재합니다.

그림 3-2 | PC 장착용 NIC 예

RJ-45 커넥터
(카테고리 7 미만의 랜케이블에서
사용)
(제공: 산와 서플라이 주식회사)

TERA 커넥터
(카테고리 7 이상의
랜케이블에서 사용)
(출처: 위키피디아)

SC 커넥터
(광케이블에서 사용)
(제공: 산와 서플라이 주식회사)

LC 커넥터
(광케이블에서 사용)
(제공: 산와 서플라이 주식회사)

플러그에는 탄력이 있는 작은 고무가 붙어 있고 거기에 달린 걸쇠가 잭 내부의 홈과 맞아떨어져서 연결한 플러그가 쉽게 빠지지 않도록 고정하는 역할을 합니다. 플러그를 뺄 때는 고무 부분을 누르면서 플러그를 당깁니다.

한편 광케이블을 사용하는 이더넷은 NIC와 케이블을 연결하는 표준 커넥터는 없고 몇몇 종류가 있습니다(그림 3-2). 그중에 SC 커넥터는 그냥 손으로 누르거나 당기면 꼽히거나 빠지므로 송수신용으로 커넥터 2개가 나란히 이어진 것을 많이 사용합니다. SC 커넥터는 크기가 커서 장소를 차지하므로 소형화된 LC 커넥터(RJ-45와 같은 고무식 걸림 장치)나 MU 커넥터(SC 커넥터처럼 뽑는 꼽고 형식)도 사용합니다.

이더넷 토폴로지

토폴로지(Topology)는 네트워크를 구성하는 요소를 연결하는 형태를 뜻합니다. 이더넷은 예전에는 버스(Bus)형이라고 부르는 토폴로지를 사용했는데 현재는 주로 스타(Star)형을 사용합니다(그림 3-3).

버스형은 통신매체 하나에 여러 단말이 접속하는 방법입니다. 통신매체가 하나 밖에 없으므로 통신매체에 정보를 보낼 수 있는 건 한 번에 한 대뿐입니다. 따라서 버스형은 하나의 통신매체를 모든 단말이 공유하는 형태로 통신합니다. 이런 통신매체 공유는 CSMA/CD(Carrier Sense Multiple Access with Collision Detection)라고 부르는 규칙을 사용합니다.

CSMA/CD는 송신하려는 단말이 일단 다른 단말에서 매체에 신호를 보내고 있는지 확인합니다. 매체를 사용하는 단말이 없는 걸 확인했으면 그때부터 송신을 시작합니다. 만약 동시에 다른 단말도 송신했다면(충돌(collision)이라고 부릅니다) 서로 송신을 중지하고 무작위로 수 밀리초를 기다린 후에 다시 송신을 시도하는 규칙을 사용합니다(그림 3-4).

그림 3-3 | **각종 네트워크 토폴로지**

이런 방식은 간단한 규칙으로 통신매체를 공유하기 좋지만, 단말이 늘어날수록 충돌이 급증해서 통신 효율이 낮아집니다. 또한, 한 번에 하나만 통신할 수 있어 그 어떤 단말도 동시에 송수신할 수 없습니다. 이렇게 어떤 순간에 송신이나 수신 중 어느 한쪽만 가능한 통신 형태를 반이중 통신(Half Duplex)이라고 부릅니다. 반면에 언제나 동시에 송수신 가능한 통신 형태를 전이중 통신(Full Duplex)이라고 부릅니다. 반이중은 통신매체가 하나만 있으면 충분하지만 통신 효율은 전이중에 비해 떨어집니다.

스타형 토폴로지는 각 단말이 개별적으로 통신매체에 연결된 형태라서 통신매체를 공유하지 않습니다. 따라서 다른 단말의 송신 상황을 신경 쓸 필요 없이 언제나 송신할 수 있습니다. 이런 토폴로지 이더넷은 송신용과 수신용 통신매체를 별도로 사용해서 동시에 송수신하는 전이중 통신이 가능합니다. 이더넷 사양에는 CSMA/CD 등이 남아 있지만, 요즘 사용하는 이더넷에서는 충돌이 일어나는 경우는 거의 없습니다.

그림 3-4 | CSMA/CD의 동작

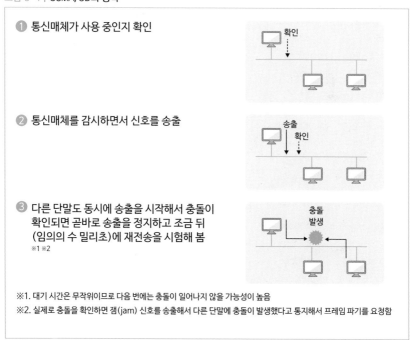

❶ 통신매체가 사용 중인지 확인

❷ 통신매체를 감시하면서 신호를 송출

❸ 다른 단말도 동시에 송출을 시작해서 충돌이 확인되면 곧바로 송출을 정지하고 조금 뒤 (임의의 수 밀리초)에 재전송을 시험해 봄
※1 ※2

※1. 대기 시간은 무작위이므로 다음 번에는 충돌이 일어나지 않을 가능성이 높음
※2. 실제로 충돌을 확인하면 잼(jam) 신호를 송출해서 다른 단말에 충돌이 발생했다고 통지해서 프레임 파기를 요청함

이더넷 규격

이더넷 규격은 '1000BASE-T'처럼 속도나 전송방식 등을 조합한 이름을 사용합니다. 1000은 통신 속도를 나타내는데 1000=1000Mbps=1Gbps 통신 속도 규격이라는 뜻입니다. BASE 부분은 전송 방식을 가리키는데 BASE는 베이스밴드 전송(변조하지 않고 전압 등을 직접 변화시켜 정보를 실음)을 뜻합니다. BROAD라면 브로드밴드 전송(변조해서 정보를 실음)을 뜻하는데 이런 방식은 사용하지 않습니다. 마지막의 T는 사용하는 통신매체를 나타내고 T는 연선(트위스티드 페어(Twisted pair) 케이블)을 통신매체로 사용한다는 뜻입니다.

표 3-1은 주요 이더넷 규격입니다. 이 책을 집필한 2018년 기준으로 가정과 사무실에서는 구리선을 사용하는 1000BASE-T를 주로 사용하고 있고, 점점 10GBASE-T가 보급되는 상황입니다. 또한, 기업의 주요 네트워크나 데이터센터에서는 광케이블을 이용해서 안정적으로 40Gbps, 100Gbps 같은 고속 통신을 제공하는 통신 규격을 사용합니다.

표 3-1 | **주요 이더넷 규격**

규격명	통신 속도	통신매체	사용 케이블	최대 길이
10BASE-T	10Mbps	구리선	UTP 카테고리3 이상	100m
100BASE-TX	100Mbps	구리선	UTP 카테고리5 이상	100m
1000BASE-T	1Gbps	구리선	UTP 카테고리5e 이상	100m
10GBASE-T	10Gbps	구리선	UTP 카테고리6A 이상	100m
25GBASE-T	25Gbps	구리선	STP 카테고리8 이상	30m
40GBASE-T	40Gbps	구리선	STP 카테고리8 이상	30m
10GBASE-SR	10Gbps	광섬유	멀티 모드 광섬유	400m
10GBASE-LR	10Gbps	광섬유	싱글 모드 광섬유	10km
10GBASE-ER	10Gbps	광섬유	싱글 모드 광섬유	40km
10GBASE-LX4	10Gbps	광섬유	멀티 모드 광섬유 싱글 모드 광섬유	300m 10km
40GBASE-SR4	40Gbps	광섬유	멀티 모드 광섬유	150m
40GBASE-LR4	40Gbps	광섬유	싱글 모드 광섬유	10km
40GBASE-ER4	40Gbps	광섬유	싱글 모드 광섬유	40km
100GBASE-SR4	100Gbps	광섬유	멀티 모드 광섬유	100m
100GBASE-LR4	100Gbps	광섬유	싱글 모드 광섬유	10km
100GBASE-ER4	100Gbps	광섬유	싱글 모드 광섬유	40km
100GBASE-SR10	100Gbps	광섬유	멀티 모드 광섬유	150m

※멀티 모드 광섬유의 종류에 따라 최대 길이가 변하는 경우는 긴 쪽을 표기

프레임 포맷

이더넷은 1979년 DEC, 인텔, 제록스가 공동 개발한 기술로 당시 사양은 DIX 사양이라고 부릅니다. IEEE 802.3으로 표준화되고 이후 Ethernet 2.0 규격을 거쳐 1983년에 IEEE 802.3 CSMA/CD가 발표되었습니다. 이것이 현재 이더넷 사양의 출발점입니다.

이더넷 802.3 사양은 DIX 사양을 지원하면서 확장한 형태이므로, 가장 많이 쓰는 프로토콜인 TCP/IP를 사용한다면 각 필드 사용법이 DIX 사양과 동일하도록 만들어졌습니다.

그림 3-5는 이더넷에서 주고받는 정보 형식(프레임 구성)과 각 필드의 역할입니다. 이더넷에서 주고받는 데이터는 이런 프레임을 단위로 사용하고 목적지는 MAC 주소(NIC에 지정된 하드웨어 주소)를 지정합니다. 패킷 캡처 프로그램을 사용하면 실제 프레임 모습을 관찰할 수 있습니다. 패킷 캡처 프로그램은 2장 컬럼을 참조하기 바랍니다.

그림 3-5 | 이더넷 프레임의 기본적인 구성

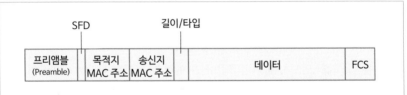

명칭	크기	내용
프리앰블(Preamble)	7바이트	동기화용 부호(1과 0 반복) ※1
SFD(Start Frame Delimiter)	1바이트	프레임 시작을 뜻하는 부호(10101011) ※1
목적지 MAC 주소	6바이트	목적지 NIC의 MAC 주소
송신지 MAC 주소	6바이트	송신지 NIC의 MAC 주소
길이/타입	2바이트	길이 또는 상위 프로토콜 종류 ※2
데이터	46~1500바이트	송신할 데이터 본체
FCS(Frame Check Sequence)	4바이트	CRC를 사용한 에러 확인용 코드

※1. 10101010이 7회 등장하고 8번째에 10101011이 나오면 프레임 시작을 뜻함
※2. 이런 필드값이 1500 이하라면 길이를 뜻하고, 1536(16진수 600) 이상이라면 상위 프로토콜을 뜻함. 후자는 DIX 사양과 동등한 프레임 구성으로 TCP/IP라면 이쪽을 사용

02

이더넷에서
사용하는 매체

금속 케이블의 종류와 특징

유선으로 네트워크에 접속하는 이더넷은 접속용 케이블로 크게 두 종류를 사용합니다. 하나는 금속 케이블로 구리 같은 도체를 신호 전달 매체로 사용해 전기 신호를 흘려서 정보를 전달합니다. 또 다른 하나는 광섬유 케이블로 유리나 플라스틱으로 만든 광섬유를 신호 전달 매체로 사용하고 빛을 통과시켜 정보를 전달합니다.

금속 케이블은 가격이 싸다, 들고 다니기 편하다, 커넥터 부위 처리가 간편하다라는 장점이 있습니다. 단점은 장거리에서 신호 감쇠가 심하다, 주파수가 높은 신호(고속 통신)라면 감쇠나 오류가 발생하기 쉽다, 주변의 잡음 영향을 받거나 신호가 누출되기 쉽다는 점입니다.

금속 케이블은 크게 나눠서 연선 케이블과 동축 케이블로 나뉩니다. 연선 케이블은 2개의 심선을 꼬아 만드는데 이런 꼰 선을 여러 개 모아서 하나의 케이블이 됩니다. 동축 케이블은 중심에 심선이 하나 있고 그 주변을 절연체로 감싸고 절연체 외부에 또 다른 도체(가느다란 구리선을 엮어서 만드는 게 보통)를 배치한 구조(그림 3-6)입니다.

양쪽을 서로 비교하면 일반적으로 동축 케이블이 고주파수에 적합하고 바깥쪽 도체가 실드 역할을 하므로 주위 잡음에 영향받거나 신호가 누출될 걱정이 적습니다. 한편 연선 케이블은 구조가 간단하고 싸다는 장점이 있습니다. 이런 특성 때문에 이더넷이 등장한 초창기에는 동축 케이블을 통신매체로 사용했습니다. 그 후 연선 케이블로 고속 통신을 할 수 있는 기술이 개발되어 현재는 다루기 쉬운 연선 케이블을 주로 사용합니다. 또한, 연선 케이블로 전송하기 어려운 초고속 통신이라면 동축 케이블이 아니라 광섬유 케이블을 사용하므로 이더넷을 사용할 때 동축 케이블을 사용하는 경우는 거의 없습니다(그림 3-7).

그림 3-6 | 동축 케이블과 연선 케이블의 구조

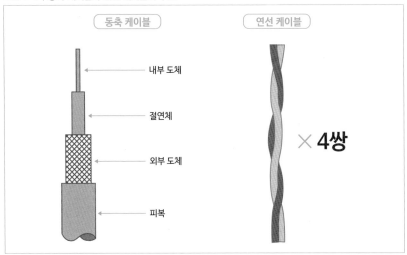

그림 3-7 | 이더넷에서 사용하는 주요 매체의 분류

금속 연선 케이블의 종류

이더넷에서 사용하는 연선 케이블은 구리로 만든 0.5mm 정도 굵기의 심선을 비닐 피복으로 감싸고 그걸 2개 꼬아서 만듭니다. 심선은 하나의 구리선으로 만드는 단선과 가느다란 구리선을 꼬아서 만든 꼬임선이 있습니다. 단선은 케이블이 조금 딱딱하고 강하게 구부리면 부러져서 끊길 수도 있지만, 길이가 길어져도 감쇠가 적은 편입니다. 반면에 꼬임선은 케이블이 부드럽고 탄력이 있지만, 길어지면 감쇠가 증가합니다.

그 이유는 일반적으로 표피효과(주파수가 증가되면 전류는 도체 표면으로 몰리는 현상)로 설명 가능합니다. 가는 구리선 여러 개로 구성된 꼬임선보다 동선 하나로 구성된 단선이 표면에 가까운 부분의 특성이 균등해서 전류가 흐르기 쉽고 저항이 적기 때문입니다. 따라서 길게 설치하는 케이블이나 고카테고리 케이블일수록 심선이 단선인 케이블이 좋습니다.

연선 케이블은 실드 유무나 형태에 따라 세 종류로 분류합니다. 실드는 주변에서 받는 잡음을 줄이거나 반대로 자신이 주변에 방출하는 잡음을 줄여주는데, 케이블에 따라 금박지나 가는 금속을 꼬아서 만든 망으로 심선이나 케이블 전체를 감싸서 실드 효과를 줍니다. 일반적으로 주고받을 신호의 주파수가 높을수록 실드가 필요합니다.

연선 케이블 중에서 실드가 없는 것을 UTP(Unshielded Twisted Pair) 케이블이라고 부릅니다. UTP 케이블은 그림 3-8의 왼쪽 위와 같은 구조로 꼬인 심선 2개가 쌍이 되고 그런 쌍을 4개 합치면 케이블 하나가 됩니다. 실드가 없는 대신에 UTP 케이블은 심선을 꼬아서 주변에 주고받는 영향을 줄이는 실드 효과를 줍니다. 그 이유는 그림 3-9에서 알 수 있습니다. 카테고리 7 미만의 LAN 케이블은 UTP 케이블입니다.

한편, 실드가 있으면 STP(Shielded Twisted Pair) 케이블이라고 합니다. UTP 케이블 전체 혹은 심선 쌍을 금박지나 엮은 구리선으로 감싸는데, 금박지를 사용하면 FTP(Foilded Twisted Pair)라고 부르기도 합니다.

STP는 일반적으로 고속 전송, 장거리 전송, 잡음이 많은 곳에서 사용합니다. 하지만 제대로 효과를 발휘하려면 사용 기기나 커넥터 접지가 필요해서 사용처가 제한

됩니다. 또한 STP에 대응하지 않은 기기나 커넥터에 사용하면 오히려 통신에 악영향을 주기도 합니다.

그림 3-8 | 금속 연선 케이블의 내부 구조

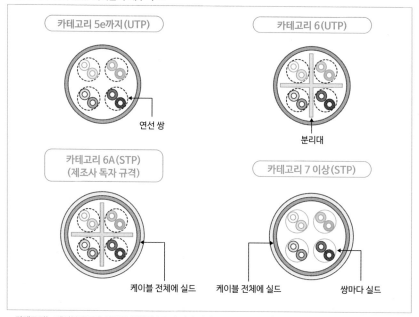

카테고리 5e까지(UTP)

카테고리 6(UTP)

연선 쌍

분리대

카테고리 6A(STP)
(제조사 독자 규격)

카테고리 7 이상(STP)

케이블 전체에 실드　케이블 전체에 실드　쌍마다 실드

※카테고리는 케이블 등급을 뜻하고 일반적으로 숫자가 커질수록 고주파 신호(=고속통신)에 적합

그림 3-9 | 심선을 꼬으면 외부 잡음이 줄어드는 이유

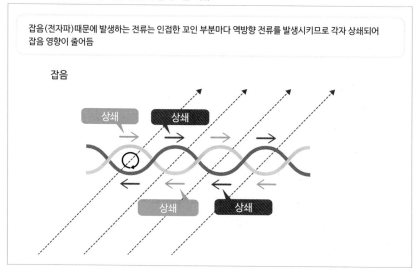

잡음(전자파)때문에 발생하는 전류는 인접한 꼬인 부분마다 역방향 전류를 발생시키므로 각자 상쇄되어 잡음 영향이 줄어듦

잡음

상쇄　상쇄

상쇄　상쇄

광섬유 케이블의 종류와 특징

광섬유 케이블은 유리나 플라스틱으로 만든 가느다란 섬유를 심선을 사용해서 광 신호를 주고받는 케이블입니다. 그 중심에 있는 빛을 통과시키는 부분의 직경 은 무척이나 작아서 유리로 만든 케이블이라면 50~60μm(멀티 모드 광섬유) 또는 8~9μm(싱글 모드 광섬유) 정도입니다.

광섬유 케이블은 전달 모드에 따라 크게 두 종류로 나뉩니다. 전달 모드란 빛이 전달되 는 경로를 말하는데 일정한 너비 안에서 여러 경로로 전달되는 것을 멀티 모드, 중 심부의 아주 좁은 부분을 하나의 경로로 전달하는 것을 싱글 모드라고 부릅니다(그 림 3-10).

멀티 모드 광섬유는 전달 경로마다 반사 횟수가 달라서 각각 도착 시간도 차이가 나 므로 파형이 뒤틀리기 쉬운 성질이 있습니다. 또한 전송 손실도 커서 장거리 전송 에는 적합하지 않습니다. 하지만 심선이 비교적 두꺼워서 심선을 서로 연결하는 커넥터 부분이나 케이블을 처리하기 쉽고 가격도 싸다는 점이 장점입니다.

이에 비해 싱글 모드 광섬유는 전달 경로별 도착 시간의 차이로 인한 뒤틀림이 없 고 전송 손실이 적으므로 장거리, 고속 전송에 적합합니다. 다만, 심선이 가늘어서 커넥터로 심선끼리 연결할 때 파손되거나 감쇠 같은 영향을 심하게 받으므로 멀티 모드 광섬유보다 사용하기 까다롭습니다.

광섬유를 사용한 통신은 보통, 송수신용 심선을 따로 사용하므로 하나의 케이블에 심선이 2개 들어 있는 2심 케이블을 많이 사용하지만, 1심 또는 다심 케이블을 사 용하는 경우도 있습니다.

그림 3-10 | **광섬유 내부의 빛 전달 모드**

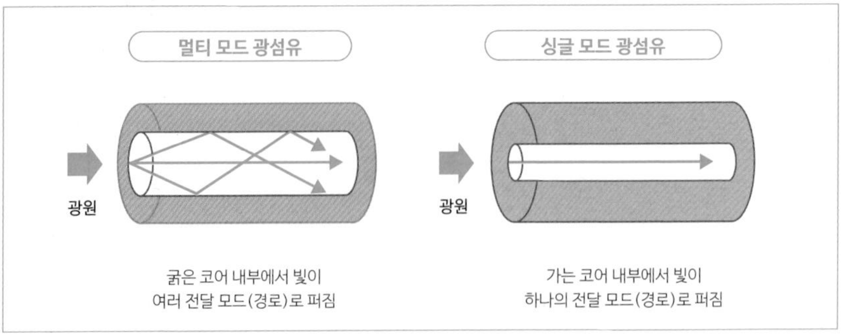

멀티 모드 광섬유

싱글 모드 광섬유

광원

광원

굵은 코어 내부에서 빛이 여러 전달 모드(경로)로 퍼짐

가는 코어 내부에서 빛이 하나의 전달 모드(경로)로 퍼짐

주요 이더넷 규격과 사용하는 케이블 대응표는 3장 01의 표 3-1을 참조하기 바랍니다.

케이블 종류 확인하기

케이블은 그대로 두고 기기를 업그레이드하거나, 보관하던 케이블을 재이용할 때 케이블 종류와 대응하는 카테고리가 무엇인지 확인할 필요가 있습니다.

이럴 때 케이블 본체에 각인된 글자를 확인해 보면 케이블 카테고리를 판별할 수 있습니다. 각인은 생략 기호를 사용해서 표기하는 편인데, 예를 들어 대응하는 카테고리는 CAT○, 실드 유무는 UTP나 STP, 전달 모드는 MM 또는 SM 기호로 표시합니다(그림 3-11).

그림 3-11 | **케이블 종류의 각인(카테고리 6 케이블)**

03 부호화

케이블의 특성과 부호화

금속 케이블은 구리 같은 전도율이 좋은 도체를 심선으로 사용합니다. 하지만 아무리 전도율이 좋더라도 약간이나마 전기 저항이 있으므로 케이블이 길어질수록 신호는 감소합니다. 그뿐만이 아닙니다. 통신에 사용하는 신호는 일정한 방향으로 전류가 흐르는 직류가 아니라 흐르는 방향이 시시각각으로 변화하는 교류입니다. 이런 교류 전류에 대해 금속 케이블은 긴쪽 방향으로 연속해서 코일과 같은 효과(주파수가 높을수록 전류가 흐르기 어려움)가 발생하고 심선과 심선 사이, 심선과 대지 사이에 연속해서 콘덴서 효과(주파수가 높을수록 전류가 흐르기 쉬움)가 생깁니다. 이렇듯 회로 특성을 결정짓는 미세한 요소가 연속적으로 길게 이어진 것을 분포상수회로(Distributed parameter circuit)라고 합니다(그림 3-12).

이런 특성은 케이블이 길면 길수록 강하게 나타나고 거기에 흐르는 교류 신호의 주파수가 높으면 높을수록 영향을 강하게 받으므로 파형이 일그러지거나 신호 감쇠의 원인이 됩니다. 따라서 금속 케이블은 안정적인 통신 가능한 길이와 주파수 최댓값이 존재합니다. 그리고 신호 주파수의 상한은 케이블을 사용했을 때 최고 통신 속도와 직접 관련이 있습니다.

통신 속도를 높이려면 신호 주파수의 상한을 높여야 하므로 케이블 소재나 구조를 연구하는 것이 유용하지만, 흐르는 신호 형식을 바꿔 겉으로 보이는 신호의 주파수를 낮춤으로써 통신 속도를 올리는 방법도 있습니다. 이때 부호화 기술을 사용합니다.

부호화(Encoding)는 정보를 다른 표현 방법으로 변환하는 것입니다. 통신에서 부호화는 선로 부호화, 전송로 부호화, 라인 부호화, line coding 등으로 부르는데 정보를 명확하게 구별하거나 타이밍 신호(클럭)를 쉽게 추출하는 목적 이외에도 장거리 통신이나 고속 통신을 구현할 때 사용합니다. 0과 1로 된 디지털 정보를 전기 신호나 빛으로 변환하는 것도 부호화입니다.

그림 3-12 | 분포상수회로

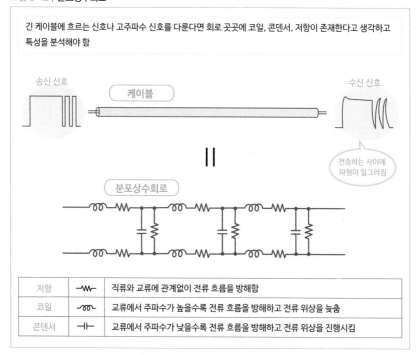

긴 케이블에 흐르는 신호나 고주파수 신호를 다룬다면 회로 곳곳에 코일, 콘덴서, 저항이 존재한다고 생각하고 특성을 분석해야 함

송신 신호   케이블   수신 신호

=

분포상수회로

전송하는 사이에 파형이 일그러짐

저항	‒ⵡ‒	직류와 교류에 관계없이 전류 흐름을 방해함
코일	‒ⵟⵟⵟ‒	교류에서 주파수가 높을수록 전류 흐름을 방해하고 전류 위상을 늦춤
콘덴서	‒ⵊⵏ‒	교류에서 주파수가 낮을수록 전류 흐름을 방해하고 전류 위상을 진행시킴

10BASE-T 부호화

이더넷 규격 중 10BASE-T는 맨체스터 부호(Manchester code)라는 부호화를 사용합니다. 맨체스터 부호는 0을 1 → 0으로 변화하는 것, 1을 0 → 1로 변화하는 것으로 표현합니다(그림 3-13). 정의하는 방법에 따라 전자의 변화를 1, 후자의 변화를 0에 대응할 수 있지만, 어느 쪽도 변화 상태가 0 또는 1을 의미한다는 본질은 변하지 않습니다. 10BASE-T에서는 이걸 전기 신호에 대응해서 0을 +1V → −1V로 변화, 1을 −1V → +1V로 변화를 나타냅니다.

맨체스터 부호는 0을 전달할 때(+1V → −1V)와 정보가 없을 때(0V)가 명확하게 구별되는 것이 특징입니다. 또한 정보가 0 또는 1이면 전압이 변화하므로 그런 변화를 가지고 타이밍 신호(클럭)를 추출하기 쉽습니다. 또한 변화 후의 전기 신호는 +1과 −1 개수가 반드시 같으므로 합계는 0이 됩니다. 이런 신호는 직류가 포함되지 않으므로 통신 오류가 줄어드는 특징이 있습니다. 한편, 맨체스터 부호는 보내고 싶은 정보량보다 2배 많은 0 또는 1을 보내야 하므로 통신 효율은 좋지 않습니다.

그림 3-13 | 맨체스터 부호

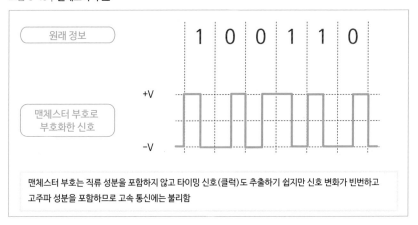

원래 정보

1 0 0 1 1 0

맨체스터 부호로
부호화한 신호

+V

-V

맨체스터 부호는 직류 성분을 포함하지 않고 타이밍 신호(클럭)도 추출하기 쉽지만 신호 변화가 빈번하고
고주파 성분을 포함하므로 고속 통신에는 불리함

10BASE-T는 랜케이블에 있는 네 쌍의 심선 중에서 한 쌍을 송신, 한 쌍을 수신에
사용하고 남은 두 쌍은 미사용으로 남겨 둡니다.

100BASE-TX 부호화

맨체스터 부호는 전기 신호가 급격히 변화하고 고주파 성분이 포함되므로 케
이블 상한 주파수 관점에서 고속 통신에는 그다지 적합하지 않습니다. 따라서
100BASE-TX는 전기 신호에 포함된 주파수를 억제하면서 속도를 높이는 부호화
방식을 도입했습니다.

100BASE-TX의 부호화에는 4B5B와 MLT-3를 사용합니다. 4B5B는 5비트(32종류
의 값을 표현 가능)로 만들 수 있는 비트 나열 중에서 적어도 두 번 이상 1이 등장하는
나열만 사용해서 4비트 정보(16종류의 값)를 표현하는 방식입니다(그림 3-14).

4B5B로 부호화를 했으면 이번에는 스크램블(Scramble)을 적용시켜 정보를 균등화
해서 전기 신호로 바꿨을 때 주변에 주는 전파 방해를 줄입니다. 그런 다음 전기
신호 변환에 MLT-3로 부호화합니다. MLT-3는 정보의 0과 1을 표현하는 방법으로
0, +값, −값 세 종류의 전기 신호로 대응합니다. 정보가 0일 때는 전기 신호가 변
화하지 않고 정보가 1이라면 0 → +값 → 0 → −값 → 0(이하 동일) 순서로 변화합니
다. 이러면 전기 신호가 계속해서 변화하는 상황이 되기 쉬워서 수신쪽에서 타이
밍 신호(클럭)를 추출하기 좋습니다. 한편, 100BASE-TX에서 +값은 +1V, −값은
−1V로 규정합니다.

그림 3-14 | 4B5B 및 MLT-3

4B5B 부호화

4비트 원본값	5비트로 변환한 값
0000	11110
0001	01001
0010	10100
0011	10101
0100	01010
0101	01011
0110	01110
0111	01111
1000	10010
1001	10011
1010	10110
1011	10111
1100	11010
1101	11011
1110	11100
1111	11101

• 표에 없는 16개의 5비트 나열은 휴지 상태를 나타내는 코드 등에서 사용
• 일정 간격 이내에 반드시 1이 나타나므로 상대방은 타이밍 신호(클럭)를 얻기 쉬워짐

MLT-3 부호화

• 1이 나올 때마다 0 → +V → 0 → -V → 0 → +V로 변화. 0이라면 변화하지 않음
• 신호를 완만하게 변화시킴으로써 고주파수 성분이 포함되지 않음

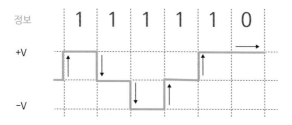

100BASE-TX는 보낼 정보가 없을 때 휴지 상태를 뜻하는 코드를 보내서 정보 유무와 관계없이 늘 신호를 보냅니다. 랜케이블은 10BASE-T와 마찬가지로 두 쌍의 심선을 사용하고 남은 두 쌍은 미사용으로 남겨둡니다.

1000BASE-T 부호화

1000BASE-T는 100BASE-TX와 동일한 케이블을 사용하면서도 통신 속도는 10배로 끌어 올리는 목적으로 새롭게 8B1Q4와 4D-PAM5 부호화를 도입했습니다(그림 3-15).

8B1Q4는 송신하려는 8비트 정보에 1비트의 여분 비트를 더해서 9비트로 만듭니다. 이 여분의 비트값은 콘볼루션 부호화(Convolution Coding, 길쌈부호화, 오류 정정 부호의 일종)로 정합니다. 이제 여분 비트를 포함하는 3비트(0~7값)로 변환 테이블을 선택해서 남은 6비트(0~63값)로 변환 테이블에서 데이터를 특정합니다.

그림 3-15 | 8B1Q4 및 4D-PAM

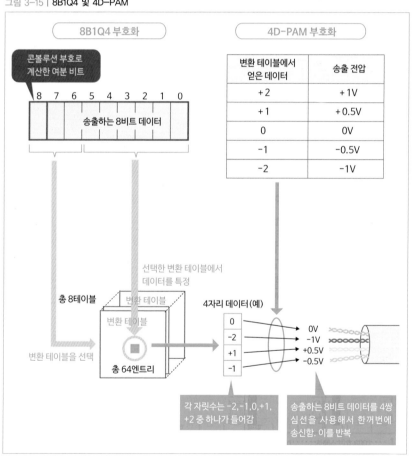

136

변환 테이블에는 각 자릿수가 5개의 값을 가지는 총 네 자리의 숫자 정보가 들어 있고, 이러한 변환 과정을 거쳐 각 자리가 2개의 값을 가진 아홉 자리 정보가 각 자리가 5개의 값을 가진 네 자리 정보로 변환됩니다.

그런 다음 4D-PAM5로 전기 신호로 변환합니다. 8B1Q4로 얻은 각 자리가 5개 값을 가진 네 자리 정보는 다섯 종류의 전압을 사용해서 네 쌍의 심선에 흐르는 전기 신호로 변환됩니다. 이때 정보와 전압은 +2, +1, 0, −1, −2 → +1V, +0.5V, 0, +0.5V, +1V 이렇게 대응됩니다.

이렇게 해서 네 쌍의 심선을 동시에 사용하면서 9비트 분량의 정보를 한번에 송신하므로 전기 신호 펄스의 송신 횟수는 1초간 1×10^9 / 8회 = 125×10^6으로 줄어듭니다. 게다가 5단계로 값이 변하므로 변화폭도 완만해져서 신호 주파수가 낮아지므로 케이블에 필요한 대역은 80MHz 정도라서 이론상 100BASE-TX 케이블(카테고리 5)도 사용 가능합니다. 하지만 카테고리 5 케이블은 네 쌍의 심선을 동시에 사용하는 경우를 고려해서 만든 것이 아니라서 카테고리 5e 케이블을 이용하는 편이 좋습니다.

1000BASE-T는 랜케이블에 있는 네 쌍의 심선을 모두 사용하므로 송신과 수신을 각각의 심선으로 나눌 수 없습니다. 따라서 에코 캔슬러(Echo Canceller, 수신한 신호에서 자신이 송신한 신호를 상쇄하는 기능)로 송수신 신호를 분리합니다.

COLUMN | 금속 케이블을 사용하는 초고속화 통신

25GBASE-T나 40GBASE-T처럼 금속 케이블을 사용하면서 극도로 빠른 통신 속도를 실현하는 이더넷 규격(3장 01 표 3-1)은 카테고리 8 이상의 실드 처리가 제대로 된 STP 케이블을 사용하더라도 최대 길이는 30m가 한계입니다. 이는 초고속 통신을 하면 랜케이블에 흐르는 엄청난 고주파수 신호 때문에 케이블 특성의 영향을 강하게 받아서 제한이 한층 엄격해진다는 뜻입니다. 예전에는 금속 케이블은 초고속 통신이 불가능하다고 여겼지만, 기술 진보로 이만큼이나 고속 통신이 가능해졌습니다. 그러나 금속 케이블을 사용한 고속 통신도 슬슬 한계에 가까울지도 모릅니다.

04

MAC 주소

NIC를 특정하는 MAC 주소

MAC 주소(MAC Address)는 PC를 비롯한 각종 단말이나 프린터 같은 각종 기기에 존재하는 NIC(네트워크 인터페이스 카드)를 특정하는 주소입니다. 예를 들어 PC 3대가 네트워크에 접속했을 때 실제로 어떤 PC에 데이터를 보낼지는 NIC에 미리 할당된 MAC 주소에 따라 지정합니다(그림 3-16).

달리 말해 MAC 주소는 이더넷 네트워크에 직접 연결된 기기끼리 서로를 지명하는 목적으로 사용하는 이더넷용 주소입니다. 원래 MAC 주소는 물리적인 NIC에 할당한 주소라서 하드웨어 주소라는 별명이 있습니다. 하지만 최근에는 가상머신(컴퓨터 내부에 가상적으로 만든 컴퓨터)에도 MAC 주소를 할당하므로 하드웨어만의 주소는 아니지만 관습적으로 하드웨어 주소라고 부릅니다.

그림 3-16 | 이더넷은 MAC 주소로 목적지를 지정함

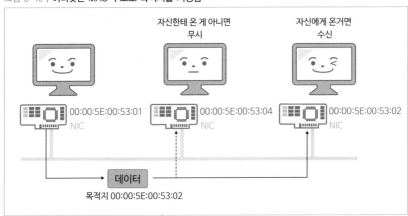

MAC 주소의 할당

이더넷용 NIC에는 반드시 MAC 주소가 할당됩니다. 하지만 MAC 주소는 그 외에도 무선랜 공유기나 연결된 기기, 블루투스 인터페이스, FDDI 인터페이스, ATM 인터페이스 등 IEEE 802가 규정한 네트워크에 접속하는 모든 기기에 할당됩니다.

MAC 주소는 NIC를 제조한 제조사가 ROM에 기록하는 게 보통입니다. 할당되는 MAC 주소는 NIC마다 다르므로 이 세상에 존재하는 모든 NIC는 서로 다른 MAC 주소가 할당되어야 하지만, 실제로는 MAC 주소를 자유롭게 써넣을 수 있는 NIC가 존재하는 등 인터넷에서 유일한 주소가 아닌 것이 현실입니다.

따라서 MAC 주소만으로 허가나 금지를 판정하는 건 추천할 수 없습니다. 예를 들어 무선랜에 접속할 수 있는 단말을 MAC 주소로 관리하는 경우가 있는데, 의도하지 않은 실수를 막을 수 있을지는 몰라도 악의적인 부정 접속 자체를 막을 수 없습니다. 그 이유 중 하나가 MAC 주소는 유일한 값이 아니라 변경할 수 있다는 점입니다.

MAC 주소의 구조와 의미

MAC 주소는 일반적으로 16진수 6개를 콜론(:) 또는 하이픈(–)으로 구분해서 표기합니다(그림 3-17). MAC 주소는 6바이트 값으로 이더넷 프레임에서도 6바이트 공간을 차지합니다(3장 01 그림 3-5 참조).

그림 3-17 | 일반적인 MAC 주소 표기법

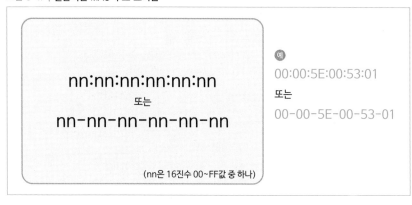

예
00:00:5E:00:53:01

또는

00-00-5E-00-53-01

nn:nn:nn:nn:nn:nn

또는

nn-nn-nn-nn-nn-nn

(nn은 16진수 00~FF값 중 하나)

MAC 주소를 구성하는 6바이트 중에서 첫 3바이트는 OUI라고 하고 NIC 벤더(제조사) 식별용입니다. OUI는 NIC 제조사가 IEEE에 신청해서 할당받은 값입니다. 그리고 뒤에 이어진 3바이트는 제품마다 중복되지 않게 NIC 제조사가 독자적으로 정한 고유한 제조 번호입니다(그림 3-18).

MAC 주소에서 1바이트째의 최하위 비트(bit0)는 해당 주소가 유니캐스트 주소(1대1 통신에서 사용)인지 멀티캐스트 주소(1대n 통신에 사용)인지를 나타내는 목적으로 사용합니다. 마찬가지로 그 한 자리 위의 비트(bit1)는 해당 주소가 유니버설 주소(세계적으로 관리되는 주소)인지, 로컬 주소(해당 거점에서만 유효한 주소)인지를 나타내는 값입니다.

그리고 6바이트의 모든 비트가 1인 MAC 주소(FF:FF:FF:FF:FF:FF)는 이더넷에 접속한 모든 NIC를 대상으로 일제히 송신한다는 의미로 브로드캐스트 주소라고 부릅니다.

그림 3-18 | MAC 주소의 구조

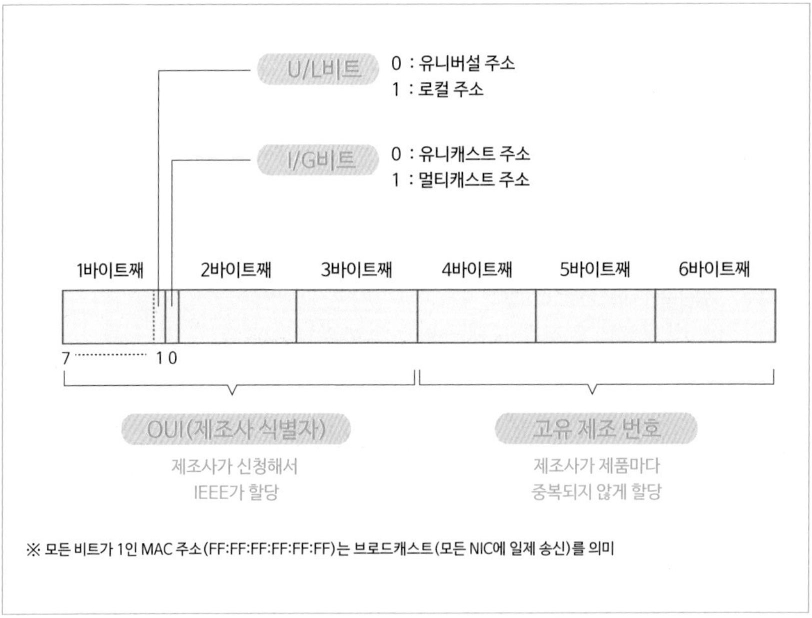

U/L비트 0 : 유니버설 주소
        1 : 로컬 주소

I/G비트 0 : 유니캐스트 주소
        1 : 멀티캐스트 주소

| 1바이트째 | 2바이트째 | 3바이트째 | 4바이트째 | 5바이트째 | 6바이트째 |

7 ············ 1 0

OUI(제조사 식별자)
제조사가 신청해서
IEEE가 할당

고유 제조 번호
제조사가 제품마다
중복되지 않게 할당

※ 모든 비트가 1인 MAC 주소(FF:FF:FF:FF:FF:FF)는 브로드캐스트(모든 NIC에 일제 송신)를 의미

MAC 주소를 확인하는 방법

다음과 같은 방법으로 PC에 내장된 이더넷이나 무선랜 NIC에 할당된 MAC 주소를 확인할 수 있습니다.

윈도우에서 확인하는 방법

무선랜

1 명령 프롬프트에서 ipconfig /all을 입력

2 '무선 LAN 어댑터 무선 네트워크 연결:' 표시 항목을 확인

3 '물리적 주소'라고 적힌 부분이 MAC 주소

이더넷

1 명령 프롬프트에서 ipconfig /all을 입력

2 '이더넷 어댑터 로컬 영역 연결:' 표시 항목을 확인

3 '물리적 주소'라고 적힌 부분이 MAC 주소

무선랜

무선 LAN 어댑터 무선 네트워크 연결:

연결별 DNS 접미사	: localdomain
설명	: Qualcomm QCA9377 802.11ac Wireless Adapter
물리적 주소	: 2C-**-**-**-**-**
DHCP 사용	: 예
자동 구성 사용	: 예

(생략)   ＊ 부분은 가림

이더넷

이더넷 어댑터 로컬 영역 연결:

연결별 DNS 접미사	: localdomain
설명	: Intel(R) 82574L Gigabit Network Connection
물리적 주소	: 00-**-**-**-**-**
DHCP 사용	: 예
자동 구성 사용	: 예

(생략)   ＊ 부분은 가림

맥OS에서 확인하는 방법

1 애플 메뉴에서 [이 Mac에 관하여] → [시스템 리포트] → [네트워크] 순서로 찾음

2 이더넷이라면 '이더넷' 항목에 있는 MAC 주소, 무선랜이라면 'Wi-Fi' 항목에 있는 MAC
  주소

무선랜

인터페이스:
  en1:
    카드 유형: AirPort Extreme (0x14E4, 0x16F)
    펌웨어 버전: Broadcom BCM43xx 1.0 (7.77.111.1 AirPortDriverBrcmNIC-1680.9)
    MAC 주소: 98:

이더넷

이더넷:
    MAC 주소: a8:
    미디어 옵션: 전이중, 흐름 제어
    미디어 하위 형식: 1000baseT

COLUMN | MAC 주소를 사용한 무선랜 접속 제한이 의미가 없는 이유

무선랜에 탑재된 암호화 기능을 사용해서 통신 내용을 암호화했다면 만약 누군가가 전파를 수신
해서 어떤 내용이 오가는지 도청하려고 하더라도 원문 내용이 노출되는 경우는 거의 없습니다.
무선랜은 통신 내용 이외에도 통신 제어에 필요한 정보를 주고받습니다. 그런 정보 중에는 PC
나 스마트폰 등의 MAC 주소도 포함되는데 이런 정보는 실은 암호화되지 않습니다. 따라서 무
선랜에 접속한 PC나 스마트폰의 MAC 주소는 간단한 도구를 사용하면 전파를 수신하기만 해
도 확인할 수 있습니다.
이렇게 노출된 MAC 주소는 네트워크 접속이 허가된 단말의 MAC 주소이기 때문에 앞에서 이
야기한 것처럼 MAC 주소를 자유롭게 설정 가능한 NIC에 해당 주소를 설정하면 접속이 허가된
단말처럼 위장해서 무선랜에 접속할 수 있습니다. MAC 주소로 접속을 제한하려는 시도는 그다
지 의미가 없다는 건 이런 이유에서 입니다.

스위치, 허브

이더넷 토폴로지의 변화와 허브

이더넷 여명기에 사용한 10BASE-5 규격은 네트워크가 필요한 장소에 굵은 동축 케이블 하나를 설치하고 동축 케이블에 트랜시버(Transceiver)라고 부르는 기기를 연결한 후 단말의 NIC에 달린 AUI 인터페이스와 트랜시버 사이를 AUI 케이블로 연결해서 접속하는 형태로 네트워크를 구성했습니다(그림 3-19). 보면 알 수 있듯이 이런 네트워크를 구축하려면 대규모 공사가 필요합니다.

하지만 그 후 10BASE-T가 등장하면서 사정이 크게 달라졌습니다. 10BASE-T는 허브(Hub)라는 접속 박스를 설치해서 각 단말과 허브 사이를 가느다란 UTP 케이블로 접속하기만 하면 네트워크를 이용할 수 있어 동축 케이블을 설치하는 작업이 불필요해졌습니다(그림 3-20).

그림 3-19 | **10BASE-5 네크워크의 구성**

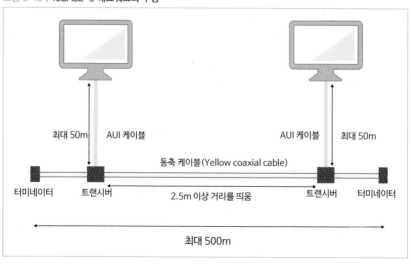

최대 50m   AUI 케이블   AUI 케이블   최대 50m

동축 케이블(Yellow coaxial cable)

터미네이터   트랜시버   2.5m 이상 거리를 띄움   트랜시버   터미네이터

최대 500m

그림 3-20 | 10BASE-T 네크워크의 구성

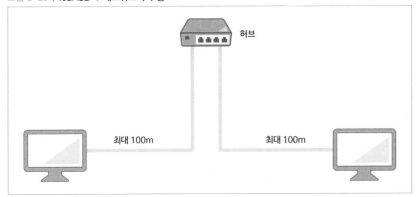

10BASE-T가 등장한 이후 이더넷은 하나의 동축 케이블에 단말을 연결하는 버스형이 아니라 허브를 중심으로 각 단말을 접속하는 스타형으로 토폴로지가 변했습니다.

물리적인 토폴로지는 스타형이 되었지만, 당시의 실제 허브 안에는 동축 케이블 하나가 들어가는 형태로 논리적인 구성은 버스형 그대로였습니다. 즉, 배선 방법은 허브에 접속하는 형태이지만, 사실은 하나의 통신 매체를 공유하고 있어서 어떤 단말이 송신하는 동안 다른 단말은 통신이 끝날 때까지 기다려야 했습니다. 이런 허브를 리피터 허브(Repeater hub) 또는 쉐어드 허브(Shared hub)라고 부릅니다.

그 후에 허브는 진화를 거듭해 단말이 보내는 데이터를 허브가 받으면 목적지를 허브가 능동적으로 확인하고 목적지로 지정된 단말이 연결된 포트에 데이터를 선택적으로 보낼 수 있는 구조로 크게 변화했습니다. 그 결과 통신 매체를 공유하지 않아도 되어 다른 단말이 송신을 끝나는 것을 기다릴 필요가 없어졌습니다. 이런 허브를 스위칭 허브(Switching hub)라고 합니다.

요즘 사용하는 허브는 모두 스위칭 허브이기 때문에 그냥 허브라고 하면 스위칭 허브라고 생각해도 무방합니다. 비슷한 말로 스위치(Switch)라는 단어가 있는데 이건 원래 스위칭 허브를 줄여 부르는 생략형으로 요즘은 단순 기능을 제공하는 것은 허브, 고기능을 제공하는 것은 스위치라고 부르기도 합니다.

스위칭 허브의 동작

스위칭 허브의 동작 개요는 다음과 같습니다.

1 송신지 컴퓨터의 NIC가 송출한 이더넷 프레임을 수신

2 수신한 프레임 목적지를 분석

3 목적지 컴퓨터가 연결된 포트에 프레임을 전송

4 목적지 컴퓨터의 NIC에 대해 송출

실제 스위칭 허브는 조금 더 다양한 일을 합니다. 허브가 컴퓨터에서 프레임을 수신하면 우선 해당 프레임에 포함된 송신지 MAC 주소를 읽고, 그 MAC 주소가 전송 데이터베이스(FDB)에 등록되어 있는지 확인합니다. 만약 등록되지 않은 주소라면 MAC 주소와 프레임이 도착한 접속 포트 번호를 전송 데이터베이스에 등록합니다. 그리고 프레임에서 목적지 MAC 주소를 읽어서 전송 데이터베이스에 MAC 주소가 등록되어 있는지 확인합니다. 운좋게 등록되어 있다면 MAC 주소에 대응하는 접속 포트 번호를 가져와서 해당 포트에 프레임을 전송합니다. 그러면 접속 포트에서 컴퓨터 NIC로 프레임이 송출됩니다(그림 3-21).

한편, 방금 전에 네트워크에 접속했다던지 하는 이유로 전송 데이터베이스에 MAC 주소가 등록되어 있지 않으면 허브는 전송할 포트를 특정할 수 없으므로 프레임을 받은 포트를 제외한 다른 모든 접속 포트에 프레임을 전송합니다. 그리고 그 내용은 포트에 접속한 각 컴퓨터의 NIC에 송출됩니다. 이러한 동작을 플러딩(Flooding)이라고 합니다(그림 3-22).

플러딩이 일어나면 자신이 목적지가 아닌 프레임을 받은 컴퓨터는 단순히 파기합니다. 자기 앞으로 온 프레임을 받은 컴퓨터는 어떤 답신용 프레임을 허브에 송출하는데 해당 프레임을 전송할 때 허브는 앞에서 설명한 것처럼 컴퓨터 정보를 전송 데이터베이스에 등록합니다. 이렇게 해서 앞으로는 플러딩하지 않아도 목적지 컴퓨터에만 프레임이 전송됩니다.

한편, 목적지로 브로드캐스트 주소나 멀티캐스트 주소를 지정한 프레임은 늘 플러딩이 발생합니다.

그림 3-21 | 전송 데이터베이스(FDB)에 MAC 주소가 등록되어 있는 경우

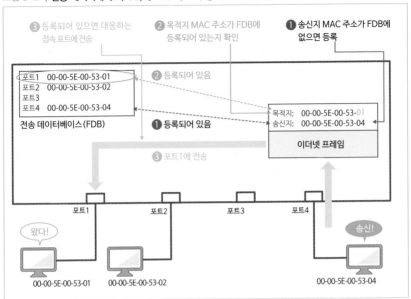

그림 3-22 | 전송 데이터베이스(FDB)에 MAC 주소가 미등록인 경우

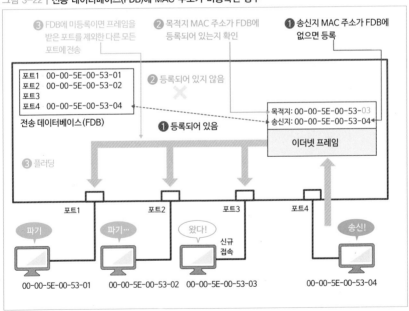

허브, 스위치의 성능 지표

허브나 스위치의 성능을 나타내는 주요 지표는 스위칭 용량과 패킷 전송 능력입니다(그림 3-23).

스위칭 용량은 백플레인(Backplane) 용량, 스위칭 패브릭(Fabric) 등으로 부르고 전송 컴포넌트(Component)가 1초간 전송 가능한 데이터양을 뜻합니다. 단위는 비트/초(bps: bit per second)를 사용합니다. 이 값이 1포트당 속도 × 포트 수 × 2(양방향 통신을 다루므로 2배가 됨) 이상이면 스위칭 용량은 충분하다고 할 수 있습니다.

패킷 전송 능력은 스위칭 능력 등으로 부르고 1초당 처리 가능한 패킷 수를 뜻합니다. 단위는 패킷/초(pps: packet per second)를 사용합니다. 1000BASE-T는 가장 짧은 패킷만 있는 경우에 1초간 최대 1,488,095패킷이 발생합니다. 이걸 와이어 스피드(Wire speed)라고 부릅니다. 모든 포트에 와이어 스피드로 패킷이 도착할 때 막힘없이 처리하려면 1초 동안 1,488,095 × 포트 수만큼 패킷을 처리해야 합니다. 패킷 전송 능력이 이 값 이상이면 '패킷 전송 능력이 충분하다'고 볼 수 있습니다.

스위칭 용량과 패킷 전송 능력이 충분해서 허브나 스위치를 중간에 둬도 케이블만 있을 때와 변함없는 통신 속도를 얻을 수 있는 것을 논블로킹(Non-blocking)이라고 부릅니다. 최근에는 가격이 싼 허브도 논블로킹인 제품이 많습니다.

그림 3-23 | **지표 차이 살펴보기**

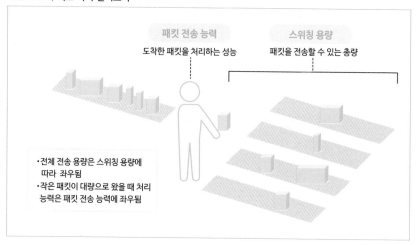

패킷 전송 능력
도착한 패킷을 처리하는 성능

스위칭 용량
패킷을 전송할 수 있는 총량

· 전체 전송 용량은 스위칭 용량에 따라 좌우됨
· 작은 패킷이 대량으로 왔을 때 처리 능력은 패킷 전송 능력에 좌우됨

L2 스위치와 L3 스위치

스위치 종류를 이야기할 때 L2 스위치, L3 스위치 같은 호칭을 사용합니다. L2 스위치는 허브나 스위치와 거의 동등한 것으로 접속 포트 사이에 이더넷 프레임을 전송하는 기능을 제공하고, VLAN이라는 가상랜을 만드는 기능 등을 제공하는 것도 있습니다(그림 3-24).

이에 비해 L3 스위치는 L2 스위치에 고속 라우터를 탑재한 장치입니다. L3 스위치에 탑재된 라우터는 VLAN으로 만든 가상적인 랜 사이에 IP 패킷을 전송하는 역할을 담당합니다. 라우터 기능은 레이어 3(L3) 기능에 해당하므로 이런 기능을 지닌 스위치라는 뜻에서 L3 스위치라고 부르고, 라우터 기능이 없는 것을 L2 스위치라고 부릅니다.

L2 스위치 중에는 전원만 넣으면 사용 가능한 단순 기능을 제공하는 것도 있지만, 고기능 L2 스위치나 L3 스위치는 내장된 각종 기능을 설정하는 웹 화면이나 고급 자용 관리 기능이 있어서 제대로 활용하려면 어느 정도 지식이 필요합니다.

그림 3-24 | **L2 스위치와 L3 스위치의 기능**

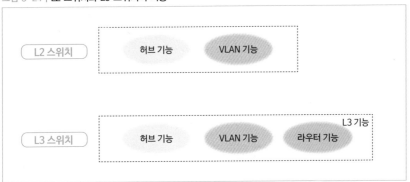

COLUMN | 전이중으로 통신하는 스위칭 허브

리피터 허브는 단말과 허브 사이의 통신이 반이중(송신과 수신을 번갈아 가며 하는 통신 방식) 방식이지만, 스위칭 허브는 허브와 단말 사이의 통신이 전이중(송신과 수신이 동시에 일어나는 통신 방식) 방식입니다. 전이중은 랜케이블의 통신 용량을 전부 활용할 수 있어 통신 효율이 높습니다.

06
라우터

라우터가 하는 일

라우터는 어떤 네트워크에서 다른 네트워크로 패킷을 중계하는 기기나 기능의 명칭입니다. 좀 더 구체적으로 이야기하면 네크워크 계층 프로토콜 IP가 다루는 IP 패킷을 이더넷의 네트워크 사이에 중계하는 기능입니다. 이런 중계는 IP 절차를 따르고 그런 동작을 라우팅이라고 부릅니다(그림 3-25).

IP 이외의 프로토콜인 IPX나 AppleTalk 등을 사용하던 과거에는 이런 프로토콜을 처리하는 라우터도 존재했지만, 현재는 라우터라고 하면 따로 말할 필요도 없이 IP 패킷을 라우팅하는 IP 라우터를 뜻한다고 보면 됩니다.

라우팅은 이더넷 네크워크끼리 연결하는 것과는 다릅니다. 각 네크워크는 서로 독립적이고, 독립된 네크워크끼리 IP 패킷을 중계해서 전송합니다. 이걸 계층으로 표현하면 물리 계층과 데이터 링크 계층으로 구성된 독립적인 이더넷 사이에 네트워크 계층 기능을 이용해서 패킷을 중계하는 것에 해당합니다.

그림 3-25 | **라우터는 이더넷 네크워크 사이에 IP 패킷을 중계함**

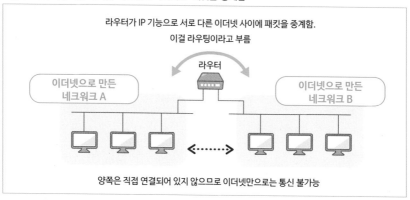

라우터가 IP 기능으로 서로 다른 이더넷 사이에 패킷을 중계함.
이걸 라우팅이라고 부름

라우터

이더넷으로 만든
네크워크 A

이더넷으로 만든
네크워크 B

양쪽은 직접 연결되어 있지 않으므로 이더넷만으로는 통신 불가능

라우팅과 계층 관계

여기서 각각 별도의 이더넷에 연결된 컴퓨터 A와 컴퓨터 B가 있고 두 네트워크가 라우터로 연결되어 있다고 합시다(그림 3-26). 컴퓨터 A와 컴퓨터 B는 물리 계층에서 응용 계층까지 7계층이 있는데 라우터는 이더넷에 대응하는 물리 계층과 데이터 링크 계층, IP에 대응하는 네트워크 계층만 있습니다.

컴퓨터 A는 라우터와 이더넷으로 직접 연결되어 있으므로 이더넷 기능으로 통신할 수 있습니다. 또한, 컴퓨터 A의 IP와 라우터 IP도 하위 기능(이더넷)을 사용해서 통신할 수 있습니다. 마찬가지로 라우터와 컴퓨터 B도 이더넷으로 연결되어 있어서 라우터 IP와 컴퓨터 B의 IP도 통신할 수 있습니다.

그러면 컴퓨터 A와 컴퓨터 B 사이는 어떨까요? 이 둘 사이에 물리적인 이더넷 연결은 존재하지 않습니다. 따라서 뭔가 없다면 통신 불가능합니다. 하지만 라우터는 IP 기능인 중계 기능을 사용할 수 있으므로 이걸 이용해서 컴퓨터 A에서 온 IP 패킷을 컴퓨터 B에 보냅니다. 이렇게 해서 컴퓨터 A의 IP가 송출한 IP 패킷은 컴퓨터 B의 IP에 도착합니다.

그림 3-26 | 라우터가 다른 네트워크의 컴퓨터 사이를 중계하는 방법

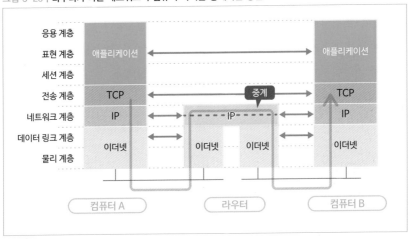

즉, 컴퓨터 A, 라우터, 컴퓨터 B의 각 네트워크 계층 기능으로 컴퓨터 A에서 컴퓨터 B로 패킷을 보낼 수 있습니다. IP 상위에 있는 TCP는 이런 IP 기능을 이용해서 신뢰성 높은 통신을 구현해 애플리케이션에 제공합니다.

이렇듯 라우터가 네트워크 계층의 중계 기능을 사용해서 두 이더넷 사이에 패킷을 중계해 통신하는 것과 이더넷끼리 허브에 접속해서 물리 계층과 데이터 링크 계층으로 네트워크를 확장하는 건 서로 완전히 다른 개념입니다.

라우터의 종류와 탑재 기능

전용 기기로 제공되는 라우터는 IP 패킷을 중계하는 기능 이외에도 네트워크에 필요한 다양한 기능을 제공합니다. 라우터는 네트워크에 있어 핵심 기능을 제공하는 빠질 수 없는 기기가 되었습니다. 표 3-2는 라우터에 탑재되는 기능 목록인데 여기서 실제로 탑재되는 기능은 제품에 따라 다릅니다. 또한, 표준 탑재가 아닌 옵션 기능도 존재합니다.

라우터 기기는 가정용 무선 공유기(수만~수십만 원대), 소형/중형/대형 엣지 라우터(영업소나 지점 등에 설치, 수천만 원대), 중형/대형 코어 라우터(본사나 데이터센터 등에 설치, 수억 원 이상) 등 다양한 종류가 있습니다. 그리고 각각 처리 능력, 기능, 가격이 천차만별입니다(그림 3-27).

그림 3-27 | **각종 규격의 라우터**

가정용 무선 공유기

Aterm WG2600HP3
(제공: NEC 플랫폼즈
주식회사)

엣지 라우터

YAMAHA RTX1210

코어 라우터

Cisco Nexus 7000
(제공: 시스코 시스템즈 주식회사)

표 3-2 | **라우터에 탑재된 기능**

구분	명칭	설명
네트워크 기능	라우팅 기능	IP 패킷을 중계
	라우팅 프로토콜 기능	가까운 라우터와 라우팅 정보를 교환
	방화벽 기능	외부에서 도착한 패킷이나 외부로 나가는 패킷을 제어
	DHCP 기능	DHCP 서버 역할로 단말에 IP 주소 등을 할당함
	NAT/NAPT 기능	외부와 내부 연결 시 IP 주소를 변환
	DNS 기능	외부 DNS와 소통을 중계하는 등 DNS 서버로 동작
	PPPoE 기능	인터넷접속사업자의 게이트웨이 장치와 인터넷 접속을 확립
	VPN 기능 (터널, 암호화)	터널과 암호화로 안전한 VPN을 구축
	QoS 제어 기능	대역폭 제어 등 통신 품질을 관리
	VLAN 기능	VLAN(하나의 기기에 설정된 가상 LAN)을 구축
	각종 필터링 기능	접속할 URL이나 접속 단말의 MAC 주소 등을 제한
	L2 스위치 기능	장치가 설치된 포트에 단말이나 기기를 접속
	각종 WAN 회선 수용 기능	이더넷 이외의 각종 WAN 회선을 접속
	데이터 압축 기능	송출할 데이터를 압축하거나 받은 데이터를 원래대로 되돌림
관리 운용 기능	네트워크 감시 기능	네트워크 이용 상황을 감시
	기기 감시 기능	기기 동작 상황을 감시
	로깅 기능	네트워크나 기기 동작 로그를 기록하거나 표시
	통계 기능	네트워크나 기기 이용 상황 등을 기록하거나 표시
	GUI 관리 화면 기능	웹브라우저 등에서 GUI로 네트워크나 기기를 관리
	명령어 콘솔 기능	명령어 콘솔에서 네트워크나 기기를 관리
	스크립트 실행 기능	자동 관리용 스크립트를 실행
	이중화 기능	WAN 회선이나 각종 기능을 이중화해서 장애 대비
	에너지 절약 기능	불필요한 포트에 전력 공급을 멈춰 소비 전력을 줄임

일반적으로 가정용 무선 공유기나 소형~대형 엣지 라우터는 많은 기능을 표준으로 탑재하고 있습니다. 그건 이런 기기를 사용하는 가정이나 사무실 등은 여러 기기를 설치하거나 관리하기 어려운 곳이 많아서 라우터 하나로 네트워크에 필요한 모든 기능을 제공해주길 원하기 때문입니다. 반대로 대형 코어 라우터 등은 사용자의 요구 조건에 따라 옵션으로 제공하는 경우가 많습니다.

네트워크 핵심 기능을 담당하는 라우터는 고장이나 오동작이 거의 없고 네트워크 사용량과 관계없이 늘 안정적으로 동작해야 합니다. 이는 라우터 크기와 관계없이 모든 라우터에 요구되는 조건입니다. 이런 점을 가늠해 볼 수 있는 지표로 통신 기기 전문 벤더가 제공하는 제품에는 제품 사양에 MTBF(Mean Time Between Failure: 평균 고장 간격)가 있습니다. MTBF는 제품에 고장이 발생하는 평균 간격을 나타내는 통곗값으로 반드시 실제 고장 간격과 일치하는 건 아닙니다. 11.5년이나 220,000시간 같은 값으로 표기합니다. 또한 일부 기능이 불안정한 경우에는 고장 시간에 반영하지 않을 가능성이 있으므로 실제 사용자 후기를 참조하거나, 구입하기 전에 시험 기간을 갖고 실제 성능을 확인해보는 방법도 있습니다.

라우터의 새로운 형태

라우터는 독립적인 전용 기기를 사용하는 게 보통이지만, 최근에는 PC에서 동작하는 소프트웨어 라우터도 등장했습니다. 원래 윈도우, 맥OS, 리눅스 같은 OS는 라우팅 기능을 표준으로 탑재하므로 그 기능을 사용해서 PC를 라우터로 사용하는 시도는 이전에도 있었습니다. 하지만 패킷 중계 속도가 매우 느려서 실험적인 용도 이외에는 사용하기 힘들었습니다. 반면에 라우터 전용 기기는 빠른 중계 속도와 안정적인 동작을 제공하므로 오랫동안 실제 기기를 이용해 왔습니다.

최근에 등장한 소프트웨어 라우터는 OS에 의존하지 않는 독립적인 패킷 처리 알고리즘과 고속 패킷 처리용 라이브러리 등을 활용해서 무척 빠른 패킷 처리 속도를 제공합니다. 그 결과 PC에서 소프트웨어 라우터를 실행해도 전용 라우터 기기에 못지 않은 처리 속도를 얻을 수 있습니다.

소프트웨어이므로 전용 장치에 비해 사용법이 유연한 것이 장점입니다. 전용 라우터 기기가 모두 소프트웨어로 교체되진 않겠지만 용도에 따라서 어느 쪽을 선택할지 나뉘는 상황이 되고 있습니다(그림 3-28).

그림 3-28 | 전용 라우터 장치와 소프트웨어 라우터

COLUMN | GUI와 CUI

라우터 설정이나 관리 작업은 GUI를 사용하는 경우와 CUI를 사용하는 경우로 나뉩니다. GUI(Graphical User Interface)는 마우스로 브라우저 화면 등을 조작하는 작업 방식이고, CUI(Character-based User Interface)는 명령어 입력 화면에 문자를 입력해서 명령어를 실행하고 결과도 문자로 표시되는 작업 방식입니다.

가정용 무선 공유기는 대부분 GUI로 설정합니다. 엣지 라우터도 관리자가 전문가가 아닐 수 있으므로 제조사에 따라 차이는 있지만 GUI 도입이 늘어나고 있습니다. 하지만 세세한 설정은 CUI를 함께 사용하기도 합니다. 코어 라우터 같은 대규모 라우터는 여전히 CUI가 대다수입니다.

07

네트워크, 스위치 다중화

다중화 방식

다중화는 같은 기능을 제공하는 컴포넌트를 필요한 개수보다 더 많이 준비해 둔다는 것을 의미합니다. 컴포넌트를 다중화하면 그중 하나가 고장이 나더라도 다른 컴포넌트가 대신 동작해 기능 정지나 처리 능력 저하를 방지하여 시스템 전체의 신뢰성을 향상시킬 수 있습니다. 다중화를 도입해서 시스템 가용성(계속해서 동작하는 능력)을 확보하는 구성을 고가용성(HA: High Availability) 구성이라고 부릅니다.

예비 장비를 두는 다중화 구성

다중화의 대표적인 구성은 컴포넌트 2개를 준비해서 그중 하나를 사용하는 이중화와 여러 컴포넌트를 준비하고 그중에 하나를 예비 장비로 두는 n+1 구성이 있습니다(그림 3-29).

그림 3-29 | 이중화와 n+1 구성의 전환 동작

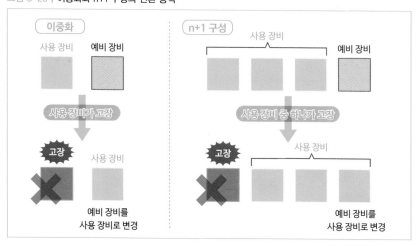

이런 구성에서 실제로 기능을 제공하는 컴포넌트를 사용(Active) 장비, 여분의 컴포넌트를 예비(Standby) 장비라고 부릅니다. 예비 장비를 어떤 상태로 두는가에 따라 다중화 구성은 다시 세 종류로 분류됩니다(그림 3-30).

콜드 스탠바이(Cold standby)

평소에는 예비 장비를 멈춰두었다가 사용 장비가 고장 나면 예비 장비를 기동해서 동기화를 하고 처리하는 방식입니다. 간단하고 시스템 구성이 간결하지만, 장애 발생을 확인한 후 예비 장비를 기동하므로 전환에 필요한 시간이 길어집니다.

웜 스탠바이(Warm standby)

평소에도 예비 장비를 가동하여 고장이 발생하면 예비 장비를 기동하는 시간을 줄이는 방식입니다. 사용 장비가 고장 나면 예비 장비 기동을 기다릴 필요 없이 상태 동기화만 하면 처리를 이어갈 수 있으므로 전환에 걸리는 시간이 짧아집니다.

그림 3-30 | 예비 장비 상태에 따라 분류

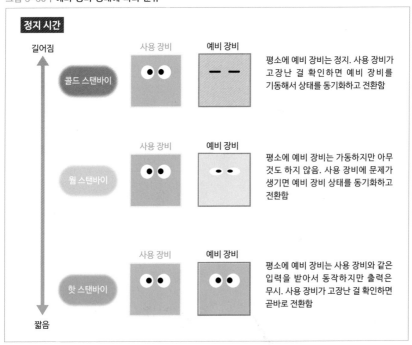

핫 스탠바이(Hot standby)

웜 스탠바이보다 전환 속도가 더 빠른 방식입니다. 핫 스탠바이는 평소에도 예비 장비를 가동하고 사용 장비와 동일한 입력을 받아서 처리시키는데 출력은 무시합니다. 평소 사용 장비와 같은 처리를 하고 있으므로 사용 장비가 고장이 나면 상태 동기화도 필요 없이 곧바로 예비 장비로 전환할 수 있어 전환 시간이 대폭 줄어듭니다. 다만, 시스템 구성이 복잡하고 예비 장비도 평소에 정비를 보수해야 해서 도입 및 운용 비용이 늘어납니다.

어떤 방식을 선택할지는 장비가 고장 났을 때 허용 가능한 서비스 정지 시간, 시스템 비용, 보수 비용 등을 검토해서 정하는 게 일반적입니다. 이런 다중화 구성은 고신뢰성 시스템에서 예전부터 사용하는 방식입니다.

예비 장비를 두지 않는 부하 분산 구성

예비 장비를 두지 않는 다중화 구성도 있습니다. 이런 구성은 평소에도 여러 컴포넌트에 처리를 분산시켜서 어떤 컴포넌트가 고장이 나면 다른 컴포넌트가 그 처리를 이어받아서 처리함으로써 기능 정지를 방지합니다.

이런 구성은 컴포넌트 하나가 고장 나면 남은 컴포넌트가 받는 부하가 증가하므로 이에 대응할 수 있도록 개별 컴포넌트의 처리 능력이나 개수에 여유를 두고 설계합니다(그림 3-31).

그림 3-31 | **예비 장비를 두지 않는 부하 분산 구성**

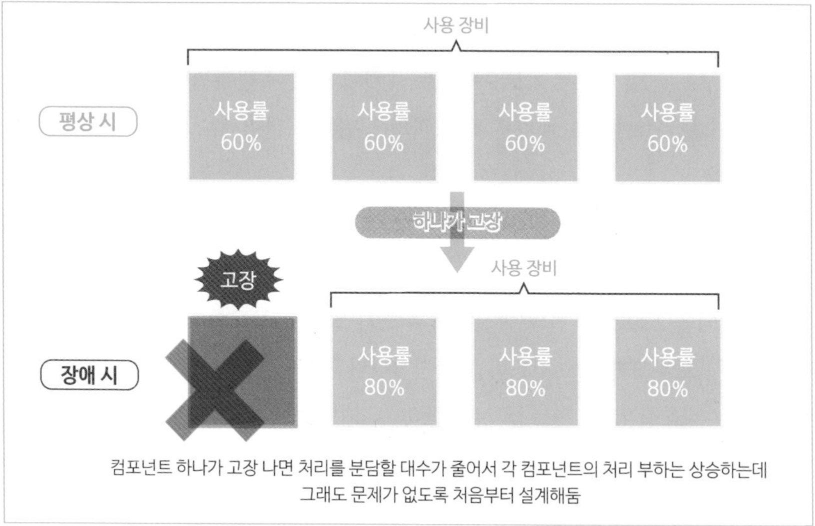

이렇게 예비 장비를 두지 않는 구성은 장비의 낭비가 없으므로 다중화뿐만 아니라 부하 분산도 가능하고 처리 능력을 유연하게 조절하는 등 장점이 많아 최근 클라우드 시스템 등에서 널리 사용하고 있습니다.

네트워크의 다중화

다중화는 기기에만 필요한 것이 아닙니다. 네트워크도 신뢰성을 확보하려면 다중화가 필요합니다. 네트워크 다중화는 대상에 도달하는 경로를 여러 개 준비해서 실현합니다.

하지만 이더넷에서 단순히 네트워크 경로를 여러 개 준비해두면 생각하지 못한 사고가 발생합니다. 대표적인 문제로 브로드캐스트 스트림이 있습니다. 브로드캐스트 스트림은 브로드캐스트 프레임이 랜 내부에서 무한 반복되어 네트워크나 단말이 정지하는 것으로 네트워크에서 발생하는 사고입니다. 브로드캐스트 스트림이 발생하면 브로드캐스트 프레임이 네트워크를 독점해서 본래 해야 할 통신이 어려워집니다. 게다가 브로드캐스트 프레임을 대량으로 수신해서 네트워크에 접속한 컴퓨터도 부하가 급격히 상승하는 현상이 발생합니다.

그림 3-32는 브로드캐스트 스트림이 일어나는 예입니다. 스위치 1과 스위치 3의 구간이 이중화되어 있는데 이런 구성에서 스위치 1에 어떤 브로드캐스트가 도착하면 스위치 1은 수신 포트 이외의 모든 포트에 그대로 송출합니다. 마찬가지로 스위치 2와 스위치 3도 수신 포트를 제외한 모든 포트에 브로드캐스트를 송출하고, 그 브로드캐스트가 또다시 스위치 1로 돌아갑니다. 이러면 스위치 1-2-3 사이에 루프가 발생해서 브로드캐스트 패킷이 끝없이 반복됩니다(예제에서는 2 방향). 그리고 브로드캐스트 패킷은 각 스위치에 접속한 단말에도 전파되어서 혼란이 발생합니다.

이런 사고를 방지하는 방법으로 IEEE 802.1D라는 스패닝 트리 프로토콜(STP: Spanning Tree Protocol)이 정해졌습니다. STP는 BPDU(Bridge Protocol Data Unit) 제어 프레임을 2초에 한 번씩 송신해서 루프가 발생한 포트를 찾으면 해당 포트를 무효화해서 브로드캐스트 스트림을 방지합니다. 그리고 사용 중인 경로에 고장이 발생하면 무효화했던 포트를 유효화하고 해당 경로를 사용해 통신을 재개합니다(그림 3-33). STP는 관리나 운용이 어렵고 전환에 시간이 걸리며 사용하지 않는 경로가 낭비되는 등의 단면을 개선한 RSTP 같은 새로운 규격이 만들어졌습니다.

그림 3-32 | **브로드캐스트 스트림이 발생하는 예**

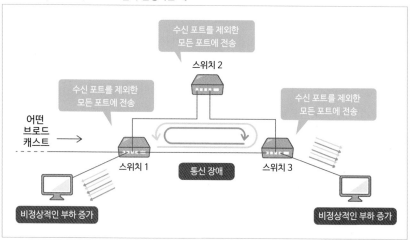

그림 3-33 | STP가 **포트를 무효화해서 브로드캐스트 스트림을 막는 예**

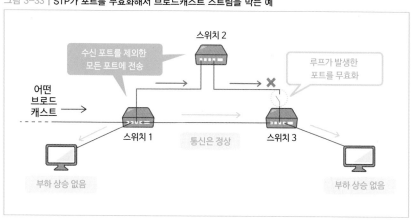

스위치 스태킹을 사용한 네트워크 다중화

STP는 다루기 어려우므로 최근에는 스위치의 스태킹과 링크 애그리게이션을 이용한 네트워크 다중화를 구성하는 경우가 늘었습니다. 스태킹(Stacking)은 여러 스위치를 조합해서 하나인 것처럼 보여주는 기술이고, 링크 애그리게이션(Link aggregation) 은 여러 케이블 접속을 합쳐서 이용하는 기술입니다.

그림 3-34를 봅시다. 경로를 이중화하고 싶은 부분은 스태킹한 각각의 스위치에 케이블을 접속하고 이걸 애그리게이션해서 이용합니다. 스태킹한 스위치는 논리적 으로는 하나처럼 보이므로 평상 시에는 두 대 분량의 통신 대역을 지원하는 링크 로 이용할 수 있습니다. 그리고 케이블 중 어느 하나가 끊어지거나 스위치 중 하나 가 고장 나더라도 남은 케이블 또는 스위치를 사용해서 접속 상태가 변하는 일 없 이 한 대 분량의 통신 대역을 이용할 수 있습니다.

이런 방법은 네트워크가 루프를 구성하지 않으므로 브로드캐스트 패킷이 무한 반 복에 빠져서 발생하는 브로드캐스트 스트림을 걱정하지 않아도 괜찮습니다. 스태 킹 기능은 중~대규모 고기능 스위치를 중심으로 탑재되어 네트워크 이중화의 중 심 역할을 담당합니다.

그림 3-34 | 스태킹과 링크 애그리게이션을 사용한 스위치 다중화

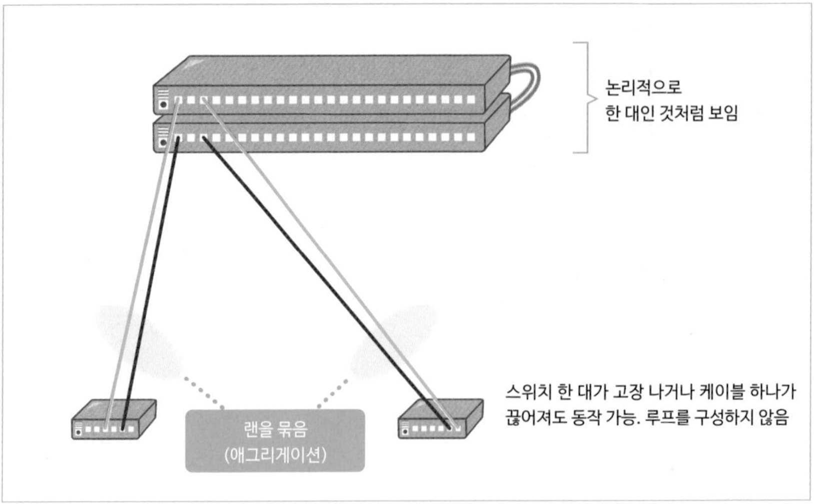

논리적으로
한 대인 것처럼 보임

랜을 묶음
(애그리게이션)

스위치 한 대가 고장 나거나 케이블 하나가
끊어져도 동작 가능. 루프를 구성하지 않음

08

라우터와
접속회선 다중화

단일장애점의 개념

네트워크나 시스템 신뢰성을 검토할 때 특히 신경 써야 하는 부분은 어떤 하나가 고장 났을 때 모든 기능이 정지하는 부분이 있는가 입니다. 이런 부분을 단일장애점 (SPOF: Single Point of Failure)이라고 합니다(그림 3-35).

단일장애점은 없으면 좋다 정도가 아니라, 발생하지 않도록 적극적으로 설계해야 합니다. 하지만 구성, 예산, 일정 같은 제약 조건 때문에 어쩔 수 없이 단일장애점 이 생기는 경우도 있습니다.

단일장애점을 제거하는 방법 중 하나가 신뢰성 높은 컴포넌트로만 구성하는 방식 입니다. 하지만 일반적으로 신뢰성은 100%에 가까워질수록 증가폭이 둔화되고 더 많은 비용이 들어갑니다. 또 다른 방식은 사용하는 컴포넌트를 다중화해서 결과적으 로 신뢰성을 높히는 방식입니다.

그림 3-35 | **단일장애점의 개념**

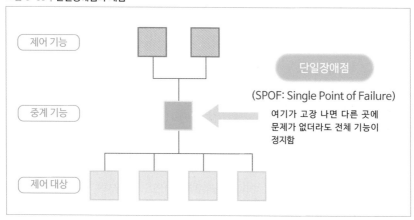

예를 들어 가동률이 99%인 기기 두 대를 준비해서 한쪽이 고장 났을 때 다른 쪽으로 대체한다고 가정합시다. 이론상 둘 다 동시에 고장 나지 않는다면 계속 동작하므로 양쪽이 동시에 멈출 확률 = 1 − (1 − 0.99) × (1 − 0.99) = 0.9999 = 99.99% 가동률이 되므로 단일장애점 영향을 일정 확률 이하로 낮출 수 있습니다(그림 3-36). 이렇듯 단일장애점과 다중화에는 깊은 관계가 있습니다.

그림 3-36 | **이중화한 구성 요소의 가동률**

A와 B 어느 쪽 하나가 동작하면 기능 유지가 가능할 때
A와 B 양쪽이 모두 멈추면 기능 정지 상태가 됨.

A와 B가 모두 멈출 확률은

(1 − A 가동률) × (1 − B 가동률)
= (1 − 0.99) × (1 − 0.99)
= 0.01 × 0.01
= 0.0001

전체 가동률은

1 − 0.0001 = 0.9999 = 99.99%가 됨

※ 실제 시스템은 이중화를 제어하는 컨트롤러의 가동률 등도 고려함

VRRP를 사용한 라우터 다중화

사무실 등의 네트워크에서 외부와의 출입구가 되는 라우터(디폴트 게이트웨이 또는 디폴트 라우터)는 단일장애점이 되기 쉬우므로 라우터도 다중화하는 경우가 있습니다. VRRP(Virtual Router Redundancy Protocol)는 그럴 때 사용하는 대표적인 프로토콜입니다(그림 3-37). 최신 사양 정의는 RFC 5798입니다. VRRP를 사용하면 가상 IP 주소(동일 네트워크 내부의 어떤 IP 주소)와 가상 MAC 주소(IPv4라면 00:00:5E: 00:01:그룹 ID)를 가진 가상 라우터가 만들어 집니다(그림 3-38). 이렇게 만들어진 가상 라우터의 가상 IP 주소를 네트워크에 속한 각 단말의 기본 게이트웨이로 지정합니다.

가상 라우터가 받은 패킷을 실제로 처리하는 건 VRRP로 그룹을 구성한 물리 라우터 중 하나가 됩니다. 패킷을 처리하는 라우터는 마스터 라우터, 나머지 라우터는 백업 라우터라고 부릅니다.

그림 3-37 | VRRP의 동작 개념

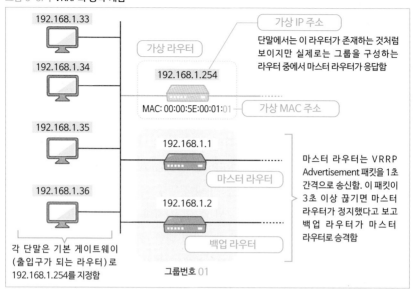

192.168.1.33

192.168.1.34

가상 라우터

192.168.1.254

MAC: 00:00:5E:00:01:01

가상 IP 주소

단말에서는 이 라우터가 존재하는 것처럼
보이지만 실제로는 그룹을 구성하는
라우터 중에서 마스터 라우터가 응답함

가상 MAC 주소

192.168.1.35

192.168.1.36

192.168.1.1

마스터 라우터

192.168.1.2

백업 라우터

마스터 라우터는 V R R P
Advertisement 패킷을 1초
간격으로 송신함. 이 패킷이
3초 이상 끊기면 마스터
라우터가 정지했다고 보고
백업 라우터가 마스터
라우터로 승격함

각 단말은 기본 게이트웨이
(출입구가 되는 라우터)로
192.168.1.254를 지정함

그룹번호 01

그림 3-38 | 실물 라우터가 가상 라우터로서 응답하는 모습

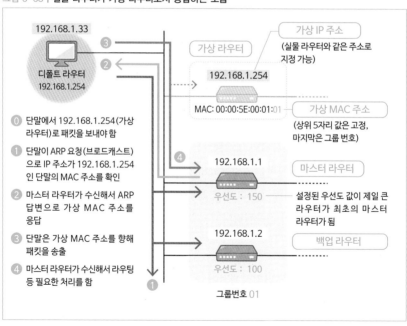

192.168.1.33

디폴트 라우터
192.168.1.254

가상 라우터

192.168.1.254

MAC: 00:00:5E:00:01:01

가상 IP 주소

(실물 라우터와 같은 주소로
지정 가능)

가상 MAC 주소

(상위 5자리 값은 고정,
마지막은 그룹 번호)

❶ 단말에서 192.168.1.254(가상
라우터)로 패킷을 보내야 함

❶ 단말이 ARP 요청(브로드캐스트)
으로 IP 주소가 192.168.1.254
인 단말의 MAC 주소를 확인

❷ 마스터 라우터가 수신해서 ARP
답변으로 가상 MAC 주소를
응답

❸ 단말은 가상 MAC 주소를 향해
패킷을 송출

❹ 마스터 라우터가 수신해서 라우팅
등 필요한 처리를 함

192.168.1.1

마스터 라우터

우선도 : 150

설정된 우선도 값이 제일 큰
라우터가 최초의 마스터
라우터가 됨

192.168.1.2

백업 라우터

우선도 : 100

그룹번호 01

처음에 마스터 라우터와 백업 라우터를 결정하는데, 각 라우터에 부여된 우선도 값을 비교해서 값이 가장 큰 라우터가 마스터 라우터가 되고 나머지 라우터는 백업 라우터가 됩니다.

마스터 라우터는 백업 라우터에 1초 간격으로 VRRP Advertisement 패킷을 반복해서 보냅니다. 마스터 라우터가 정지하거나 링크가 끊기는 고장이 발생, WAN 회선 단절과 같은 라우터 전환 조건이 발생하거나 일정 시간(보통은 3초) 이상 VRRP Advertisement 패킷을 수신하지 못하면, 그다음으로 제일 우선도가 높은 백업 라우터가 마스터 라우터로 승격하고 VRRP Advertisement 패킷 송신과 가상 라우터에 보낸 패킷을 대신해서 처리하기 시작합니다.

정지했던 이전 마스터 라우터가 복구된 후 그 시점의 마스터 라우터가 자신보다 우선도가 높은 라우터가 존재하는 걸 확인하면 백업 라우터로 내려갑니다. 복구된 라우터는 자신이 다른 라우터보다 우선도가 높은 것을 확인했으면 마스터 라우터로 재승격합니다. 이런 동작을 선점(Preempt)이라고 하는데 설정에 따라 비활성화할 수 있습니다.

각 단말이 송출한 패킷을 실제 라우터가 받을 때는 평소의 단말과 마찬가지로 ARP를 사용합니다. VRRP는 가상 IP 주소에 대한 ARP 요청이 있으면 마스터 라우터가 가상 MAC 주소를 돌려줍니다. 그러면 단말은 ARP 테이블에 해당 내용을 등록하고 가상 IP 주소를 향한 패킷은 마스터 라우터가 돌려준 가상 MAC 주소를 향합니다. 마스터 라우터는 가상 MAC 주소가 목적지인 패킷을 처리합니다.

한편, 마스터 라우터가 변경되면 마스터 라우터로 승격한 라우터가 곧바로 자신의 IP 주소를 확인하라고 요청하는 ARP(Gratuitous ARP)를 송출해서 네트워크 내부에 있는 스위치 전송 데이터베이스(FDB)를 덮어씁니다. 이렇게 하면 곧바로 새로운 마스터 라우터로 프레임이 전송됩니다.

인터넷 접속 다중화

인터넷에 접속하는 회선도 단일장애점이 되기 쉬운 부분입니다. 최근에는 소규모 거점의 네트워크에도 광회선이 보급되어 회선이 하나라도 용량 부족에 시달릴 일은 그다지 없습니다. 하지만 인터넷 VPN 등을 이용한다면 어떤 이유로든 인터넷 접속이 불가능할 때 업무 시스템에 접속할 수 없는 등 문제가 생길 수 있습니다.

인터넷 접속 다중화는 다중화할 부분과 방법에 따라 몇 가지 케이스가 존재합니다 (그림 3-39). 첫 번째 케이스는 인터넷접속사업자(ISP)의 다중화입니다. 기존 회선 하나를 그대로 이용하지만, PPPoE로 복수의 ISP에 접속해서 다중화합니다. 사용 중인 ISP에 문제가 생겨서 통신이 불가능해지면 자동 또는 수동으로 ISP를 전환해 서 통신을 복구할 수 있습니다. 이런 방식은 가정용 와이파이 라우터에서 지원하 기도 합니다.

두 번째 케이스는 접속회선 자체를 다중화하는 방법입니다. 라우터에 WAN 회선 포트가 여러 개 존재하면 라우터 단독으로도 대응할 수 있습니다. 혹은 WAN 회선 포트가 하나라도 VRRP에 대응하는 라우터라면 라우터 여러 대를 사용해 가상 라 우터를 만드는 방법도 있습니다. 접속회선을 다중화하고 회선마다 다른 통신사업 자와 ISP를 연결하면 ISP 내부 장애뿐만 아니라 통신사업자 A의 통신망에 대규모 장애가 발생하더라도 통신사업자 B의 접속 서비스를 이용해 통신을 복구할 수 있 습니다.

그림 3-39 | **인터넷 접속 다중화**

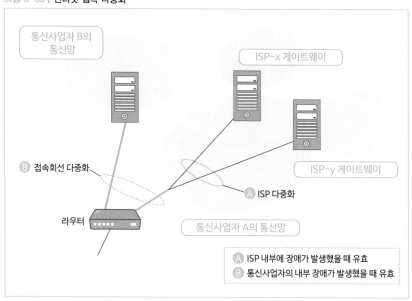

이런 다중화는 보통 소규모 엣지 라우터급 이상이 필요합니다. 그리고 라우터 종류에 따라서는 유선 접속이 도중에 끊기면 LTE/3G 어댑터를 사용해서 무선으로 인터넷 접속을 복구하는 기능을 제공하는 것도 있습니다.

한편, 회선 다중화를 할 때 평소에는 다중화 회선을 미사용 상태로 두고 주회선에 고장이 발생하면 자동 또는 수동으로 전환하는 방법과 평소부터 양쪽 회선을 이용하는 방법이 있습니다. 후자는 통신을 여러 회선에 분산하는 방법으로 라우터 접속 포트에 따라 할당하기, IP 주소 범위에 따라 할당하기, 접속할 도메인에 따라 할당하기 등의 방법이 있습니다. 사용 가능한 방법은 라우터 기종에 따라 다릅니다(그림 3-40).

그림 3-40 | 라우터를 포함한 인터넷 접속 다중화 예

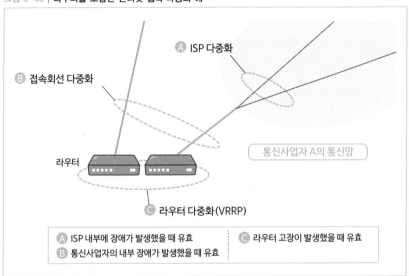

COLUMN | BGP를 사용한 멀티 호밍(Multihoming)

대규모 조직의 네트워크는 BGP(Border Gateway Protocol, 경계 경로 프로토콜)라는 라우팅 프로토콜을 사용해 ISP 경로 선택에 개입하여 외부에서 오는 통신을 다중화 회선으로 분산시킵니다. 이 방법을 사용하려면 각종 신청, 전문 지식, 대응하는 라우터가 필요하므로 중소기업이나 개인이 경험할 기회는 적지만 이런 방법도 있다고 알아두기 바랍니다.

CHAPTER **4**

인터넷과 네트워크 서비스

이 장에서는 세계 규모의 인터넷이 어떻게 구성되어 있는지 그리고 인터넷을
활용하는 데 빠질 수 없는 다양한 기술과 서비스를 배웁니다.

Keyword

- AS
- 트랜짓
- IP 도달성
- ONU
- NAT/NAPT
- 이름 해석
- 스터브 리졸버
- 인증
- POP3
- DHCP
- 라우팅 프로토콜

- BGP–4
- 피어링
- PPPoE
- OLT
- 도메인명
- 컨텐츠 서버
- HTTP
- 쿠키
- IMAP4
- 리스 기간

- 티어 1
- IX
- IPoE
- 베스트에포트
- DNS
- 캐시 서버
- 스테이트리스
- SMTP
- OP25B
- 분리

01

인터넷의 구성

인터넷에 사용하는 기술

가정이나 사무실 규모의 네트워크에서 필요한 개념이나 기술과 인터넷이라는 훨씬 큰 네트워크에서 필요한 개념과 기술의 기본은 같습니다. 이더넷에 직접 연결된 단말이나 기기로 구성된 네트워크들이 라우터를 경유해서 상호 접속하고, 거기에 IP 패킷이 차례차례 반복 중계되어서 최종적으로 인터넷접속사업자 A의 네트워크에 접속한 단말이 인터넷접속사업자 B의 네트워크에 접속한 서버와 통신합니다. 이때 사용하는 프로토콜은 TCP, UDP, IP 등으로 가정이나 사무실에서 사용하는 것과 동일합니다.

물론 다른 점도 있습니다. 인터넷 규모의 네트워크를 구성하려면 인터넷접속사업자(ISP: Internet Service Provider)끼리나 콘텐츠사업자 같은 조직 사이에 라우팅(목적지 정보에 따라 적절한 상대에 정보를 보내는 일)이나 라우팅을 제어하는 프로토콜 기술이 중요한 역할을 합니다. 가정이나 소규모 사무실에서는 그다지 고려하지 않던 부분입니다.

ISP나 콘텐츠사업자는 자신의 네트워크 전체를 어떤 하나의 AS(Autonomous System, 자율 시스템)로 보는 경우가 많습니다(보다 정확하게는 AS는 라우팅 정책이 같은 네트워크 그룹을 뜻하는데, 때에 따라서는 하나의 ISP가 여러 AS를 구성하기도 합니다). 그리고 그런 AS에 기반해서 라우팅을 제어합니다. 이런 방식으로 세계 규모의 거대한 네트워크에서 효율적인 라우팅을 제어할 수 있습니다. 이런 AS 사이의 라우팅을 제어하는 프로토콜을 EGP(Exterior Gateway Protocol, 외부 게이트웨이 프로토콜)라 하고, 현대 인터넷에서는 BGP-4(Border Gateway Protocol Version 4)를 사용합니다.

인터넷 계층 구조

인터넷은 이제 중요한 사회 기반 시설 중 하나로 수많은 회사나 가정에서 다양한 형태로 접속하고 있습니다. 인터넷에 접속한 사용자끼리라면 상대가 어디에 있더라도 자유롭게 통신할 수 있어야 합니다. 또한 누구라도 네트워크에 접속할 수 있도록 네트워크를 효율적으로 구축해야 합니다.

예를 들어 네 군데의 거점에서 서로 자유롭게 통신하려면 거점마다 자신을 제외한 세 거점과 연결된 접속이 있으면 실현 가능합니다. 이러한 접속을 풀메쉬(Full-mesh) 접속이라고 합니다. 풀메쉬 접속은 다른 거점과 확실하게 통신 가능하다는 장점이 있지만, 거점이 늘어날수록 필요한 접속 수가 급격하게 늘어나는 단점도 있습니다(그림 4-1). 따라서 지금처럼 무수히 많은 거점이 인터넷을 이용하는 경우에는 적용하기 어렵습니다.

현대 인터넷은 풀메쉬 접속 대신에 계층 구조를 사용해 다수의 거점이 인터넷에 접속합니다. 그중에서 최상위 계층 주조를 티어(Tier) 1이라고 부르는 초거대 규모의 ISP 10여 개가 서로 접속되어 인터넷 근간을 구성합니다. 그리고 그 아래 티어 2의 ISP가 접속하고, 그 아래에는 티어 3 ISP가 접속하는 형태로 방대한 숫자의 이용자와 거점 사이에 인터넷 서비스를 제공합니다.

그림 4-1 | **풀메쉬는 거점 개수가 늘어날수록 접속 수가 급증함**

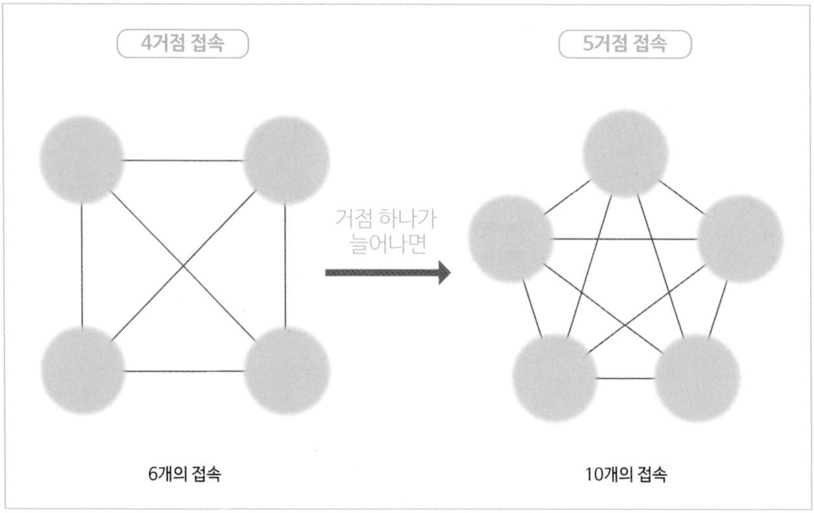

이런 계층 구조에서 티어 2와 티어 3의 ISP는 상위 ISP에서 접속성을 제공받아서 하위 ISP나 사용자에 제공한다고 할 수 있습니다. 이렇게 접속성을 제공하는 것을 트랜짓(Transit, 전송)이라고 합니다. 트랜짓을 이용하면 하위 ISP는 다양한 ISP(정확하게는 AS)에 접속할 수 있지만 통신량에 따라 상위 ISP에 요금을 지불합니다(그림 4-2).

또한 개별 ISP나 콘텐츠사업자 사이에 직접 연결망을 구축해서 트랜짓을 경유하는 대신 직통으로 통신하는 형태도 존재합니다. 이렇게 서로 직접 접속해서 연결을 주고받는 것을 피어링(Peering)이라고 합니다. 피어링을 사용하면 지연이 줄어들어서 통신 품질이 개선되고 줄어든 트랜짓 통신량만큼 트랜짓 요금을 줄일 수 있습니다.

그림 4-2 | **인터넷 계층 구조**

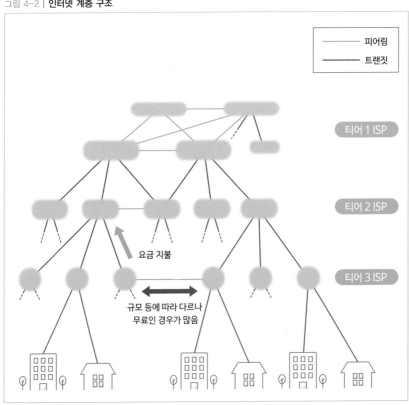

그림 4-3 | 두 종류의 피어링 형태

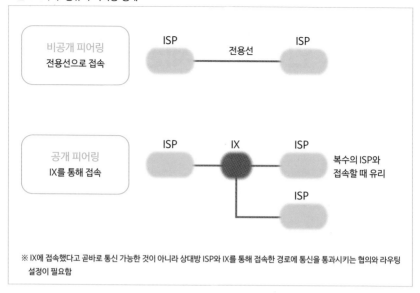

※ IX에 접속했다고 곧바로 통신 가능한 것이 아니라 상대방 ISP와 IX를 통해 접속한 경로에 통신을 통과시키는 협의와 라우팅 설정이 필요함

피어링에는 ISP 상호 접속 서비스를 제공하는 IX(Internet eXchange)를 통해서 접속하는 공개 피어링(Public peering)과 서로 직접 연결하는 비공개 피어링(Private peering)이 있습니다(그림 4-3). 피어링은 개별 계약으로 서로 무료인 경우가 많지만, 회사 규모 차이에 따라 요금이 발생하는 경우가 있습니다. 또한 IX나 통신 회선 이용료가 듭니다.

IX의 개요

ISP 사이의 접속은 각각의 전용선을 사용해서 1:1로 하는 경우와 IX에 설치된 스위치를 통해서 1:n으로 하는 경우가 있습니다. 특히나 여러 ISP와 피어링을 하는 경우에는 상대방 ISP에 전부 전용선을 매설하는 건 비용이나 관리면에서 불리하므로 IX를 통해서 접속하는 방식이 유리합니다.

일본에서 최초의 IX는 NSPIXP-1로 상호 접속 연구를 목적으로 1994년 도쿄에 설치되었습니다. 그 후 각종 상용 IX가 서비스를 개시해서 ISP, 콘텐츠사업자, 데이터센터사업자, 기업 등에서 접속 서비스를 제공합니다. 일본 내 IX는 대다수가 도쿄나 오사카에 설치되어 있고, 각 지역의 상호 접속 서비스나 도쿄와 오사카의 IX에 접속 서비스를 제공하는 지역 IX도 운용합니다.

02
인터넷이 제공하는
IP 도달성

IP 도달성

인터넷은 현대 사회 생활에 빠질 수 없는 통신 기반이며 전 세계 사람이 인터넷이 제공하는 각종 기능을 이용해서 일상생활을 하고 있습니다. 너무 많은 것이 가능해서 인터넷은 다양한 통신을 지원한다고 막연하게 생각할 수 있지만, 사실 인터넷이 제공하는 기능은 몇 가지 종류로 분류할 수 있습니다. 그중에서도 가장 중요한 것이 IP 도달성(Reachability)입니다(그림 4-4).

인터넷과 인터넷에 접속하는 컴퓨터에서 가장 기본적인 것은 인터넷에 접속한 컴퓨터에는 글로벌 IP 주소가 할당된다는 점입니다.

그림 4-4 | **IP 도달성의 개념**

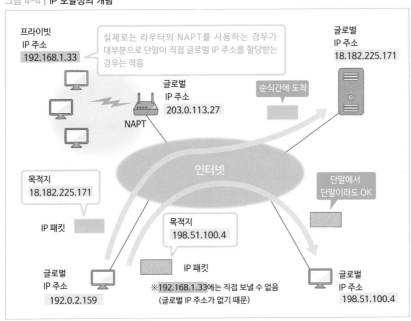

글로벌 IP 주소는 인터넷에서 유일한 값으로 다른 컴퓨터도 각각 글로벌 IP 주소를 가집니다.

이런 컴퓨터끼리는 상대방의 글로벌 IP 주소를 목적지로 지정해서 IP 패킷(2장 07 참조)을 인터넷에 송출하면 IP 패킷이 순식간에 상대방에게 도착합니다. 이것이 IP 도달성입니다. 접속회선사업자, ISP, 국가에 관계없이 단말과 서버, 단말과 단말 사이라도 인터넷에만 접속되어 있으면 IP 도달성이 제공됩니다. 가만히 생각해보면 이건 엄청난 일입니다. 인터넷에서 제공되는 모든 서비스는 이런 IP 도달성을 기반으로 이용해 서비스를 실현합니다.

하지만 가정용 와이파이 공유기나 엣지 라우터 등에서 IPv4로 통신한다면 보통은 단말에는 프라이빗 IP 주소만 할당되고 글로벌 IP 주소는 할당되지 않으므로(4장 06 NAT/NAPT 참조) 이런 단말에서 IP 도달성을 확인하는 건 쉽지 않습니다. 그렇지만 다음과 같은 방법으로 IP 도달성을 확인할 수 있습니다.

집 내부 랜에서 IP 도달성 확인하기

가정용 와이파이 공유기를 사용해서 ISP가 일괄 제공하는 인터넷 접속 서비스를 이용하는 경우와 접속회선사업자와 ISP를 조합해서 인터넷을 이용하는 경우는 다음과 같은 방법으로 램프 점멸로 IP 도달성을 확인할 수 있습니다.

1 할당된 글로벌 IP 주소 확인하기

우선 4장 11에서 설명하는 방법으로 와이파이 공유기에 할당된 글로벌 IP 주소를 조사해서 기록해 둡니다. 도메인명보다 IP 주소 쪽이 편리합니다.

2 인터넷에 접속된 기기를 정지시키기

와이파이 공유기를 통해서 인터넷에 접속된 기기 (PC나 스마트폰 등)가 있으면 일단 인터넷 기능을 정지합니다. 이제 와이파이 공유기 본체나 ONU에 달린 통신 상황을 표시하는 램프 중에서 WAN에 접속을 가리키는 램프가 점멸하지 않는 것(외부 인터넷 접속 사용이 없음)을 확인합니다. 해당 램프는 사용하는 공유기나 ONU에 따라 다르므로 사용 설명서 등을 참조하기 바랍니다.

3 스마트폰에 ping 명령어를 사용할 수 있는 앱 설치하기

3G/LTE/5G 같은 무선 인터넷을 사용 가능한 스마트폰에서 구글 플레이 또는 앱스토어에서 ping을 검색해서 ping(4장 11 참조)을 송신할 수 있는 앱을 설치합니다.

4 스마트폰에서 ping 송신하기

스마트폰의 와이파이 기능을 끄고 3G/LTE/5G를 사용하는 무선 인터넷 통신 상태로 만듭니다. 3에서 설치한 앱을 실행해서 1에서 조사한 IP 주소에 ping을 송신합니다. 이렇게 하면 스마트폰 → 휴대전화사업자 네트워크 → 인터넷 → 와이파이 공유기라는 경로로 ping(IP 패킷)이 송신됩니다.

5 와이파이 공유기 본체의 램프 확인하기

여기서 WAN 쪽 접속을 표시하는 램프(와이파이 공유기나 ONU의 UNI 램프, 와이파이 공유기의 WAN 쪽 포트 램프 등)를 확인합니다. ping 송신에 따라(보통 1초 간격) 램프가 점멸하면 스마트폰에서 송신된 IP 패킷이 인터넷을 경유해서 와이파이 공유기에 도착했다고 판단할 수 있습니다.

즉, 1에서 확인한 글로벌 IP 주소를 향해 IP 패킷을 보내면 인터넷의 IP 도달성에 의해서 순식간에 목적지 컴퓨터(여기서는 와이파이 공유기)에 도달합니다.

이때 ping 앱에는 스마트폰에서 ping을 송신해서 인터넷을 통해 와이파이 공유기에 도착한 다음, 와이파이 공유기에서 반응이 다시 인터넷을 통해서 돌아올 때까지 시간(RTT: Round Trip Time, 라운드 트립 타임 등으로 표기)이 표시됩니다(그림 4-5). 이런 시간은 보통 수십~수백 밀리초로 말그대로 순식간에 통신이 이루어지는 것을 알 수 있습니다.

그림 4-5 | ping 송신 도구 예(Ping Analyzer)

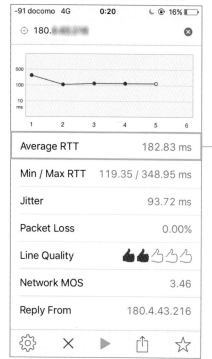

ping을 송신해서 반응이 돌아올
때까지 평균 시간을 나타냄
RTT는 Round Trip Time의 약어

인터넷에 접속하는 방법

인터넷 접속 방법의 선택

인터넷에 접속하려면 이용 목적, 이용 장소, 통신 품질, 비용 등에 따라 선택할 수 있습니다. 크게 유선 회선을 사용하는 접속과 무선을 사용하는 접속으로 분류할 수 있습니다.

유선 회선 접속은 회선을 매설한 건물에서만 이용할 수 있으며 통신 속도가 빠르고 상태가 안정적이라 통신량 제한도 적고 비용도 비교적 싼 편입니다.

무선 접속은 이용 장소의 구애를 받지 않고 어디서나 사용할 수 있지만, 유선보다 통신 속도가 느리고 통신 상태도 변하기 쉽습니다. 정해진 통신량 이상을 사용하면 속도 제한이 걸리기도 하고 비용도 유선 회선에 비해 비싼 편입니다.

광통신 접속

대표적인 유선 접속으로 광통신을 사용한 인터넷 접속이 있습니다(그림 4-6). 접속회선 종류에는 광통신 이외에도 ADSL, CATV 등이 있지만 최근에는 광통신이 주류입니다. 광통신 회선으로 인터넷 이용을 신청하는 방법은 다음과 같은 종류가 있습니다.

- 접속회선 서비스와 ISP 서비스를 별도로 신청
- 접속회선 서비스와 함께 ISP 서비스를 신청
- ISP 서비스 신청과 함께 접속회선 서비스를 신청
- 광통신사업자에 신청

이 중에서 접속회선 서비스는 전화국에서 이용 거점까지 물리적인 회선을 설치하는 서비스로 KT나 SKT 같은 통신사업자가 제공합니다. ISP 서비스는 접속회선 서비스를 통해 주고받는 정보를 인터넷에 중계하는 서비스로 인터넷 서비스 프로바이더(ISP)가 제공합니다. 광통신사업자는 회선 자체는 가지고 있지 않지만 도매로 확보한 접속회선 서비스를 이용해서 접속회선 서비스와 ISP 서비스를 묶어서 자사 서비스로 제공하는 사업자입니다. 나중에 다시 설명합니다.

접속회선 서비스와 ISP 서비스는 원래 각자 따로 제공되지만 선택한 접속회선 서비스 등에 따라 자유롭게 조합하는 경우와 정해진 조합 중에서 고르는 것, 선택 불가능한 경우가 있습니다. 마찬가지로 접속회선 서비스는 그대로 두고 ISP 서비스 회사를 자유롭게 변경 가능한 경우와 그렇지 않은 경우가 있습니다. 한편, 광통신 서비스라면 해당 사업자가 자사 서비스를 포괄적으로 제공하므로 보통은 ISP 서비스만 변경하는 건 어렵습니다.

그림 4-6 | **광회선으로 인터넷 서비스 제공하기**

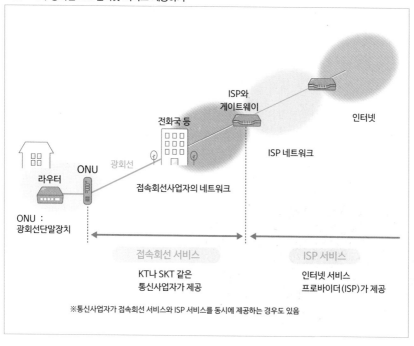

휴대전화 데이터망 접속

무선으로 접속하는 대표적인 방법이 휴대전화 데이터 통신 네트워크를 이용해서 인터넷에 접속하는 방법입니다. 무선으로 접속하면 물리적인 회선을 설치하는 회선 공사가 필요하지 않아 곧바로 이용할 수 있습니다.

휴대전화 데이터 통신 네트워크를 이용한 인터넷 접속은 휴대전화사업자가 제공하는 모바일 와이파이 공유기를 사용해서 회선을 이용하는 경우가 많습니다(그림 4-7). 휴대전화 전파가 통하는 곳이면 모바일 형태의 와이파이 공유기를 통해서 무선랜을 사용할 수 있습니다. 공유기에 접속하면 곧바로 인터넷을 사용할 수 있으므로 인터넷에 존재하는 서버와 통신할 수 있습니다. 스마트폰이라면 스마트폰 테더링 기능을 이용해서 모바일 와이파이 공유기처럼 사용하는 방법도 가능합니다.

무선 접속은 간편하게 인터넷에 접속할 수 있지만 비싼 데이터 통신 비용을 지불할 가능성이 있고, 또는 사용 가능한 데이터양을 순식간에 초과해 속도 제한이나 사용 불가능한 상황이 될 수도 있습니다. 최근에는 전용 플랜으로 무제한 무선 인터넷 접속 서비스를 제공하기도 합니다.

무선을 사용한 인터넷 접속은 유선 회선을 사용하는 인터넷 접속과 통신 속도, 안정성, 요금 등이 다르므로 상황에 맞게 선택해야 합니다.

그림 4-7 | 휴대용 와이파이 공유기(Aterm MR04LN)

PPPoE 접속과 IPoE 접속

광회선을 사용한 인터넷 접속 서비스는 접속회선에서 ISP에 접속하는 방식으로 PPPoE(Point to Point Protocol over Ehternet)와 IPoE(Internet Protocol over Ethernet) 방식을 사용합니다(그림 4-8).

광회선 접속 서비스는 이더넷 사양에 따른 통신 기능을 제공합니다. 즉, 일반적인 랜과 거의 같으므로 그대로 랜처럼 IP 패킷을 사용해서 통신할 수 있습니다.

하지만 광회선을 사용한 접속회선 서비스는 ISP에 접속하려면 사용자 인증이 필요한 경우가 많아 인증 기능이 있는 PPP 프로토콜을 이더넷으로 주고받는 PPPoE 패킷을 광회선에 보내서 PPPoE 데이터 부분에 IP 패킷을 싣는 방식을 채용합니다.

그림 4-8 | PPPoE를 사용하는 경우와 IPoE를 사용하는 경우

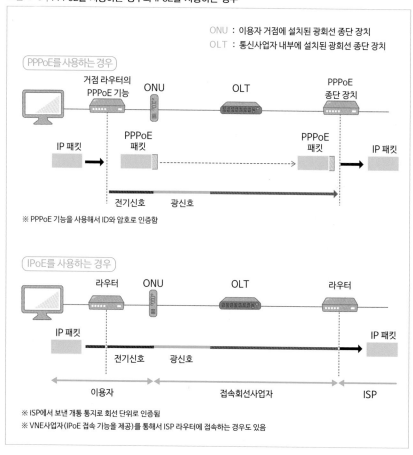

이런 방식은 통신할 때 크지는 않아도 PPPoE 제어 정보가 추가되므로 직접 IP 패킷을 주고받을 때보다 한 번에 보낼 수 있는 데이터양이 줄어 들어 통신 효율이 떨어집니다. 또한 PPPoE 제어 관련 처리가 필요해서 라우터 처리 능력에도 약간의 손해를 보게 됩니다.

이런 점 때문에 새롭게 보급된 IPv6 접속 등에서는 광회선에 IP 패킷을 그대로 송출해서 ISP 쪽의 게이트웨이까지 전송하는 IPoE 방식과 기존과 같은 PPPoE 방식 둘 다 제공하는 경우가 늘어나고 있습니다.

04
접속회선의 종류

접속회선은 어떤 역할을 하는가

인터넷이나 거점간 접속 서비스를 이용하려면 그 사이를 연결하는 통신 회선을 이용하는 거점까지 설치해야 합니다. 이런 목적의 회선은 접속회선 또는 통신 서비스를 제공하는 마지막 구간이라는 의미로 라스트 원 마일(Last one mile)이라고 합니다. 접속회선은 통신 서비스를 이용하는 모든 거점에 설치해야 하고 통신 설비에서 큰 지분을 차지하므로 통신사업자 입장에서 보면 통신 성능은 물론이고 설비 도입, 관리, 운용 비용을 얼마나 줄일 수 있는지가 중요합니다(그림 4-9).

접속회선을 제공하려면 전신주나 공동구(통신, 전력 케이블 등을 공동 수용하는 목적으로 지하에 매설한 시설) 등을 사용해서 물리적인 회선을 곳곳에 펼쳐서 전파를 송수신하는 설비를 건설해야 합니다(그림 4-10).

그림 4-9 | **접속회선**

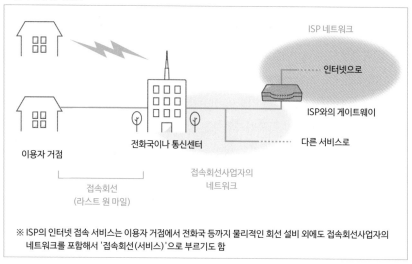

※ ISP의 인터넷 접속 서비스는 이용자 거점에서 전화국 등까지 물리적인 회선 설비 외에도 접속회선사업자의 네트워크를 포함해서 '접속회선(서비스)'으로 부르기도 함

그림 4-10 | 전신주 광케이블에서 가정 등에 분기하는 선을 배분하는 단자함

전신주 케이블에서 가정 등에 분기하는 선을 배분하는 단자함(클로저). 오른쪽은 광회선용, 왼쪽은 금속회선용

이런 작업을 할 수 있도록 인허가를 받은 사업자는 아주 일부에 불과하고 대부분 통신사업자나 전력사업자가 접속회선을 소유합니다.

일본의 경우 2015년에 통신사업자의 광접속회선 서비스를 도매로 판매하기 시작하여 물리적인 회선 설비가 없던 ISP 등이 접속회선 서비스와 접속 서비스를 세트로 제공하는 경우도 늘었습니다.

대표적인 접속회선

접속회선은 유선 또는 무선으로 제공됩니다. 대표적인 유선 접속회선이 광회선입니다. 규격상 최고 통신 속도가 업, 다운 모두 1Gbps인 서비스를 중심으로 일부 사업자 중에는 한정된 지역이지만 최고 속도가 10Gbps인 서비스도 시작했습니다. 보통 광회선은 업, 다운로드 속도가 동일하게 제공됩니다. 광회선을 가정 등에 보급하는 걸 FTTH(Fiber To The Home)라고 하는데 막대한 비용이 들어서 오랫동안 실현되지 못했습니다. 하지만 기술이 발전함에 따라 광케이블이나 관련 기기의 가격이 내려갔습니다. 그리고 통신사업자는 앞으로의 수입원을 전화가 아니라 고속 인터넷 접속 서비스에 주력하기로 방향을 전환하였고, 국가에서도 정보통신 환경정비를 목적으로 지원하여 광회선의 도입이 크게 진행되었습니다. 그 결과 현재는 전화국과의 거리에도 영향을 적게 받고 고품질의 고속 통신을 제공하는 광회선을 사용한 접속회선 서비스를 많은 지역에서 이용할 수 있습니다.

광접속회선을 이용하려면 ONU(Optical Network Unit)를 사용자 거점에 설치합니다 (그림 4-11). 접속회선사업자 기지국 내부에 설치된 OLT(Optical Line Terminal)에서 연장한 광회선은 도중에 광스플리터를 통해서 많으면 32개 정도로 분기되고 여기에 ONU를 접속합니다. 이런 구성으로 ONU는 OLT가 송신한 정보 중에서 자신을 향한 것을 추출하거나(TDM: 시분할 다중화), 다른 ONU와 충돌하지 않도록 OLT가 제시하는 타이밍에 OLT에 정보를 송출하거나(TDMA: 시분할 다중접속), 서로 다른 파장의 빛으로 동시에 업로드와 다운로드 통신을 하는(WDM: 파장분할 다중화) 기능을 갖추고 있습니다.

광회선 이외에도 기존 전화 회선을 이용하는 ADSL(Asynmmetric Digital Subscriber Line), 케이블 TV 회선을 이용하는 CATV(Community Antenna TeleVision)도 사용됩니다. 이 중에서 ADSL은 음성을 전달하려고 만든 전화 회선을 사용해서 최대 다운로드 속도 50Mbps 정도를 제공하는 기술입니다. 무선 2차 변조 방식인 OFDM과 같은 방식으로 통신을 고속화하는 DMT(Discrete MultiTone modulation) 기술을 사용합니다. ADSL은 업로드, 다운로드의 통신 속도가 비대칭으로 다운로드 속도는 50Mbps 정도이지만, 업로드 속도는 수 Mbps 급입니다. ADSL은 기존의 전화 회선을 이용하므로 비용이 낮고 속도도 어느 정도 확보할 수 있습니다. 그런 반면, 이용 거점에서 전화국까지의 거리가 멀어질수록 최대 통신 속도가 떨어지거나 통신 상태가 불안정할 때 잠시동안 통신 불통이 발생하는 등 안정성이 떨어지는 약점이 있습니다.

그림 4-11 | ONU 기기

한때 주류 접속회선이었던 ADSL도 대다수 사업자가 신규 가입 중지 및 서비스를 중단해서 현재는 광회선을 사용할 수 없는 일부 지역에서만 사용하거나 또는 저렴한 비용으로 사용하고자 할 때 사용하는 접속회선으로 한정적인 사용처만 남은 상태입니다.

CATV는 케이블 TV를 볼 때 사용하는 동축 케이블을 이용해서 접속회선 서비스를 제공합니다. ADSL과 마찬가지로 업로드, 다운로드 속도가 비대칭이며 일반적으로 최대 다운로드 속도는 100Mbps 정도, 업로드는 10Mbps 정도입니다. ADSL과 마찬가지로 광회선이 제공되지 않는 지역에서 사용하거나 케이블 TV 서비스와 세트로 인터넷 접속 서비스를 싸게 제공할 때 이용하는 경우가 많습니다.

무선 접속회선 서비스는 아직 일반적이진 않지만 휴대용 단말기에서 3G/LTE/5G 서비스를 이용하거나 전용 기기를 설치하는 경우가 있습니다. 그 외에는 통신 속도는 무척 느리지만 휴대전화와 동등한 서비스 지원 영역에 무척 저렴한 서비스를 제공하는 LPWA(Low Power Wide Area) 통신 서비스가 있습니다. 주로 IoT(Internet of Things) 기기처럼 통신량이 적은 장치가 이용합니다.

최대 통신 속도와 베스트 에포트

접속회선에서 이야기하는 최대 통신 속도는 베스트 에포트(Best effort)로 제공하는 속도입니다. '규격으로 정해진 속도에 근접하도록 최선을 다한다'라는 의미로, 언제나 그 속도를 보장한다는 뜻이 아니기 때문에 해당하는 속도가 나오지 않더라도 제공사업자는 책임을 지지 않습니다. 따라서 통신 상황에 따라 광고에 표시된 속도보다 무척 느린 속도 밖에 나오지 않는 경우도 있습니다. 통신 속도는 같은 설비를 공유하는 다른 이용자의 영향도 받으므로 처음에는 광고하던 속도만큼 나오던 것이 시간이 지날수록 느려지는 현상도 종종 있습니다.

속도 측정

측정의 목적

인터넷 접속의 좋고 나쁨을 평가하는 척도에는 통신 지연, 혼잡도, 안정성, 요금 등 몇 가지 지표가 있지만, 일반적으로 가장 중요한 요소는 실제 통신 속도입니다. 충분히 빠른 속도가 변함없이 나온다면 인터넷 접속이 양호한 상태라고 볼 수 있습니다.

인터넷 접속 속도를 측정하는 상황은 인터넷 속도가 느려지거나 통신 속도 상태를 숫자로 표시하고 싶을 때, 기기를 교환한 후 상태 확인 등이 있습니다. 또한, 어쩐지 통신 속도가 느린 것 같으면 어디에 문제가 생겼는지 확인하는 목적으로 속도를 측정하기도 합니다. 예를 들어, 가정 내에서 무선랜을 사용할 때와 유선랜을 사용할 때 각각 같은 서버의 속도를 측정해보면 늦어지는 원인이 무선랜인지, 공유기 이후(라우터, 접속회선, ISP, 인터넷 등)인지 추측할 수 있습니다.

네트워크 속도 측정은 단말기 하나만 있으면 되는 게 아니라 속도 측정 대상이 될 컴퓨터도 필요합니다. 속도를 측정할 때마다 컴퓨터를 준비하기 힘들므로 보통은 통신사업자나 콘텐츠 프로바이더 등이 제공하는 속도 측정 서비스를 이용합니다. PC에서 웹사이트에 접속하는 방법 또는 스마트폰에서 측정 앱을 다운로드해서 이용하는 방법이 일반적입니다.

하지만 이런 속도 측정은 각 서비스가 독자적으로 설정한 접속 조건이나 측정 방법을 이용하므로 측정 결괏값만 보는 게 아니라 측정 방법이나 조건을 제대로 확인하고 측정 결괏값을 분석해야 합니다.

측정 구간과 측정 조건

속도 측정 서비스를 이용하면 실제로 측정용 서버와 통신한 후에 통신 속도(1초 동안 보낼 수 있는 데이터양으로 단위는 Mbps나 kbps 등)와 라운드 트립 타임(RTT, 측정용 서버까지 패킷이 갔다가 돌아올 때까지 걸린 시간으로 단위는 밀리초 등) 같은 값이 표시됩니다. 측정에 사용할 측정용 서버 설치 장소는 1) 접속회선사업자의 네트워크 내부, 2) ISP 네트워크 내부, 3) 국내 인터넷, 4) 해외 인터넷 등 네 종류로 분류할 수 있습니다(그림 4-12). 각각의 측정 구간이 달라서 예를 들어 1)의 경우 측정자가 사용하는 단말 상황 + 측정자의 로컬 네트워크 상황 + 접속회선사업자의 네트워크 상황 + 측정 서버 상황이 반영된 측정값입니다. 속도 측정 서비스를 이용한다면 얻은 측정값에 어떤 상황이 반영되는지 의식하는 것부터 시작해야 합니다.

대부분의 속도 측정 서비스는 통신 속도를 업로드(측정 단말 → 네트워크)와 다운로드(네트워크 → 측정 단말)로 나눠서 측정합니다. 주목할 부분은 다운로드 속도인데, 웹 사이트를 보거나 인터넷에서 파일을 다운로드하는 등 네트워크에서 대량의 정보를 받을 때 중요하기 때문입니다.

그림 4-12 | **측정 서버의 위치와 영향**

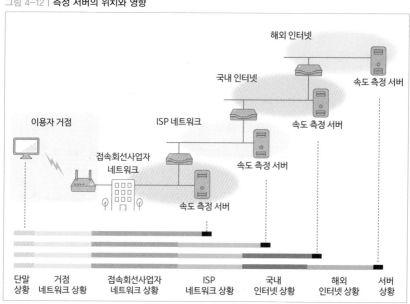

한편, 업로드 속도는 TV 회의나 서버 설비처럼 단말에서 네트워크에 대량으로 정보를 보낼 때 영향을 줍니다. 업로드 속도에 민감한 애플리케이션은 다운로드에 비해 그 수가 적습니다(그림 4-13).

그림 4-13 | 업로드, 다운로드 통신 속도가 필요한 경우

속도 측정 서비스에 따라서 단일 세션 측정과 다중 세션 측정을 선택할 수 있는 경우가 있습니다. 이건 접속을 하나만 써서 측정할 것인가, 여러 개의 접속을 동시에 사용해서 측정할 것인가를 선택하는 옵션입니다(그림 4-14). 통신 지연 등의 원인으로 TCP/IP 접속 하나로는 통신 대역 전부를 사용하는 측정은 어렵습니다. 따라서 다중 세션 측정은 네트워크 대역폭 전부를 사용했을 때 속도를 측정하는 목적으로 동시에 다수의 접속을 사용합니다. 한편, 단일 세션은 하나의 애플리케이션에서 사용 가능한 최대 대역폭을 측정할 수 있습니다. 측정하고 싶은 항목에 따라 옵션을 선택하면 됩니다.

그 외에도 측정에 사용하는 데이터 종류로 압축률이 높은 데이터를 사용할지, 압축률이 낮은 데이터를 사용할지를 선택하는 경우가 있습니다.

그림 4-14 | 단일 세션 측정과 다중 세션 측정

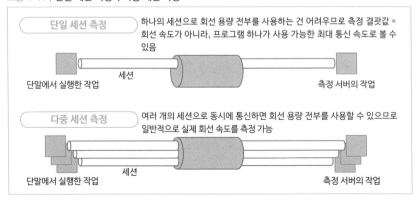

경로 도중에 데이터가 압축되어서 전송될 때 어떤 값이 나오는가 확인하기 좋은 항목으로 고압축률을 선택하면 실제로 주고받을 수 있는 데이터양에 가까운 값이 되고, 저압축률을 선택하면 회선 통신 속도에 가까운 값이 됩니다(그림 4-15).

그림 4-15 | 압축률이 높으면 실제 통신 회선 속도가 반영되기 어려운 이유

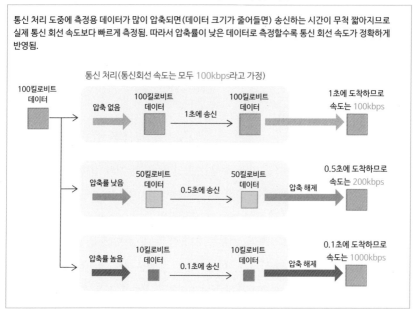

측정 시 주의점

네트워크 이용 상황은 시시각각 변화하므로 반복 측정해서 비교할 값을 구하는 것이 좋습니다. 만약 그럴 상황이 아니라면 다른 날의 같은 시간대에 측정하거나, 기기 및 접속회선을 동일하게 사용하는 등 가능한 측정 조건을 일치시키는 것이 중요합니다. 또한 제삼자가 측정한 결과와 비교할 때는 측정한 시간대나 요일, 접속 회선사업자, ISP, 측정 위치 등의 조건을 잘 살펴보기 바랍니다.

06

NAT/NAPT

NAT/NAPT의 기능

NAT/NAPT는 IP 주소를 정해둔 규칙에 따라 변환하는 기능으로 주소 변환이라고도 합니다. NAT/NAPT를 사용하면 NAT/NAPT 내부(로컬)에 있는 단말은 원래 IP 주소가 아닌 별도의 IP 주소를 사용합니다.

이름은 비슷하지만 NAT(Network Address Translation)와 NAPT(Network Address Port Translation)는 서로 다르게 동작합니다. NAT는 주소만 변환하는 기능을 뜻하고 변환 전과 후의 주소는 1:1이 됩니다. 이에 비해 NAPT는 포트 번호 변환도 포함한 기능으로 변환 전과 후의 IP 주소는 n:1이 됩니다. 즉, 각각의 IP 주소를 가진 여러 대의 단말이 있더라도 NAPT를 통하면 모두가 하나의 IP 주소를 사용하도록 변환됩니다. 포트 번호도 동시에 변환하기 때문에 가능한 변환 방법입니다. NAT와 NAPT는 서로 다른 기술이지만, 요즈음은 단순히 NAT라고 하면 NAPT를 뜻하는 경우가 많습니다. 그리고 NAPT를 IP 마스커레이드(Masquerade)라고 부르기도 합니다.

NAPT는 사무실이나 가정용 네트워크에서 사용하는 프라이빗 IP 주소를 인터넷에서 유일한 글로벌 IP 주소로 변환하는 목적으로 널리 사용합니다(그림 4-16). NAPT를 사용하면 프라이빗 IP 주소가 할당된 여러 단말이 하나의 글로벌 IP 주소를 이용해 인터넷에 접속할 수 있습니다.

그림 4-16 | 라우터의 NAPT 기능을 사용하는 전형적인 예

라우터 내장 NAPT 기능을 사용해서 프라이빗 IP 주소를 글로벌 IP 주소로 변환함

인터넷

라우터

프라이빗 IP 주소   글로벌 IP 주소

이런 복잡한 과정을 거쳐야 하는 배경에는 글로벌 IP 주소가 세계적으로 바닥을 보이고 있는 IPv4의 IP 주소 고갈 문제가 있는데, NAPT를 이용해서 글로벌 IP 주소 부족을 어떻게든 해소하고 있는 것이 현재 상태입니다.

그 외에도 NAPT 외부(인터넷)에서 NAPT 내부(로컬)로는 접속할 수 없고, 내부 IP 할당 상황이나 단말 대수 같은 정보를 외부에서 파악할 수 없으므로 방화벽을 대신하진 못해도 간략한 보안 대책처럼 사용하는 경우도 있습니다.

한편, IPv6라면 IP 주소 공간이 넓어서 주소가 고갈될 일이 없으므로 이런 문제를 해결할 목적으로는 NAT/NAPT를 사용하지 않습니다. 또한, 보안 대책은 방화벽 필터 등을 사용하는 게 바른 대응법입니다.

NAT/NAPT의 동작

NAT/NAPT 기능은 네트워크에 설치된 독립된 기기를 사용하기도 하지만 라우터에 내장된 기능을 이용하는 경우가 많습니다. 엣지 라우터는 물론 가정용 와이파이 공유기에도 NAT/NAPT 기능이 탑재되는데 특히 NAPT 기능은 인터넷 접속에 필수입니다.

이제 라우터에 내장된 IPv4의 NAT/NAPT 동작 모습을 설명합니다. NAT는 내부에 있는 단말이 인터넷에 IP 패킷을 전송할 때 거기에 포함된 프라이빗 IP 주소를 자신이 확보한 글로벌 IP 주소 중 하나로 바꿔 씁니다(그림 4-17). 전송 방향이 반대, 즉 인터넷에서 내부의 단말에 전송할 때는 반대로 바꿔 씁니다. 이렇게 변환하면 인터넷 서버 입장에서는 내부에 있는 단말이 글로벌 IP 주소를 가진 것처럼 보이므로 인터넷 서버와 정상적으로 통신할 수 있습니다. 이 방법은 동시에 통신하는 내부 단말 대수만큼 글로벌 IP 주소가 필요합니다. 즉, 만약 사용 가능한 글로벌 IP 주소가 1개 밖에 없다면 동시에 통신 가능한 단말은 한 대가 됩니다. 따라서 IP 주소 고갈 문제 해결에는 그다지 도움이 되지 않습니다.

한편, NAPT는 인터넷에 IP 패킷을 전송할 때 프라이빗 IP 주소와 포트 번호 조합을 라우터의 글로벌 IP 주소와 라우터가 관리하는 포트 번호 조합으로 교체합니다(그림 4-18). 방향이 반대라면 같은 방법으로 반대로 교체합니다.

그림 4-17 | NAT의 동작

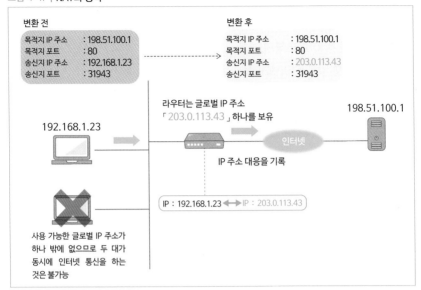

그림 4-18 | NAPT의 동작

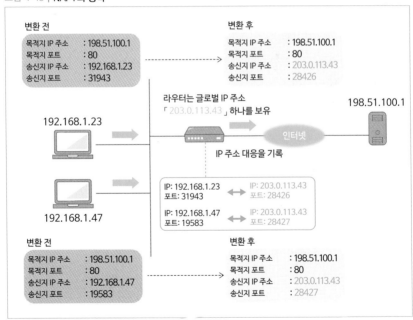

하나의 IP 주소를 이런 변환으로 공유할 수 있는 것은 TCP/IP 패킷에 목적지 IP 주소와 목적지 포트 번호 이외에도 송신지 IP 주소와 포트 번호가 포함되기 때문입니다. 다수의 내부 단말이 보내는 통신은 변환 후의 포트 번호를 바꾸는 것으로 외부 서버에서 보면 같은 단말에서 보내는 접속처럼 보입니다.

NAT/NAPT 문제를 해결하는 NAT 통과

일반적인 웹 접속, 메일, 파일 전송, SNS 등이라면 NAT/NAPT로 문제가 생기는 경우는 거의 없지만, 인터넷 전화나 화상 통신 회의 같은 애플리케이션이나 게임 전용 기기 등은 올바르게 동작하지 않는 경우가 있습니다.

NAT/NAPT를 통해서 통신하는 단말은 자신이 인식하는 IP 주소와 외부 서버에서 받는 패킷에 포함된 송신지 IP 주소가 서로 다릅니다. 따라서 단말에서 패킷의 데이터 부분에 자신의 IP 주소를 포함시키면 그걸 받은 외부 서버가 혼란을 일으키는 원인이 됩니다.

이런 상황에 대응하려고 다양한 NAT 통과(NAT Passthrough) 기술이 개발되었는데 NAT/NAPT에는 다양한 방식이 존재하고 상세한 내용은 일반적으로 공개되지 않으므로 모든 경우에 대응할 수 있는 NAT 통과 방법은 아직 존재하지 않습니다. 따라서 상황에 따라서는 포트를 개방하는 등 수동으로 대응해야 합니다.

COLUMN | 다중 NAT/NAPT

NAT/NAPT 기능이 있는 라우터를 여러 개 설치하면 NAT/NAPT가 이중, 삼중으로 중복될 가능성이 있습니다. 만약 그런 상황이 발생해도 웹이나 메일 등은 큰 문제 없이 사용할 수 있지만, NAT 통과가 필요한 애플리케이션은 문제가 생깁니다. 따라서 다중 NAT/NAPT 접속은 피하는 것이 좋습니다.

예를 들어, 이미 NAT/NAPT 기능을 사용 중인 라우터가 설치되어 있고 거기에 와이파이 공유기를 연결한다면 와이파이 공유기는 라우터(공유기) 모드가 아니라 브릿지 모드로 바꿔서 NAT/NAPT 기능을 사용하지 않도록 설정합니다.

07 도메인명과 DNS

도메인명이란

네트워크 계층으로 IP를 사용하는 현대의 네트워크 구성은 통신 상대방을 특정할 목적으로 IP 주소를 사용합니다. 예를 들어 IPv4의 IP 주소는 8비트 값 4개를 조합한 총 32비트 값으로, 192.168.1.1처럼 0~255 범위의 4개의 값을 온점(.)으로 구분하여 표기합니다.

무척 체계적인 표기법이지만 숫자 나열에 어떤 의미를 부여하거나 연상하기 힘들며 외우기도 어렵습니다. 네트워크에 있어 사람이 외우기 쉬운 의미가 있는 이름을 컴퓨터에 부여하는 도메인명(Domain name)과 도메인명과 IP 주소를 상호 변환하는 구조인 DNS가 큰 역할을 담당합니다.

도메인명 할당 기구

예를 들어 인터넷에 www.example.com이란 웹서버가 있다고 합시다. 이 도메인명은 전 세계에서 유일한 이름으로 해당하는 이름에 대응하는 IP 주소가 정해져 있습니다(그림 4-19). 도메인명에 대응하는 IP 주소는 하나일 수도 있고 여러 개가 될 수도 있습니다.

그림 4-19 | **도메인명의 구조**

| CHAPTER 4 | 인터넷과 네트워크 서비스 **193**

ICANN(Internet Corporation for Assigned Names and Numbers, 국제인터넷주소관리기구)은 이름이 중복되지 않도록 도메인명을 할당하고 관리하는 조직으로 톱레벨 도메인(TLD: Top Level Domain)을 관리합니다. 도메인에는 몇 가지 종류가 있는데, 기본적인 것으로 gTLD(.com, .net, .org 같은 분야별 도메인), ccTLD(.kr, .de 같은 국가별 도메인) 등이 있습니다.

TLD 이하의 도메인을 실제로 관리하는 건 위임받은 레지스트리(Registry, 관리조직)가 담당합니다. 예를 들어 미국 베리사인(VeriSign)사는 .com, .net을, 한국인터넷진흥원(KISA)은 .kr을 관리합니다. 이런 레지스트리는 해당하는 TLD를 사용하는 도메인명을 할당하고 DNS를 운용합니다.

일반 사용자가 도메인명을 이용하려면 도메인 등록이 필요합니다. 이런 등록을 받는 창구가 레지스트라(Registrar)입니다(그림 4-20). 레지스트라는 레지스트리와 계약해서 도메인 이용을 희망하는 사람한테서 등록이나 변경 요청을 접수합니다. 그 외에도 레지스트라와 계약해서 도메인명을 등록, 변경하는 리셀러(Reseller)라고 하는 기업도 있으며 이들이 서로 경쟁하면서 다양한 서비스를 제공합니다.

그림 4-20 | 도메인명 할당 기구

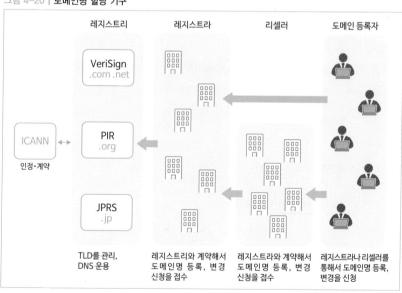

도메인명의 종류

예전에는 gTLD라고 하면 .com, .net, .org, .edu, .gov, .mil 정도만 있었지만, 2000년 무렵 새로운 gTLD가 등장했습니다. 새로운 gTLD는 .info, .biz, .name 등의 범용적인 것, .tokyo, .osaka, .nagoya 같은 지역명, .travel, .mobi 같은 특정 기업용(sTLD), 기업명이나 브랜드명을 붙인 것 등으로 계속해서 늘어나고 있습니다. 또한 ccTLD 중 한국에서 사용하는 .kr 도메인은 범용 kr 도메인(.kr), 지역형 kr 도메인(행정구역.kr), 속성형 kr 도메인 등 종류로 규정되어 있습니다(그림 4-21).

그림 4-21 | 도메인명의 종류

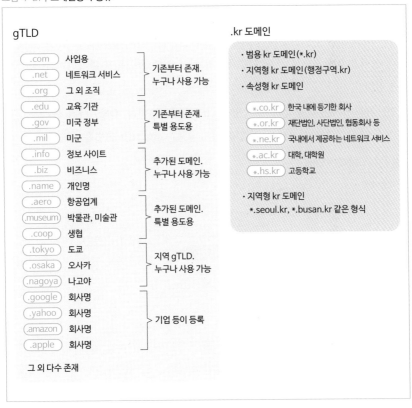

DNS의 개요

DNS(Domain Name System)는 도메인명(컴퓨터에 부여된 계층적인 이름)과 IP 주소를 상호 변환하는 시스템입니다. DNS는 웹, 메일, SNS, 음성/동영상 스트리밍, 파일 전송 같은 거의 모든 인터넷 서비스에서 사용하며, 인터넷의 근간이라고도 해도 과언이 아닌 서비스입니다.

DNS가 하는 변환 중에 도메인명에서 IP 주소를 구하는 걸 정방향, 그 반대를 역방향이라고 합니다. 이런 변환을 총칭해서 이름 해석(Domain name resolution)이라고 부릅니다(그림 4-22).

DNS 이름 해석은 특정한 컴퓨터가 혼자서 모두 처리하는 게 아니라 도메인 계층(.으로 구분된 요소)마다 분산해서 설치된 DNS 서버가 서로 협조해서 이루어집니다. 이런 형식을 일반적으로 분산 협조형이라 하고 신뢰성이 높고 관리하기 쉬운 것이 특징입니다.

한편, DNS에서는 각종 문의나 응답에 UDP 포트 53번을, DNS 서버 사이에 정보 복제 등의 목적으로 사용하는 존 전송(Zone transfer)에 TCP 53번을 사용합니다.

그림 4-22 | **정방향, 역방향**

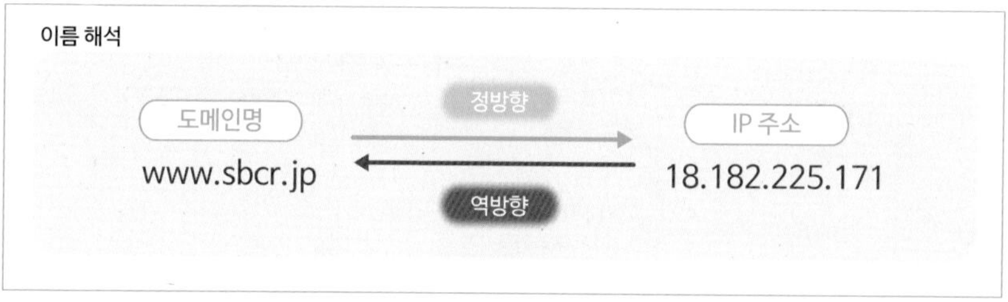

DNS의 동작

서버, 단말, 각종 기기에서 동작하는 프로그램은 네트워크를 통해서 접속하려는 대상에 도메인명이 지정되어 있으면, 일단 해당하는 도메인명을 IP 주소로 변환하고 그렇게 얻은 IP 주소를 지정해서 대상과 통신을 시작합니다. 이런 변환에 DNS를 사용합니다.

네트워크를 이용하는 단말의 네트워크 설정에는 이런 변환을 할 때 접속할 DNS 서버가 지정되어 있습니다. DNS 서버 지정에는 도메인명뿐만 아니라 IP 주소도 설정 가능합니다. DHCP를 사용해서 네트워크를 설정하면 보통은 DNS 서버도 자동 설정됩니다.

DNS는 크게 나눠서 컨텐트(Content) 서버, 캐시(Cache) 서버(풀서비스 리졸버), 컴퓨터 내부의 스터브 리졸버(Stub resolver)로 구성됩니다. 프로그램이 이름 해석을 요청할 때 일차적으로 요청을 받아서 컴퓨터 내부에서 처리하는 것이 스터브 리졸버의 역할입니다. 스터브 리졸버는 요구에 기초해서 캐시 서버에 이름 해석을 요청합니다. 그러면 캐시 서버가 컨텐트 서버에 순차적으로 접속해서 단계별로 필요한 이름을 해석하고, 그 결과는 스터브 리졸버로 되돌아 옵니다. 그리고 스터브 리졸버가 다시 프로그램에 해석한 결과를 전달합니다.

그림 4-23은 DNS 동작 예입니다. 이 그림에서 브라우저 같은 프로그램이 www.example.kr이란 도메인명을 가진 컴퓨터에 접속한다고 합시다. 접속을 시작하기 전에 도메인명을 IP 주소로 변환하는 이름 해석부터 시작합니다.

프로그램에서 이름 해석 의뢰를 받은 스터브 리졸버는 이름 해석 요청을 캐시 서버에 보냅니다. 그러면 캐시 서버는 제일 먼저 루트 DNS 서버라고 하는 특별한 서버에 문의합니다.

그림 4-23 | DNS의 동작

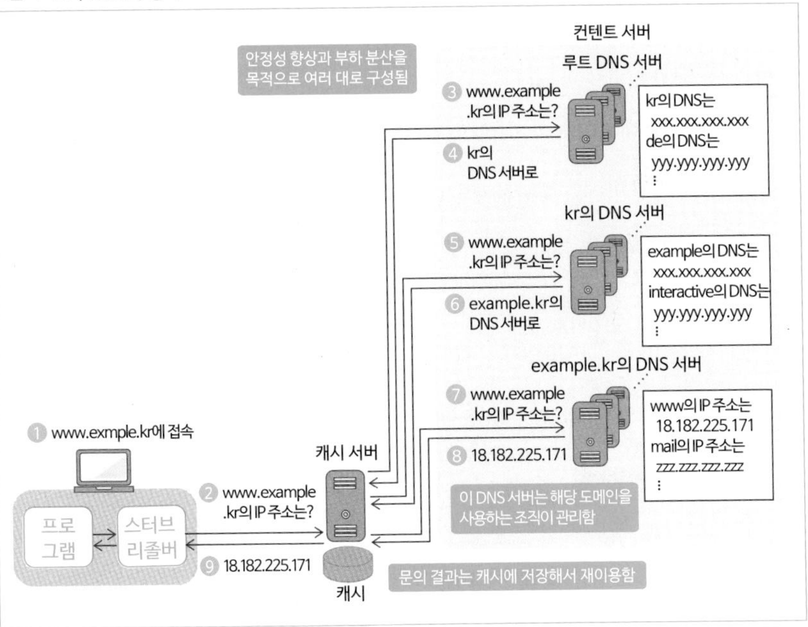

kr 도메인을 관리하는 DNS 서버의 IP 주소를 알 수 있으므로 그다음은 해당하는 DNS 서버에 문의합니다. 그러면 이번에는 example.kr을 관리하는 DNS 서버의 IP 주소를 알려주므로 그 DNS 서버에 www.example.kr에 대해서 문의합니다. example.kr을 관리하는 DNS 서버는 자신이 www.example.kr에 대응하는 IP 주소를 알고 있으므로 대응하는 IP 주소를 돌려줍니다. 이런 응답을 받은 캐시 서버가 스터브 리졸버에 응답을 반환하면 응답으로 받은 IP 주소는 프로그램에 전달됩니다. 이런 식으로 각 기능이 서로 협조하면서 이름 해석이 이루어집니다.

단계별로 문의해서 취득한 정보는 일정 기간 동안 동일한 문의가 오면 바로 응답할 수 있도록 캐시라고 하는 영역에 저장되어 문의 횟수를 줄일 수 있습니다. 하지만 계속해서 정보를 쌓아 두면 서버에서 변경된 정보가 반영되지 않으므로 캐시된 정보는 유효 기간을 설정해두고 그 기간이 지나면 다시 각 DNS 서버에 문의해서 정보를 갱신합니다.

한편, 가정용 와이파이 공유기나 엣지 라우터에 탑재된 DNS 포워더 기능(DNS Forwarder(전달자), DNS 문의 전송과 캐시 저장)을 이용하려고 단말의 DNS 서버 설정에 라우터의 IP 주소를 지정하는 경우가 많습니다. 그림 4-24는 DNS 포워더를 이용하는 예입니다.

그림 4-24 | **DNS 포워더의 기능**

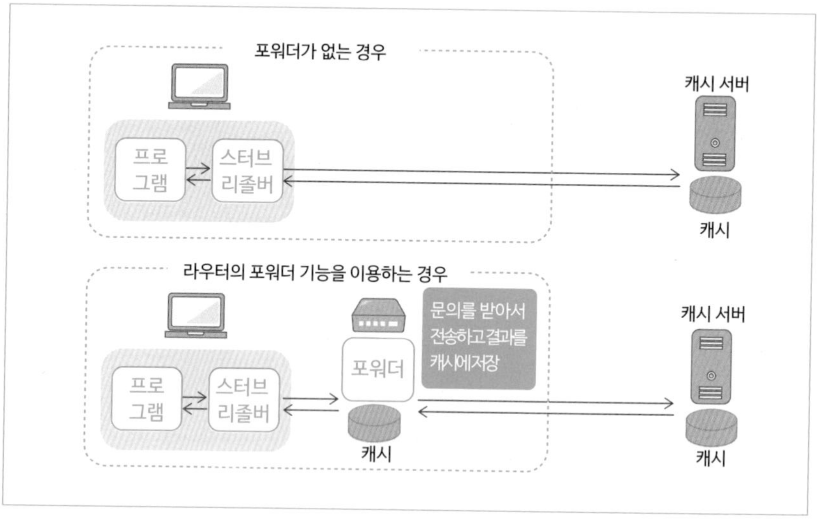

CHAPTER 4
Internet
and
Network
Services

웹과 HTTP

하이퍼텍스트와 URL

수많은 정보가 오가는 WWW(World Wide Web, 약칭은 Web(웹))는 서버에 저장된 하이퍼텍스트(Hypertext) 형식으로 작성한 문서를 네트워크를 통해서 보거나 다운로드하는 기능을 제공하는 서비스입니다. 하이퍼텍스트는 텍스트 파일 내부에 하이퍼링크(Hyperlink, 다른 문서에 대한 참조 정보)를 통해서 문서끼리 연결하거나, 파일 하나로 표시하기에 불가능한 방대한 정보를 제공할 수 있습니다. WWW는 주로 HTML(HyperText Markup Language)을 사용해서 하이퍼텍스트를 작성합니다(그림 4-25).

하이퍼텍스트 기능을 구현하려면 웹에 존재하는 문서나 각종 파일을 가리키는 방법이 필요한데, 그 방법이 URL(Uniform Resource Locator)입니다. URL은 웹브라우저에서 접속할 웹서버 주소를 지정할 때 사용하며 일반적으로 홈페이지 주소라고 합니다.

그림 4-25 | **하이퍼텍스트 개념**

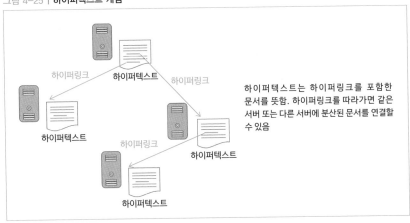

웹에서 사용하는 URL은 스킴(Scheme), 호스트명Host), 경로(Path) 크게 세 부분으로 나눌 수 있습니다. 스킴은 사용하는 프로토콜 종류 등을 지정하는데 http, https, ftp, mailto 등이 사용됩니다. 호스트명은 문서가 저장된 컴퓨터(서버)를 지정하는 것으로 도메인명이나 IP 주소를 지정합니다. 경로는 호스트명으로 지정한 컴퓨터 내부에 존재하는 문서 위치를 가리키고, 저장 위치(/xxx/yyy/ 형식)와 대상 파일명을 지정합니다. 경로를 생략하면 기본 문서(서버에서 설정한 기본 파일)가 지정된 것처럼 동작합니다.

그 외에도 서버가 사용하는 포트 번호(http라면 80번)나 인증에 사용하는 사용자명, 암호를 URL 일부로 지정 가능합니다(그림 4-26).

URL과 비슷한 단어로 URI(Uniform Resource Identifier)가 있습니다. URI는 보다 넓은 개념을 뜻하며 URL과 URN(Uniform Resource Name, 위치가 아니라 이름을 가리키는 것) 양쪽의 의미를 내포합니다. 따라서 URL을 URI라고 불러도 틀린 말은 아니므로 기술 문서 등에서는 URL을 URI라고 표기하기도 합니다.

그림 4-26 | 웹에서 사용하는 URL 구성

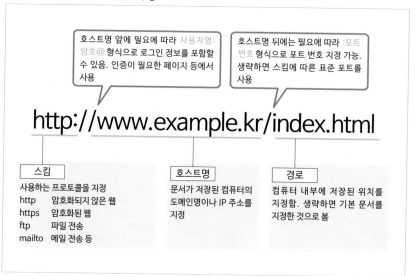

웹에 접속하는 방법

웹브라우저 등을 사용해서 웹서버에서 정보를 받아오거나 웹서버에 정보를 보내는 통신은 HTTP(HyperText Transfer Protocol) 또는 HTTPS(HyperText Transfer Protocol Secure)를 사용합니다. HTTPS는 HTTP 통신을 SSL/TLS로 암호화한 것으로, 주고받는 내용 자체는 HTTP와 같습니다(5장 12 참조). HTTP 통신은 TCP 80번 포트를 사용합니다.

HTTP 통신은 클라이언트에서 요청 하나를 보내고 서버가 응답 하나를 돌려주는 형태로 이루어집니다(그림 4-27). 복수의 요청이 응답 하나로 합쳐지지 않고 반드시 요청 하나에 응답 하나가 돌아와서 통신이 완결됩니다. 이전의 통신이 어떤 내용이었는지 즉, 서버가 어떤 상태인가에 따라 처리가 달라지는 경우는 없습니다. 실제로 웹서비스를 이용할 때 로그인 여부에 따라 동작이 달라지는 경우가 있지만 이는 이용자가 로그인 상태인지를 서버가 기억해서 동작이 변하는 것이 아닙니다. ID와 암호 정보를 클라이언트가 저장해뒀기 때문에 로그인이 필요한 페이지가 있을 때 ID와 암호를 첨부해서 요청하면 읽을 수 있지만, ID와 암호 없이 요청하면 거부되는 동작 방식입니다.

그림 4-27 | HTTP 요청과 응답

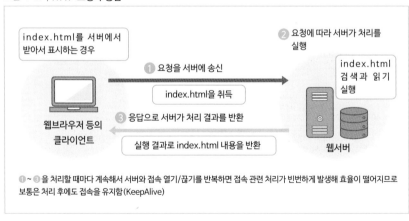

웹브라우저 등의 클라이언트

웹서버

●~❸을 처리할 때마다 계속해서 서버와 접속 열기/끊기를 반복하면 접속 관련 처리가 빈번하게 발생해 효율이 떨어지므로 보통은 처리 후에도 접속을 유지함(KeepAlive)

이렇게 상태에 따라 처리 내용이 좌우되지 않는 방식을 스테이트리스(Stateless)라 하고 HTTP의 주요 특징입니다.[1]

HTTP 요청과 응답

HTTP 요청(Request)과 응답(Response)은 텍스트가 기본값입니다. 서버에서 받는 정보에는 텍스트 정보 이외에도 이미지와 같은 바이너리 데이터도 있습니다.

클라이언트가 웹서버에 접근할 때는 서버의 TCP 포트 80번에 접속한 후 해당 접속을 사용해 서버에 요청을 송출합니다. 클라이언트에서 서버로 송출하는 요청 형식의 정의는 그림 4-28과 같습니다.

요청을 받은 서버는 메서드(Method)에 따라 정의된 처리를 한 후 처리 결과를 응답으로 반환합니다. 응답은 그림 4-29와 같은 형식으로 정의됩니다.

그림 4-28 | HTTP 요청 형식

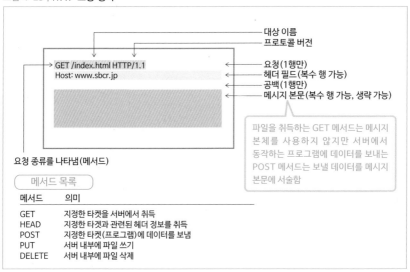

---

1 HTTP는 주고받는 정보에 제약이 적고 스테이트리스인 간결한 프로토콜이므로 웹서버 접속 이외에 네트워크를 경유하는 프로그램 호출(REST, SOAP), 파일 서버 서비스, 동영상이나 음성 스트리밍 등에도 사용됩니다.

202

그림 4-29 | HTTP 응답 형식

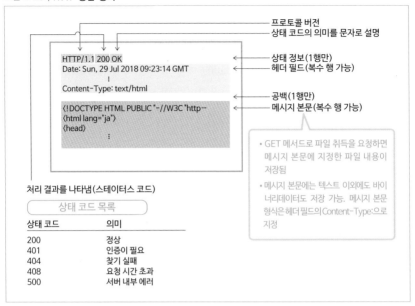

인증 방법

HTTP에 있어 인증이란 어떤 URL을 요청할 때 HTTP 방식에 따라 ID와 암호를 요구하고 둘이 일치하면 해당하는 요청을 실행하는 동작을 뜻합니다. 보통은 간이 로그인 화면 등에서 사용합니다.

HTTP 인증에는 Basic 인증과 Digest 인증 두 종류가 있습니다. Basic 인증은 ID 와 암호를 평문으로 보내기 때문에 위험하므로 Digest 인증은 해시(Hash) 함수로 생성한 다이제스트를 이용해서 안전성을 높였습니다. 하지만 통신을 암호화하는 HTTPS는 Basic 인증도 안전하게 이용할 수 있습니다. 요즘에는 상시 SSL화(항상 HTTPS를 이용)가 늘고 있어 Basic 인증도 계속해서 사용할 것으로 예상됩니다.

그림 4-30은 Basic 인증 과정입니다. 서버에서 인증이 필요하다고 지정한 영역에 저장된 파일을 클라이언트가 요청하면 서버는 상태 코드 401(인증이 필요) 응답을 돌려줍니다. 이 응답에는 WWW-Authenticate 헤더가 포함되고 헤더 내용에는 서버가 요구하는 인증 방식과 인증영역명(인증이 필요한 영역의 이름)이 지정되어 있습니다.

이런 응답을 받은 클라이언트는 사용자에게 ID와 암호 입력을 요구합니다. 사용자가 로그인 정보를 입력하면 ID와 암호로 인증 정보를 만들어서 Authorization 헤더를 추가한 요청을 재작성해서 서버에 보냅니다. 이 요청에는 인증에 필요한 정보가 포함되어 있으므로 서버는 상태 코드 200(OK)과 요청된 파일 내용을 반환합니다. Authorization 헤더 인증 정보에는 사용자명과 암호를 '사용자명:암호' 형태로 묶고 Base64 방식으로 변환한 값을 사용합니다. Base64는 암호화가 아니라 단순한 형식 변환이므로 노출되면 위험합니다.

그림 4-30 | 인증용 헤더와 동작 방식

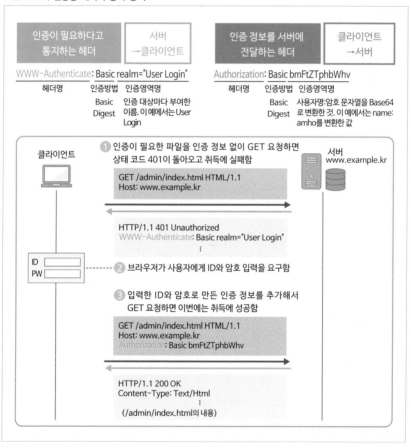

쿠키 사용법

쿠키(Cookie)는 저용량 문자 정보를 클라이언트에 저장해두는 기법입니다(그림 4-31). 서버가 보낸 정보를 클라이언트에 저장해두고 이후에 접속할 때 그 정보를 포함해서 서버에 보냅니다. 이런 쿠키에는 서비스 최종 사용일시, 관람 이력이나 광고, 사용자명 등이 저장되어 있어 웹사이트를 편리하게 사용할 수 있습니다.

쿠키를 주고받을 때도 HTTP 헤더를 사용합니다. 서버가 클라이언트에 쿠키를 저장하도록 요구하려면 응답에 Set-Cookie 헤더를 지정합니다. 헤더에는 쿠키명과 대응하는 값, 관련된 몇 가지 옵션이 포함됩니다. 이런 헤더를 받은 클라이언트는 쿠키명과 대응하는 값을 저장해 둡니다.

그림 4-31 | **쿠키를 사용하는 동작 예**

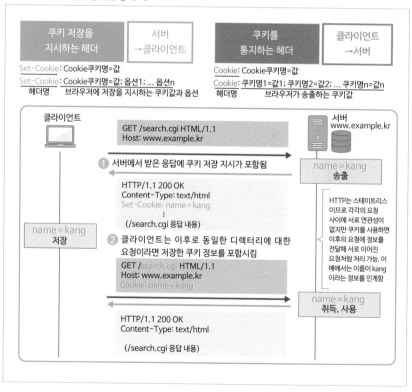

이후 클라이언트에서 동일한 URL을 요청할 때 클라이언트는 쿠키 헤더를 추가해서 쿠키명과 값을 담은 요청을 작성합니다. 이런 정보를 받은 서버는 헤더에서 쿠키명과 값을 찾아서 처리에 이용합니다.

클라이언트 요청의 쿠키 포함 여부는 따로 옵션을 지정하지 않으면 쿠키를 받은 곳과 동일한 디렉터리에 대해서만 유효합니다. 만약 Set-Cookie 헤더에 쿠키 송출 대상 옵션이 있으면 해당하는 경로에 대한 요청도 쿠키 정보를 포함할 대상이 됩니다. 그 외에도 쿠키 유효 기간 같은 옵션이 있습니다(표 4-1).

쿠키 정보는 노출될 가능성이 있어 안전하지 않으므로 중요한 정보를 저장하거나 주고받는 건 피해야 합니다.

표 4-1 | 주요 Set-Cookie 헤더 옵션

서식	의미
Expires=날짜(※1)	쿠키 유효 기간을 날짜로 지정함. Max-Age와 이 옵션이 모두 지정되어 있지 않으면 브라우저 종료 시까지 유효함
Max-Age=날짜(※1)	쿠키가 유효한 시간을 초로 지정함. Expires와 이 옵션이 모두 지정되어 있지 않으면 브라우저 종료 시까지 유효함
Path=경로	쿠키 송출 대상이 되는 경로를 지정함. 지정하지 않으면 요청한 파일이 포함된 디렉터리
Domain=도메인명	쿠키 송출 대상이 되는 도메인명을 지정함. 미지정 시 쿠키를 보내온 서버의 도메인명
Secure	HTTPS로 통신할 때만 쿠키를 송출함
HttpOnly	쿠키에 대한 접근은 HTTP에 한정되고 자바스크립트에서 하는 조작은 금지

※1. 날짜는 '요일, 일-월-년 시:분:초 GMT' 형식(예: Wed, 03-Oct-18 14:37:00 GMT)

09

이메일

이메일의 송수신 구조

이메일(E-mail)은 인터넷 상용 서비스가 시작되기도 전에 사용했던 유서 깊은 대화 도구입니다. 최근에는 스마트폰 등에서 손쉽게 이용할 수 있는 SNS가 인기이지만, 연간 단위로 기록을 남기거나 각종 파일을 첨부 가능, 문서화, 전 세계 어디에서나 이용 가능, 높은 안정성 등을 이유로 이메일은 비즈니스 사용자를 중심으로 여전히 널리 쓰이는 서비스입니다.

이메일은 사양이 모두 공개되어 있고 무척 간단한 구조입니다. 또한, 당초의 이메일서버는 기업 메일서버도 인터넷에 접속 가능하면 누구라도 자유롭게 송신 서버로 이용할 수 있었습니다. 하지만 인터넷 이용자가 늘어남에 따라 스팸메일(Spam mail, 광고성 메일) 송신 등 악용하는 사람이 늘어나자 메일서버를 송신 서버로 이용하려면 인증해야 하는 과정이 도입되었습니다. 이렇듯 네트워크 변화 상황에 맞춰 메일 시스템은 계속 진화했습니다.

송신자가 보낸 이메일이 수신자의 단말에 표시될 때까지 이메일 송수신 과정은 다음 세 부분으로 나뉩니다. ❶ 송신자 단말 ~ 송신자 계정이 있는 메일서버, ❷ 송신자 계정이 있는 메일서버 ~ 수신자 계정이 있는 메일 서버, ❸ 수신자 계정이 있는 메일서버 ~ 수신자 단말입니다(그림 4-32).

이메일 송수신에 사용하는 프로토콜

여기서 ❶과 ❷ 과정에는 SMTP(Simple Mail Transfer Protocol) 프로토콜이 사용됩니다. 이 프로토콜은 이메일 송신과 중계에 특화된 프로토콜로 Simple이라는 이름처럼 간단한 프로토콜입니다.

한편, ❸ 과정에서는 POP3(Post Office Protocol Version 3) 또는 IMAP4(Internet Message Access Protocol Version 4)를 사용합니다.

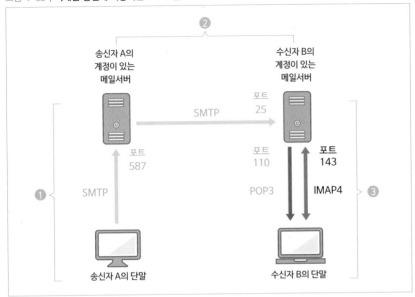

그림 4-32 | 이메일 송신에 사용하는 프로토콜

POP3는 메일박스에 도착한 이메일을 한꺼번에 가져오는 게 목적인 프로토콜입니다. 가져온 메일은 단말에 저장되므로 통신이 끊기더라도 이메일을 읽을 수있습니다. 또한, 단말 쪽으로 가져온 메일은 서버에서 삭제되는 게 보통이므로 서버의 메일박스 용량 부족을 걱정할 필요가 없습니다. 다만, 로컬에 저장된 이메일데이터양은 점점 늘어나게 됩니다.

이에 비해 IMAP4는 서버에 있는 메일박스에 이메일을 그대로 두고 읽기 위한 프로토콜입니다. 이메일은 늘 서버에 존재하므로 단말이 여러 개라도 동일하게 메일을 읽을 수 있습니다. 이메일을 읽으려면 서버와 통신해야 하므로 인터넷을 사용할 수 없으면 메일도 읽을 수 없습니다. 다만, 이메일 프로그램에는 읽은 이메일을저장해두는 기능이 있어 통신이 끊겨도 읽은 적이 있는 메일이라면 다시 볼 수 있는 경우가 많습니다(그림 4-33).

POP3와 IMAP4는 사용 목적이 나뉘므로 늘 동일한 기기로 이메일을 본다면 간단한 POP3가 좋고, 여러 대의 기기로 그때그때 이메일을 봐야 한다면 IMAP4를 사용하는 편이 좋습니다(표 4-2).

요즘은 PC, 스마트폰, 웹 등 여러 방법으로 이메일을 보는 경우가 많아 사용자의 요구에 따라 이전에는 IMAP4에 대응하지 않던 이메일 서비스가 IMAP4에 대응하는 경우가 늘고 있습니다.

그림 4-33 | POP3와 IMAP4의 차이

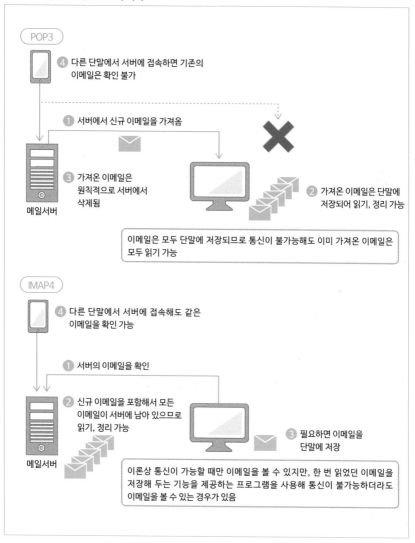

표 4-2 | POP3와 IMAP4의 차이점

프로토콜	이메일 저장 위치	복수 단말 지원 여부	통신 단절 시 관람	용량 확인	이메일 백업
POP3	단말	X(※1)	O	주로 단말	직접 백업(사용자가 관리)
IMAP4	서버	O	X(※2)	주로 서버	서버에 백업(사업자가 관리)(※3)

※1. 가져온 이메일을 그대로 서버에 남겨두는 설정을 사용하는 방법도 있지만 실용적이지 않고 관리가 어려움
※2. 읽었던 이메일을 단말에 저장해두는 프로그램을 사용하면 가능한 경우가 있음
※3. 서버에서 이메일을 가져와서 단말에 저장하는 방법도 가능

이메일 송신과 전송 – SMTP

SMTP는 포트 번호로 TCP 25번 또는 TCP 587번을 사용합니다. 그림 4-34는 SMTP를 사용한 이메일 송수신 통신 모습입니다. SMTP 통신에서는 전부 텍스트를 주고받는데 서버에 명령어를 보내면 그에 대응하는 응답이 돌아옵니다. 이런 과정은 이메일을 송신하는 동안 계속 반복합니다.

우선 이메일을 보내려는 쪽이 서버에 인사(HELO/EHLO)를 보내서 세션(Session) 개시를 전합니다. 그런 다음 보내는 사람의 이메일 주소를 지정(MAIL FROM:)한 후 수신할 이메일 주소를 지정(RCPT TO:)합니다.

그림 4-34 | SMTP 통신의 예

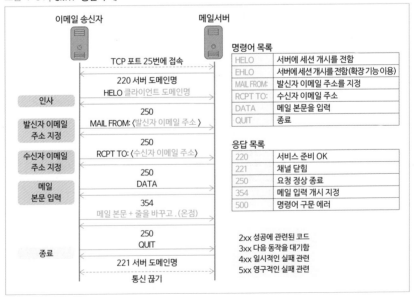

210

그림 4-35 | OP25B로 스팸메일 송신을 막는 방법

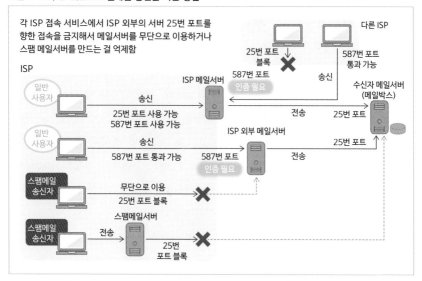

그리고 나서 메일 본문 입력을 통지(DATA)하고 메일 본문을 송신한 다음에는 마지막 줄에 .(온점)을 보냅니다. 그리고 접속을 종료(QUIT)합니다.

이런 각각의 명령어에 대해서 서버는 명령어 실행 결과를 통지하는 응답을 돌려줍니다. 응답에는 세 자리 숫자의 응답 코드와 사람이 읽을 수 있는 영어 메시지가 있습니다.

SMTP의 기본적인 통신은 로그인이 필요하지 않지만 스팸메일의 송신 목적 등으로 무단으로 이용될 염려가 있어 요즘은 각 ISP가 OP25B(Outbound Port 25 Blocking)를 도입해서 막고 있습니다. 동작 구조는 그림 4-35와 같습니다. 그림처럼 OP25B는 ISP 내부에서 외부 서버의 25번 포트를 향한 접속을 금지하는데 정상적인 메일 송신에 문제가 생기지 않도록 메일서버에 587번 포트(서브미션(Submission) 포트)를 준비해 두고 해당 포트에 SMTP-AUTH(메일 송수신에 ID와 암호가 필요한 방식)를 설정해서 서버를 이용할 권한이 있는 사람만 메일 송신을 할 수 있게 합니다.

메일 가져오기, 보기 - POP3/IMAP4

POP3는 TCP 110번, IMAP4는 TCP 143번 포트를 사용합니다. SMTP와 마찬가지로

POP3와 IMAP4는 모두 텍스트를 주고받는데, 서버에 명령어를 보내면 상태 정보를 포함한 응답이 돌아옵니다. POP3와 IMAP4는 제일 먼저 사용자가 서버에 로그인하는 메시지를 주고받습니다. 그 후 계속해서 메시지를 주고받으면서 절차에 따라 메일을 가져옵니다.

그림 4-36은 POP3로 메일을 가져오는 모습입니다. 사용자명과 암호를 서버에 보내서 로그인(USER/PASS)하고 메일박스 상태를 취득(STAT)하면 메일 개수와 전체 크기를 알 수 있습니다. 또한, 메일 목록(LIST)을 취득하면 메시지 번호와 메일 크기 목록을 알 수 있습니다. 이번에는 이렇게 얻은 메시지 번호를 지정해서 메일 본문을 가져옵니다(RETR). 메일을 가져왔으면 메시지 번호로 지정한 메일을 삭제(DELE)하고 접속을 종료(QUIT)하는 순서로 동작합니다.

명령어를 받은 POP3 서버는 상태 코드를 돌려주는데 +OK(성공) 또는 −ERR(실패) 두 종류 뿐으로 지금까지처럼 번호를 이용해 상세한 결과를 알려주는 것과는 조금 다릅니다. 대신에 상태 코드에 이어진 메시지로 에러 내용을 어느 정도 파악할 수 있습니다.

그림 4-36 │ POP3 통신의 예

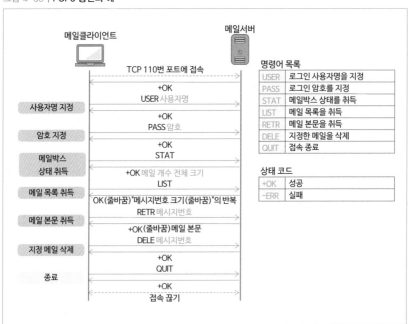

10
DHCP

DHCP의 역할

IP 네트워크에 단말이나 기기가 접속하려면 IP 주소를 비롯한 네트워크 설정이 필요합니다. 구체적인 설정 항목은 IP 주소(단말을 특정하는 주소), 서브넷 마스크(네트워크 주소 길이 정보), 기본 게이트웨이(네트워크 출입구가 되는 라우터의 IP 주소), DNS 서버(도메인명과 IP 주소를 서로 변환하는 서버의 IP 주소) 등이 있습니다(그림 4-37).

이 중에서 서브넷 마스크, 기본 게이트웨이, DNS 서버는 네트워크에 소속된 모든 단말이 공통적인 값을 사용하지만, IP 주소는 다른 단말이 사용하지 않는 값을 골라서 각 단말마다 설정해야 합니다.

예전에는 IP 주소를 시스템 관리자가 골라서 시스템 관리자 또는 사용자가 직접 설정했었습니다. 하지만 이런 설정을 시스템 관리자가 전부 맡기에는 번거롭고, 사용자가 하기에는 네트워크 지식이 필요해서 큰일이었습니다.

그림 4-37 | DHCP로 가능한 네트워크 설정

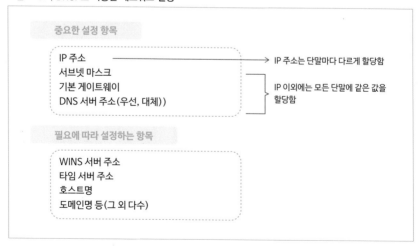

혹시라도 설정하다 문제가 생겼을 때 메일로 문의하려고 해도 네트워크 설정을 완료하기 전에는 메일을 보낼 수 없는 모순이 발생합니다. 이런 문제를 해결하려고 네트워크 설정을 자동으로 해주는 방법이 보급되었습니다. 이럴 때 사용하는 프로토콜이 DHCP(Dynamic Host Configuration Protocol)입니다. IP 주소를 비롯한 기본적인 네트워크 설정 외에도 OS 자체의 네트워크 설정 등도 자동 배포 가능합니다. DHCP 자동 설정은 네트워크 내부에 DHCP 서버가 있어야 하고, 접속할 단말도 DHCP 클라이언트 기능을 탑재해야 합니다. DHCP 서버는 가정용 무선 공유기나 엣지 라우터에 탑재된 DHCP 서버 기능을 이용하는 경우가 많습니다. 또한, 윈도우, 맥OS, 리눅스, 안드로이드, iOS 등 대다수 OS에는 DHCP 클라이언트 기능이 표준 탑재되어 간단하게 이용할 수 있습니다(그림 4-38). 이 책에서는 주로 IPv4에서 사용하는 DHCP를 설명합니다.

그림 4-38 | **전형적인 DHCP 서버, 클라이언트 배치**

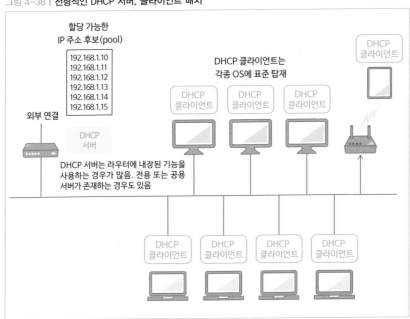

DHCP의 기능

DHCP는 단말의 네트워크 설정에 사용하는 프로토콜이므로 당연하지만 프로토콜 사용 시에는 아직 네트워크 설정이 끝나지 않은 상태입니다. 따라서 IP 주소를 지정해야 하는 일반적인 IP 통신이 불가능하므로 대신에 DHCP는 브로드캐스트와 변칙적인 UDP를 사용해서 DHCP 서버와 DHCP 클라이언트 사이에 필요한 정보를 교환합니다.

자동 설정을 시작하는 계기는 DHCP 클라이언트(단말)가 보내는 DHCP 디스커버 (Discover) 메시지입니다. 이 메시지는 DHCP 서버에 IP 주소 할당을 요청하는 의미가 있으므로 DHCP 클라이언트는 이 메시지를 네트워크에 브로드캐스트합니다 (그림 4-39).

브로드캐스트로 메시지를 받은 DHCP 서버는 단말에 제공할 IP 정보의 후보를 정합니다. 그리고 DHCP 오퍼(offer) 메시지를 단말에 반송합니다. 이 메시지는 브로드캐스트에 포함된 DHCP 클라이언트 MAC 주소를 바탕으로 DHCP 클라이언트에 유니캐스트 또는 브로드캐스트로 보냅니다.

그림 4-39 | DHCP의 동작

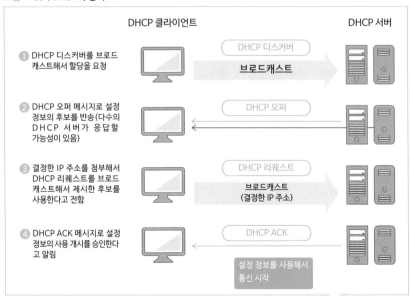

설정 정보 후보(DHCP 서버가 여러 대 존재할 가능성이 있으므로)를 받은 DHCP 클라이언트는 내용을 확인한 후에 사용하기로 한 IP 주소를 첨부해서 이런 설정 정보를 사용하겠다고 알립니다. 이때 통지는 DHCP 리퀘스트(Request)를 브로드캐스트합니다.

메시지를 수신한 DHCP 서버는 메시지에 포함된 IP 주소가 자신이 제시한 IP 주소라면 설정 정보의 후보가 선정되었다고 판단해서 설정 정보의 할당을 기록해두고, 클라이언트에 DHCP ACK를 반송합니다. 그리고 DHCP ACK를 받은 클라이언트는 실제로 설정 정보를 적용하고 해당하는 네트워크와 통신을 시작합니다.

DHCP 패킷은 그림 4-40과 같은 형태입니다. 원래 DHCP는 BOOTP라는 프로토콜에서 파생된 것으로 필드 구성에 그 흔적이 남아 있습니다. DHCP 서버가 제시하는 정보는 사용자 IP 주소 필드, 일부는 옵션 필드에 설정됩니다. DHCP 메시지 종류 등도 옵션 필드에 설정합니다.

그림 4-40 | DHCP 패킷의 구조

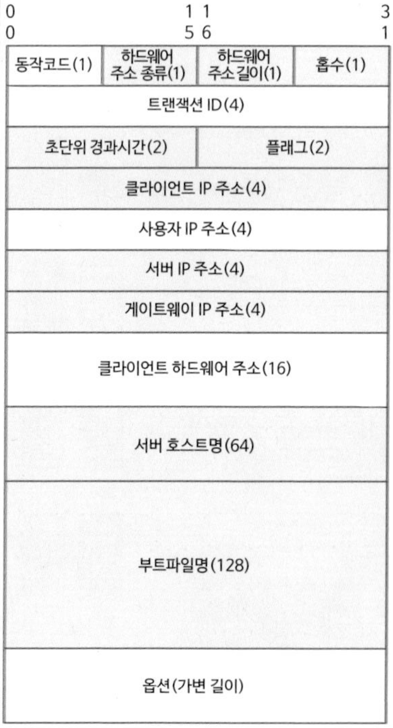

이름	바이트 수	내용
동작코드(operation code)	1	클라이언트 요청이면 1, 서버 응답이면 2
하드웨어 주소 종류	1	보통 1로 고정
하드웨어 주소 길이	1	보통 6으로 고정
홉수	1	보통 0으로 고정
트랜잭션 ID	4	통신을 구분하는 임의의 값
초단위 경과시간	2	보통 0으로 고정
플래그	2	보통 0으로 고정
클라이언트 IP 주소	4	보통 0으로 고정
사용자 IP 주소	4	DHCP 오퍼, 리퀘스트, ACK 등에 할당한 IP 주소
서버 IP 주소	4	보통 0으로 고정
게이트웨이 IP 주소	4	보통 0으로 고정
클라이언트 하드웨어 주소	16	클라이언트 MAC 주소(나머지는 0으로 채움)
서버 호스트명	64	보통 0으로 고정
부트파일명	128	보통 0으로 고정
옵션	가변 길이	메시지 종류 정보나 대응하는 데이터를 넣음

DHCP 패킷은 UDP 데이터 영역에 담김

필드 사용의 일반적인 예

대여 기간

DHCP 서버가 DHCP 클라이언트에 할당하는 IP 주소는 이용 가능한 대여 기간을 설정합니다. 보통 24시간~며칠 정도로 설정하는데 DHCP 서버 설정에 따라 변경할 수 있습니다.

대여 기간은 DHCP 서버가 할당용으로 준비해둔 IP 주소 개수, 할당을 요구하는 DHCP 클라이언트 대수에 따라 결정합니다. 예를 들어 IP 주소 100개를 이용할 수 있고 단말 대수가 100대 이하라면 대여 기간을 길게 설정할 수 있습니다. 만약 이용 가능한 IP 주소가 50개 밖에 없는데 단말이 60대라면 최대 몇 대까지 동시에 동작하는지 잘 생각해서 주의깊게 대여 기간을 설정해야 합니다. 단말을 사용하는 도중에 대여 기간이 끝날 것 같으면 서버에 대여 연장을 의뢰할 수 있습니다.

DHCP 서버를 이용한 네트워크 설정 할당은 단말을 재시작할 때마다 필요합니다. 이때 DHCP 서버는 동일한 단말이라면 가능한 전과 같은 IP 주소를 할당하려고 하기 때문에 재시작해도 IP 주소가 변하지 않는 편이지만 반드시 전과 같다는 보장은 없습니다. 그리고 사용이 끝나면 IP 주소 등을 서버에 반환하는 게 기본이지만 그런 처리를 무시하는 단말도 많습니다.

DHCP 설정 확인

DHCP 클라이언트 설정을 확인하고 활성화하는 방법을 설명합니다.

윈도우 설정

1 [제어판] – [네트워크 및 공유 센터] – [어댑터 설정 변경]을 클릭한 후 표시된 어댑터 중에서 확인하고 싶은 항목을 마우스 오른쪽 버튼을 클릭해 속성을 선택함

2 '이 연결에 다음 항목 사용'에 표시된 목록 중에서 '인터넷 프로토콜 버전 4(TCP/IPv4)'를 선택하고 [속성]을 클릭[2]

3 표시된 화면에서 '자동으로 IP 주소 받기'와 '자동으로 DNS 서버 주소 받기'가 선택되어 있으면 DHCP 클라이언트가 유효한 상태임

---

2 IPv6 설정을 확인하려면 설정 화면에서 인터넷 프로토콜 버전4(TCP/IP) 대신에 인터넷 프로토콜 버전6(TCP/IPv6)를 선택합니다.

IPv4의 DHCP 클라이언트 유효화하기

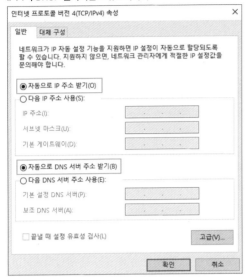

맥OS 설정

1 애플 메뉴 – [시스템 환경설정] – [네트워크]를 선택해서 IPv4 설정 메뉴에서 [DHCP 사용]
   을 선택

2 IPv4의 DHCP 클라이언트가 설정됨 [3]

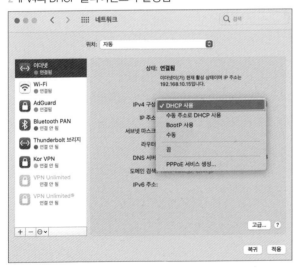

---

3 IPv6는 [고급] 버튼을 클릭한 후 표시된 화면에서 설정을 확인합니다.

11

통신 상태를
확인하는 방법

문제의 원인을 파악하는 목적과 방법

지금까지 문제없이 사용하던 네트워크가 갑자기 뭔가 이상해졌을 때 막무가내로 이것저것 건드리는 건 좋은 생각이 아닙니다. 네트워크가 올바르게 동작하려면 하드웨어와 소프트웨어, 소프트웨어와 소프트웨어, 클라이언트와 서버 등 수많은 구성 요소가 연계해서 정상적으로 동작해야 합니다. 반대로 생각하면 네트워크에서 문제가 생기면 구성 요소가 어디까지가 정상이고 어디부터 비정상인지 밝혀서 구체적으로 문제 구간을 특정하는 접근법이 문제를 해결하는 지름길입니다.

따라서 문제와 관련된 범위를 구분하거나 범위를 좁혀서 어디에서 문제가 생겼는지 찾아서 문제의 원인을 분리해냅니다. 이런 작업은 네트워크에 문제가 발생했을 때 원인을 탐색하려면 반드시 필요합니다(그림 4-41).

그림 4-41 | **문제의 원인을 분리하는 방법**

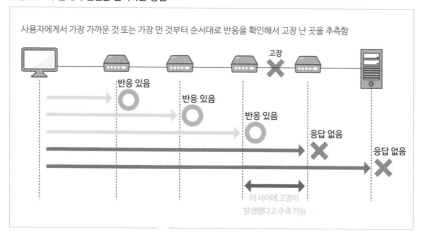

문제의 원인을 분리하는 방법은 몇 가지가 있습니다. 첫 번째는 네트워크의 물리적인 구성에 기반한 방법입니다. 단말과 통신하는 상대방까지의 경로에는 각종 기기가 존재하므로 사용자와 가장 가까운 곳부터 또는 가장 먼 곳부터 순서대로 통신 가능, 불가능 여부를 확인합니다. 예를 들어 가정에서 사용하는 네트워크에 문제가 생겼다면 단말에서 인터넷 출입구인 공유기까지 통신 가능한지 확인한 다음 회선사업자 내부 서버, ISP 내부 서버, 국내에 존재하는 서버, 해외에 존재하는 서버까지 순서대로 통신에 문제가 없는지 조사합니다.

또 다른 방법으로 기능별로 문제의 원인을 분리하는 방법이 있습니다. 앞서 본 물리적 구성을 확인하는 방법으로 상대방까지 문제없이 IP 패킷이 도착하는 걸 확인합니다. 다음으로 DNS에서 이름 해석이 가능한지 확인하고 이어서 대상 서비스를 제공하는 컴퓨터가 정말 제대로 동작하는지 확인하는 순서로 통신에 필요한 기능이 정상인지 하나씩 조사합니다.

이런 방법으로 문제의 원인을 분리하려면 네트워크 구성 방식, 사용 기기 종류, 컴퓨터와 네트워크 기기가 통신하는 방법 같은 지식이 필요합니다. 하지만 이런 지식은 실제로 문제의 원인을 찾고 해결하다 보면 어느 틈에 몸으로 익히게 됩니다. 그러므로 일단 많은 경험을 쌓는 것이 중요합니다.

이때 원활하게 문제의 원인을 찾는 비결은 도구를 잘 활용하는 것입니다. 이제 문제의 원인을 찾는 데 사용하는 기본 도구를 소개합니다. 이런 도구는 문제의 원인을 찾거나 네트워크 설치, 보수 공사 후 동작을 확인할 때 자주 사용합니다.

IP 패킷이 도착하는지 확인하기

통신 프로토콜로 TCP/IP를 사용하는 네트워크에서 요구하는 가장 기본 기능은 상대방까지 IP 패킷이 도착하는 것입니다. 따라서 네트워크에 문제가 발생했다면 패킷 도착 여부를 확인하는 작업부터 시작합니다. 만약 상대방에게 IP 패킷이 도착하지 않는다면 앞에서 본 것처럼 문제 원인을 분리해서 어디까지 IP 패킷이 도착하는지 문제 범위를 좁혀 갑니다.

IP 패킷 도달성을 확인할 때 사용하는 가장 중요한 도구는 ping입니다. ping은 윈도우, 맥OS, 리눅스 같은 대부분의 OS에 탑재된 기본 명령어로 윈도우는 명령 프롬프트, 맥OS는 터미널, 리눅스는 각종 셸에서 명령어를 입력해서 실행합니다. 또한,

안드로이드나 iOS 같은 스마트폰 OS에서도 해당 기능을 제공하는 앱을 설치하면 이용할 수 있습니다.

그림 4-42는 윈도우의 명령 프롬프트에서 ping 명령어를 사용하는 예입니다. 대부분의 OS에서 명령어는 ping으로 동일하지만, 명령어 지정이나 옵션은 조금씩 차이가 있습니다. 윈도우에서는 ping /?, 맥OS와 리눅스에서 ping -h로 확인합니다 (그림 4-43).

서버, 단말에 관계없이 대부분은 ping에 응답하지만 보안을 이유로 응답을 거부하는 경우도 있습니다.

그림 4-42 | ping 명령어를 실행한 결과와 의미(윈도우)

명령어를 실행하려면 윈도우에서는 명령 프롬프트를, 맥OS는 터미널, 리눅스는 셸을 사용함

글자색의 의미

회색	시스템에서 자동 표시
검정	사용자가 입력하는 명령어
파랑	실행 결과 표시

IP 패킷이 도착하는 경우 ────── 조사할 대상 IP 주소 또는 도메인명

C:\Users\user>ping 142.251.42.196 ⏎
────── 명령어명

Ping 142.251.42.196 32바이트 데이터 사용:
142.251.42.196의 응답: 바이트=32 시간=4ms TTL=128   ← 응답의 바이트 수, 응답시간, TTL이 표시됨.
142.251.42.196의 응답: 바이트=32 시간=4ms TTL=128   즉, 상대방까지 IP 패킷이 도착했다는 의미
142.251.42.196의 응답: 바이트=32 시간=4ms TTL=128
142.251.42.196의 응답: 바이트=32 시간=3ms TTL=128
142.251.42.196에 대한 Ping 통계:
        패킷: 보냄 = 4, 받음 = 4, 손실 = 0 (0% 손실),
왕복 시간(밀리초):
        최소 = 3ms, 최대 = 4ms, 평균 = 3ms

IP 패킷이 도착하지 않는 경우

C:\Users\user>ping 10.211.55.2 ⏎

Ping 10.211.55.2 32바이트 데이터 사용:
요청 시간이 만료되었습니다.
요청 시간이 만료되었습니다.
요청 시간이 만료되었습니다.
요청 시간이 만료되었습니다.

10.211.55.2에 대한 Ping 통계:
        패킷: 보냄 = 4, 받음 = 0, 손실 = 4 (100% 손실),

그림 4-43 | ping 명령어 도움말(윈도우)

```
C:\Users\user>ping /? ⏎
사용법: ping [-t] [-a] [-n count] [-l size] [-f] [-i TTL] [-v TOS]
            [-r count] [-s count] [[-j host-list] ¦ [-k host-list]]
            [-w timeout] [-R] [-S srcaddr] [-c compartment] [-p]
            [-4] [-6] target_name

옵션:
    -t              중지될 때까지 지정한 호스트를 ping합니다.
                    통계를 보고 계속하려면 <Ctrl+Break>를 입력합니다.
                    중지하려면 <Ctrl+C>를 입력합니다.
    -a              주소를 호스트 이름으로 확인합니다.
    -n count        보낼 에코 요청의 수입니다.
    -l size         송신 버퍼 크기입니다.
    -f              패킷에 조각화 안 함 플래그를 설정(IPv4에만 해당)합니다.
    -i TTL          Time To Live
    -v TOS          서비스 종류(IPv4에만 해당. 이 설정은 더
                    이상 사용되지 않으며 IP 헤더의 서비스 종류 필드에 영향을
                    주지 않음)입니다.
    -r count        count 홉의 경로를 기록합니다(IPv4에만 해당).
    -s count        count 홉의 타임스탬프(IPv4에만 해당)입니다.
    -j host-list    host-list에 따라 원본 라우팅을 완화합니다(IPv4에만 해당).
    -k host-list    host-list에 따라 원본 라우팅을 강화합니다(IPv4에만 해당).
    -w timeout      각 응답의 대기 시간 제한(밀리초)입니다.
    -R              라우팅 헤더를 사용하여 역방향 라우팅도
                    테스트합니다(IPv6에만 해당).
                    RFC 5095에 따라 이 라우팅 헤더는 사용되지 않습니다.
                    이 헤더를 사용할 경우 일부 시스템에서 에코 요청이
                    삭제될 수 있습니다.
    -S srcaddr      사용할 원본 주소입니다.
    -c compartment  라우팅 컴파트먼트 ID입니다.
    -p              Hyper-V 네트워크 가상화 공급자 주소에 대해 ping을 수행합니다.
    -4              IPv4를 사용합니다.
    -6              IPv6을 사용합니다.
```

DNS로 이름 해석이 가능한지 확인하기

상대방까지 문제없이 IP 패킷이 도착해도 도메인명을 IP 주소로 변환하는 기능에 문제가 있으면 통신이 불가능합니다. 웹이나 메일을 비롯한 많은 경우에 목적지 주소를 도메인명으로 지정하기 때문에 도메인명을 IP 주소로 변환해야 실제로 IP 패킷을 목적지(반드시 IP 주소를 사용해야 함)로 보낼 수 있습니다.

도메인명을 IP 주소로 변환(이름 해석)하는 작업에 DNS를 사용하는데 DNS 설정에 문제가 있거나 DNS 서버가 무응답, DNS 서버까지 IP 패킷이 도달하지 않는 등의 상황에서는 이름 해석이 불가능해 통신불가 증세가 발생합니다.

컴퓨터에서 이름 해석이 동작하는지 조사하려면 윈도우에서는 nslookup, 맥OS와 리눅스에서는 nslookup, dig 같은 명령어를 사용합니다.

그림 4-44 | nslookup 명령어 실행 결과의 의미(윈도우)

```
                  명령어명
                    ↓              ┌── 조사할 대상의 IP 주소 또는 도메인명
C:\Users\user>nslookup www.example.com
서버:     UnKnown                      이렇게 이름 해석에 성공하면 DNS는 정상 동작 중임.
Address: 192.168.128.2                 실패하면 DNS 서버나 네트워크에 어떤 문제가 발생한 상태

이름: www.example.com
Addresses: 93.184.216.34
            93.184.216.34  ◄── 명령어로 지정한 도메인명에 대응하는 IP 주소
```

이런 명령어를 사용하면 도메인명을 입력해서 IP 주소를 얻거나 IP 주소를 도메인 명으로 변환할 수 있습니다. 그림 4-44는 윈도우의 nslookup 명령어로 도메인명을 IP 주소로 변환하는 모습입니다. 명령어 지정이나 사용 가능한 옵션은 OS에 따라 조금씩 다릅니다. 자세한 내용은 윈도우에서는 nslookup, 맥OS와 리눅스에서는 man nslookup, dig -h로 확인할 수 있습니다.

라우팅의 정상 동작 여부 확인하기

IP 패킷은 여러 라우터를 경유해서 상대방에게 도착합니다. OS에는 패킷을 중계하는 라우터의 IP 주소를 표시하는 명령어가 존재합니다. 중계하는 라우터를 확인해보면, 예를 들어 유선랜과 무선랜 양쪽에 접속한 기기가 있을 때 어느 쪽 경로로 통신하고 있는지, 웹사이트가 어떤 나라를 경유해서 통신하는 지와 같은 정보를 확인할 수 있습니다. 이런 명령어로는 윈도우에서는 tracert, 맥OS와 리눅스에서 traceroute가 있습니다.

그림 4-45는 traceroute 명령어를 사용해서 경로에 있는 라우터를 표시한 것입니다. *로 표시된 부분은 응답이 없다는 뜻입니다. 중계 하나에 여러 IP 주소가 표시된다면 복수의 경로가 설정되어 있다는 뜻입니다. 그리고 tracert나 traceroute에 응답하지 않는 라우터도 존재합니다. 이는 라우터 관리자가 보안을 이유로 설정해둔 것으로 제삼자는 어찌할 도리가 없습니다.

할당된 글로벌 IP 주소 확인하기

보통 사무실이나 가정에서 IPv4를 사용하는 단말과 기기에는 프라이빗 IP 주소가 할당됩니다. 이런 단말이나 기기가 인터넷에 패킷을 송신할 때 NAPT로 패킷 송신지 IP 주소가 글로벌 IP 주소로 바뀐 상태로 인터넷에 송신됩니다.

그림 4-45 | traceroute 명령어와 실행 결과의 의미(맥OS)

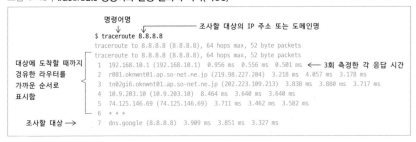

이런 변환 구조는 단말이나 기기와 관련이 없어서 자신이 어떤 글로벌 IP 주소를 사용하는지 모릅니다. 하지만 서버 통신 기록(로그)에서 통신 상황을 조사한다던지 하는 이유로 자신이 외부에서 어떤 글로벌 IP로 보이는지 알고 싶을 때가 있습니다. 그런 경우 자신이 어떤 글로벌 IP 주소에서 접속하고 있는지 보여주는 웹서비스를 이용하면 됩니다. 'IP 주소 조회'나 'my ip'로 검색하면 글로벌 IP를 확인할 수 있는 서비스를 제공하는 웹사이트가 나옵니다. 이런 서비스는 사용하고 있는 글로벌 IP 주소 외에도 할당된 도메인명, 브라우저 종류, 화면 해상도 등 다양한 정보를 표시합니다(그림 4-46).

그림 4-46 | 글로벌 IP 주소를 조사하는 서비스 예(NordVPN)

12

라우팅 프로토콜

네트워크 구성과 라우팅

IP 네트워크로 목적지 네트워크에 패킷을 보내려면 라우팅 테이블(Routing table) 이 중요한 역할을 담당합니다. 라우팅 테이블은 네트워크 사이를 연결하는 라우터 나 네트워크를 이용하는 단말에 저장된 정보인데 어떤 네트워크를 향한 경로, 구 체적으로는 어떤 네트워크에 가려고 할 때 어떤 라우터에 패킷을 중계해야 하는지 적혀 있습니다.

그림 4-47 | 네트워크 패킷을 목적지에 보내려면 라우팅 테이블의 경로 정보가 필요

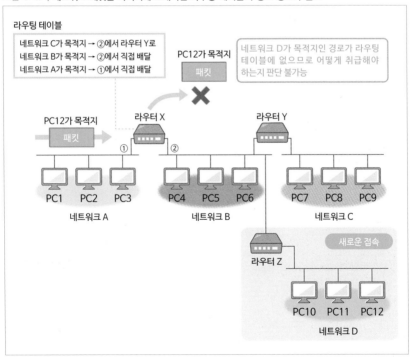

라우팅 테이블에는 네트워크 접속 관계가 반영되므로 접속한 네트워크 정보가 변경되면 라우팅 테이블의 내용도 변경해야 합니다.

예를 들어 그림 4-47처럼 네트워크 A, B, C가 있고, 각 네트워크는 라우터 X, Y가 연결합니다. 각 라우터에 라우팅 테이블이 설정되어 있을 때 새롭게 라우터 Z를 사용해서 네트워크 D를 연결한다면 단순히 네트워크 D를 접속하는 걸로는 그림의 PC1에서 PC12로 패킷을 보낼 수 없습니다. 왜냐하면 라우터 X의 라우팅 테이블에는 네트워크 D와 관련된 정보가 없어서 라우터 X는 네트워크 D를 향하는 패킷을 어떻게 처리해야 하는지 모르기 때문입니다.

라우팅 테이블의 관리 방법

라우터 X가 네트워크 D를 향한 패킷을 처리하려면 라우터 X에 네트워크 D 관련 정보를 추가하면 되는데 라우팅 테이블 관리 방법과 큰 관계가 있습니다. 라우팅 테이블 관리 방법은 크게 나눠서 두 종류입니다(그림 4-48). 정적 라우팅(Static routing)은 라우팅 테이블이 고정적이라 맘대로 변하지 않는 방식으로 만약 변경이 필요하다면 수동으로 변경합니다. 한편, 동적 라우팅(Dynamic routing)은 상황에 따라 라우팅 테이블이 동적으로 변화하는 방식으로 필요한 변경은 자동적으로 반영됩니다(그림 4-49).

그림 4-48 | **라우팅의 종류**

정적 라우팅

라우팅 테이블의 내용은 고정됨. 네트워크 구성이 변하면 수동으로 라우팅 테이블을 변경함.

동적 라우팅

라우팅 테이블의 내용은 동적으로 변함. 네트워크 구성의 변경은 자동으로 라우팅 테이블에 반영됨.

정적 라우팅은 직감적으로 알기 쉬운 단순한 방법으로 단순한 네트워크 구성이나 규모가 작고 변경이 적은 경우에 적합합니다. 만약 이 방식을 복잡한 네트워크에 적용한다면 변경이 있을 때마다 수많은 라우터의 라우팅 테이블을 전부 하나하나 수정해야 하므로 엄청난 작업량이 필요합니다.

동적 라우팅은 네트워크의 접속 상태 정보를 라우터끼리 교환해서 라우팅 테이블을 자동으로 수정하는 높은 네트워크 자율성을 활용한 방법입니다. 이 방법은 해당 기능을 지원하는 라우터가 필요하고 초기 설정이나 운용 준비가 까다롭지만 네트워크 관리는 무척 편리합니다.

그림 4-49 | 경로 정보가 동적으로 추가되는 모습

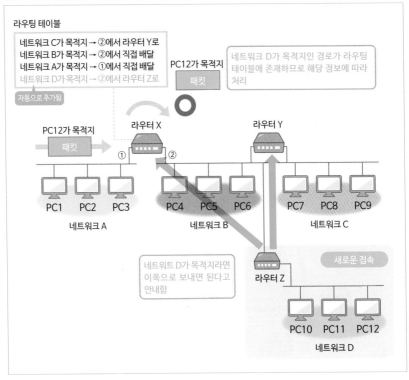

라우팅 프로토콜

동적 라우팅은 네트워크 추가, 삭제 정보를 반영하거나 네트워크 문제로 특정 부분을 이용할 수 없을 때 그 영향을 최소화하려고 각 라우터의 라우팅 테이블을 동적으로 교체합니다. 이때 라우터가 사용하는 프로토콜이 라우팅 프로토콜입니다.

라우팅 프로토콜은 다음과 같은 기능을 제공합니다.

• 라우터끼리 경로 정보를 교환합니다.

• 경로 정보에서 최적 경로를 선택합니다.

여기서 최적 경로를 선택하는 기능은 어떤 두 점 사이를 연결하는 경로가 여러 개 존재하는 복잡한 네트워크에서 목적에 맞는 가장 좋은 경로를 선택하는 것입니다 (그림 4-50). 이건 라우팅 테이블을 자동적으로 변경하는 기능에서 좀 더 진보한 기능으로 복잡한 네트워크를 적절하게 관리하고 운용할 때 빠질 수 없는 기술입니다.

그림 4-50 | **최적의 경로 선택**

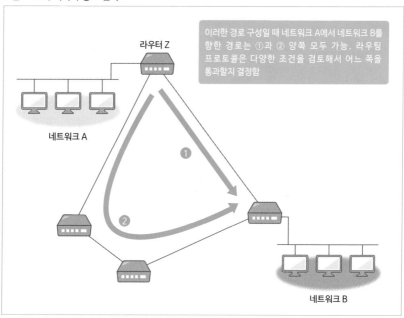

이러한 경로 구성일 때 네트워크 A에서 네트워크 B를 향한 경로는 ①과 ② 양쪽 모두 가능. 라우팅 프로토콜은 다양한 조건을 검토해서 어느 쪽을 통과할지 결정함

라우팅 프로토콜은 IGP(Interior Gateway Protocol)와 EGP(Exterior Gateway Protocol) 두 종류가 있습니다. IGP는 AS(동일한 라우팅 정책으로 관리되는 네트워크 집단. ISP나 대기업에 해당하는 경우가 많음) 내부의 라우팅에 사용합니다. EGP는 AS끼리의 라우팅에 사용합니다(그림 4-51).

그림 4-51 | IGP와 EGP의 차이

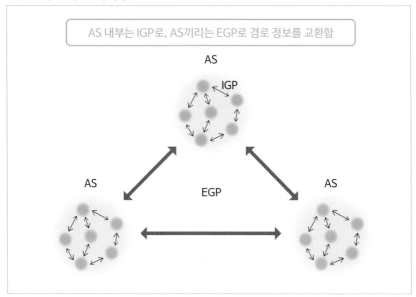

IGP와 EGP 프로토콜

IGP 프로토콜은 RIP/RIP2(Routing Information Protocol), OSPF(Open Shortest Path First) 등이 있습니다. 이런 프로토콜은 서로 다른 특성이 있어서 프로토콜이 제공하는 기능이나 성능, 적용할 네트워크 규모 등에 따라 선택합니다(그림 4-52).

RIP/RIP2는 주로 소규모 네트워크에서 사용합니다. 보통은 유효화하면 곧바로 이용 가능하고 특별한 설정이나 관리가 필요 없어서 도입하기 쉬운 것이 특징입니다. 하지만 네트워크의 구성 변경을 반영하는데 시간이 걸리고 경로 선택을 할 때 통신 속도 같은 요소를 고려하지 않는 약점이 있습니다. 한편, RIP는 가변 길이 서브넷 마스크에 대응하지 않으므로 보통은 RIP2를 사용합니다.

중간 규모 이상의 네트워크에서 많이 사용하는 것은 OSPF입니다. OSPF는 RIP/ RIP2의 약점을 보완해서 본격적인 네트워크 운용에 적합한 많은 기능에 탑재되어 있습니다. 하지만 기능이 늘어난만큼 도입, 운용이 번거롭고 RIP/RIP2보다 동작이 무거운 편입니다. 또한, 가격이 싼 기기라면 대응하지 않는 경우가 많습니다.

AS끼리 경로 정보를 주고받는데 사용하는 EGP의 대표적인 예로 BGP-4(Border Gateway Protocol version 4)가 있습니다. BGP-4는 도중에 통과하는 AS 목록 등의 몇 가지 정보를 바탕으로 목적지 네트워크를 향하는 최적 경로를 선택합니다. 현재, 인터넷에서 사용되는 EGP는 BGP-4 뿐입니다. 한편, 일반적인 사무실이나 가정에서 라우터를 사용한다면 아주 특별한 경우를 제외하면 BGP를 다룰 일이 없습니다.

그림 4-52 | **경로 선택 전략**

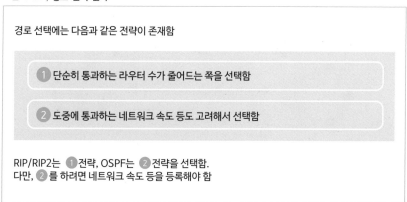

경로 선택에는 다음과 같은 전략이 존재함

① 단순히 통과하는 라우터 수가 줄어드는 쪽을 선택함

② 도중에 통과하는 네트워크 속도 등도 고려해서 선택함

RIP/RIP2는 ① 전략, OSPF는 ② 전략을 선택함.
다만, ② 를 하려면 네트워크 속도 등을 등록해야 함

CHAPTER **5**

보안과 암호화

컴퓨터를 활용할수록 주의해야 하는 것이 보안입니다. 이 장에서는 보안의
기초와 안전성의 키가 되는 암호 기술을 배웁니다.

Keyword

- 정보보안 대책
- SPI
- 제로데이 공격
- 키 배달 문제
- 인증국
- 전자 증명서
- 스트림 암호
- POP3s
- VPN
- L2TP

- 방화벽
- UTM
- 표적형 공격
- 공개키 암호 방식
- 해시함수
- 암호 취약성
- SSL/TLS
- IMAP4s
- 터널링
- IPsec

- 패킷 필터링
- 맬웨어
- 공통키 암호 방식
- PKI
- 전자서명
- 블록 암호
- SMTPs
- STARTTLS 방식
- 캡슐화

01

정보보안의 3요소

정보보안을 이해하는 3요소

엄격한 개인정보 보호 관련 법안이 시행되는 요즘은 컴퓨터나 네트워크를 다룰 때 여러 단계의 정보보안 대책을 세우는 일이 빠질 수 없습니다.

정보보안이란 과연 무엇일까요? 1992년 발표된 OECD 정보보안 가이드라인에 따르면 정보보안의 목적은 정보에 관한 세 가지 특성을 적절하게 확보하는 것이라고 정의합니다. 이러한 목적을 달성하기 위해 확보해야 하는 세 가지 특성은 그림 5-1에 나타낸 정보보안의 3요소입니다.

기밀성(Confidentiality)

허가받은 사람만 정보에 접근 가능하다는 특성입니다. 허가된 사람만 접근할 수 있고 관계없는 제삼자는 멋대로 이용할 수 없도록 하여 비밀을 유지합니다.

그림 5-1 | **정보보안의 3요소**

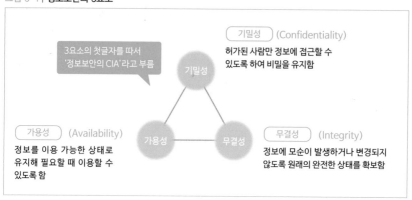

무결성(Integrity)

모순이나 변조가 발생하지 않는다는 특성입니다. 오류 같은 모순이 발생하거나 관계없는 제삼자가 멋대로 내용을 바꾸는 일이 발생하지 않아 정보가 원래의 완전한 상태를 유지하는 것을 의미합니다.

가용성(Availability)

필요할 때 문제없이 사용 가능하다는 특성입니다. 아무리 정보를 지키고 싶다고 해도 그 누구도 열지 못하는 금고에 깊숙이 보관하면 의미가 없습니다. 원한다면 언제라도 접근하여 이용할 수 있어야 합니다.

이런 세 가지 특성을 적절하게 확보한 상태 즉, 제삼자가 멋대로 이용하는 것을 허용하지 않고 모순이나 인위적인 변경이 발생하는 것을 방지하며 원한다면 언제라도 중단 없이 이용 가능할 때 적절한 정보보안이 유지되고 있다고 할 수 있습니다.

정보보안의 새로운 요소

앞에서 본 3요소에 더해서 그림 5-2처럼 정보보안 6요소 또는 7요소라고 부르는 새롭게 정의된 정보보안 요소가 있습니다.

그림 5-2 | **새로운 정보보안 정의**

추가된 이런 요소는 핵심적인 특성을 정의한 이전의 3요소에 비해 정보를 활용하는 장면이나 정보를 다루는 시스템을 좀 더 의식한 요소입니다.

구체적으로는 6요소에는 진정성, 책임추적성, 신뢰성을 추가하고, 7요소에는 부인방지를 추가합니다. 6요소와 7요소는 훨씬 더 엄격한 정보보안 유지를 목표로 하기 때문에 정보와 관련된 주변 환경도 포함합니다.

이러한 정보보안과 관련된 정의는 1992년에 발표한 OECD 정보보안 가이드라인 외에도 한국인터넷진흥원 기술안내서[1] 등에서 각종 규격과 안내를 찾아볼 수 있습니다.

COLUMN | 정보보안과 개인정보 보호

개인정보 보호 가이드를 살펴보면 다음과 같은 항목이 있습니다.

- 개인정보의 수집, 이용
- 개인정보의 처리
- 개인정보의 제삼자 제공
- 개인정보 처리 업무 위탁
- 영업의 양도
- 개인정보의 안전성 확보 조치
- 개인정보의 파기
- 개인정보 보호 책임자 지정
- 정보 주체의 권익 보호
- 피해 구제 방법

정보보안과 개인정보 보호는 비슷한 문맥에서 등장하거나 실제로 일부 내용이 중복되어서 혼동하기 쉽습니다. 하지만 개인정보 보호에서 말하는 개인정보의 안전한 관리는 정보보안과 밀접한 관계가 있지만, 그외의 개인정보 보호에 필요한 항목은 정보보안과 관계없는 내용이 많습니다. 따라서 각각 필요한 대책도 달라집니다. 따라서 어느 쪽 하나만 충족해도 충분한 보호 대책을 세웠다고 할 수 없습니다.

이 책에서는 네트워크와 밀접한 관계가 있는 정보보안을 중심으로 설명했지만, 개인정보 보호 대책은 다양한 관점에서 대책을 마련해야 합니다.

---

1 역자주: https://www.kisa.or.kr/public/laws/laws3.jsp

02

정보보안의 대책과 종류

3요소의 관점에서 정보보안 대책

정보보안의 3요소(5장 01 참조) 즉, 기밀성, 무결성, 가용성을 유지하려면 구체적인 대책이 필요합니다. 이런 대책은 일반적으로 다음과 같이 세네 가지로 분류합니다(표 5-1).

첫 번째는 기술적 대책입니다. 컴퓨터나 정보 통신 등으로 대표되는 각종 기술을 이용하는 대책으로 방화벽, 침입 탐지 시스템(IDS), 바이러스 대책 시스템, 암호화 등이 해당합니다. 일반적으로 정보보안이라고 하면 기술적 대책을 의미하는 경우가 보통입니다.

두 번째는 물리적 대책입니다. 물리적인 방법이나 기관을 이용하는 대책으로 서버실 출입관리, 보관실 잠금, 도난 방지 체인, 구역 분리 등이 있습니다. 기존 보안 대책에 비유하자면 경비원을 두는 것에 가깝습니다.

세 번째는 인적 대책입니다. 사람의 행동이나 의식과 관련된 대책으로 정보보안 취급 규정 정비, 정보보안 연수나 교육, 기밀유지계약 등이 포함됩니다. 기술적 대책이나 물리적 대책보다 대수롭지 않게 여기기 쉽지만, 중요한 대책 중 하나입니다.

네 번째 대책으로 조직적 대책이 있습니다. 앞에서 본 세 종류의 대책을 효과적으로 시행하기 위한 대책으로 조직에서 종업원의 책임과 권한 규정, 관리책임자 선임, 정보보안 관리 체계 확립 등이 해당합니다.

표 5-1 | **정보보안 대책과 의미**

명칭	의미
기술적 대책	컴퓨터나 정보 통신 등의 각종 기술을 이용하는 대책
물리적 대책	물리적인 방법이나 기관을 이용하는 대책
인적 대책	사람의 행동이나 의식에 영향을 주는 대책
조직적 대책	앞선 세 종류의 대책을 조직에서 효과적으로 적용하기 위한 대책

이러한 정보보안의 3요소를 유지하기 위한 대책을 정보보안 대책이라고 합니다. 정보보안 대책은 어느 하나만 잘하면 되는 게 아니라 모든 대책을 빠짐없이 조합해서 대응해야 합니다. 예를 들어 고객정보 유출 방지 목적으로 고가의 네트워크 보안 기기를 도입하더라도 개인정보를 다루는 사무실에 아무나 마음대로 출입할 수 있거나(물리적 대책 부족), 고객정보를 출력한 서류를 아무 곳에나 방치하면(인적 대책 부족) 고객정보 유출을 막을 수 없습니다. 정보보안 대책은 기술적 대책, 물리적 대책, 인적 대책, 조직적 대책을 모두 빠짐없이 시행하는 것이 중요합니다.

정보보안 대책의 기능에도 주목

정보보안 대책은 기능적 관점에서도 분류할 수 있습니다. 문제의 발생을 막는 대책은 방지 기능, 문제 발생이나 조짐을 찾는 대책은 확인 기능, 발생한 문제의 피해를 억제하는 대책은 대응 기능으로 분류합니다.

이런 분류는 정보보안 대책을 세울 때 적용됩니다. 앞에서 본 네 종류의 대책(기술적 대책, 물리적 대책, 인적 대책, 조직적 대책)과 대책 기능을 표로 정리해보면 정보보안 대책의 계획을 세울 때 도움이 됩니다(표 5-2).

표 5-2 | **정보보안 대책의 종류 – 기능표**

		대책의 종류			
		기술적 대책	**물리적 대책**	**인적 대책**	**조직적 대책**
대책 기능	방지	• 방화벽 설치 • UTM 설치	• 출입 관리 • 보관고 관리	• 정보보안 연수 • 기밀보장서약	• 종업원 책임 권한 규정 • 관리책임자 선임
	확인	• IDS 확인 • 로그 자동 분석	• 감시 카메라 • 도난 경비 시스템	• 하인리히 법칙 • 퇴근 전에 상호 확인	• 보고 체계 확립 • 확인 체계 정비
	대응	• IDS로 공격하는 곳 폐쇄 • 고부하 시 자동 스케일링	• 경비원 호출 • 경비 회사 통보 (야간)	• 사고 대응 매뉴얼 정비 • 사고 대응 훈련	• 대응팀 구성 • 보안 보험 가입

※표에 나온 내용은 대응책 예시이므로 실제로 표를 사용하려면 '기밀성을 확보하려면 어떻게 해야 한다' 같은 목표를 세우고 실현 방법을 채워 넣는 식으로 활용합니다.

방화벽

출입구에서 네트워크를 지키는 방화벽

방화벽(Firewall)은 네트워크 출입구에 설치해 외부에서 내부로 들어오는 부정 침입을 차단하거나 내부에서 외부로 나가는 부정한 접근을 막아 네트워크를 보호하는 장치입니다.

방화벽의 주요 기능에는 IP 주소나 포트 번호에 기반한 필터링이 있습니다. 지정한 IP 주소의 송신 또는 수신하는 통신을 차단하거나 지정 포트 번호가 목적지인 통신만 통과시키는 등의 동작을 합니다. 원시적인 방화벽은 통신 상태의 변화와 관계없이 입출력 패킷의 양쪽에 조건을 지정해서 지정된 내용에 따라 통과와 차단을 정적으로 판별합니다. 이런 동작을 정적 패킷 필터링이라고 합니다(그림 5-3).

최근에 많은 방화벽이 SPI(Stateful Packet Inspection) 기능을 탑재하고 있습니다. 이 기능은 주로 TCP 통신 상태(플래그, 일련번호 등)의 변화가 정상인지 감시해 부자연스러운 패킷을 찾으면 파기해서 위장이나 납치[2]를 방지합니다. 이렇듯 통신 변화를 감시해서 요청을 보낸 후에 그 응답만 통과하도록 방화벽을 설정하고 통신이 끝나면 자동적으로 허가를 해제하는 세세한 필터링이 가능합니다. 이런 필터링을 동적 패킷 필터링이라고 합니다(그림 5-4).

방화벽은 통신 내용 자체는 감시하지 않으므로 그 내용이 정상인지 여부는 판단하지 않습니다. 따라서 바이러스에 감염된 파일이 첨부된 메일을 파기하거나 피싱페이지[3]를 경고하는 동작은 방화벽 기능에 포함되지 않는 게 보통입니다.

---

2 타인의 접속을 도중에 빼돌리는 것을 뜻합니다.
3 유명한 사이트를 흉내 또는 도용한 페이지로, 진짜라고 속은 사용자가 입력한 ID, 암호 등을 훔치려는 목적으로 만든 사기 사이트를 말합니다.

그림 5-3 | 정적 패킷 필터링의 설정 모습

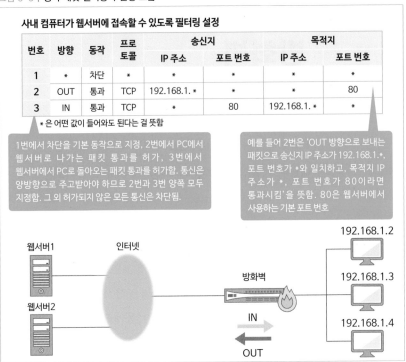

사내 컴퓨터가 웹서버에 접속할 수 있도록 필터링 설정

번호	방향	동작	프로토콜	송신지		목적지	
				IP 주소	포트 번호	IP 주소	포트 번호
1	*	차단	*	*	*	*	*
2	OUT	통과	TCP	192.168.1.*	*	*	80
3	IN	통과	TCP	*	80	192.168.1.*	*

*은 어떤 값이 들어와도 된다는 걸 뜻함

1번에서 차단을 기본 동작으로 지정, 2번에서 PC에서 웹서버로 나가는 패킷 통과를 허가, 3번에서 웹서버에서 PC로 돌아오는 패킷 통과를 허가함. 통신은 양방향으로 주고받아야 하므로 2번과 3번 양쪽 모두 지정함. 그 외 허가되지 않은 모든 통신은 차단됨.

예를 들어 2번은 'OUT 방향으로 보내는 패킷으로 송신지 IP 주소가 192.168.1.*, 포트 번호가 *와 일치하고, 목적지 IP 주소가 *, 포트 번호가 80이라면 통과시킴'을 뜻함. 80은 웹서버에서 사용하는 기본 포트 번호

웹서버1 인터넷 방화벽 192.168.1.2

192.168.1.3

웹서버2 192.168.1.4

IN

OUT

그림 5-4 | SPI로 동적 패킷 필터링 모습

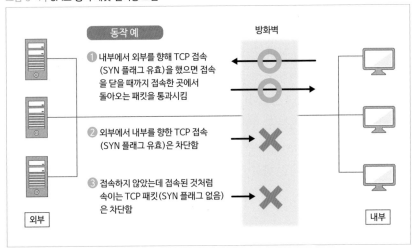

방화벽

동작 예

① 내부에서 외부를 향해 TCP 접속 (SYN 플래그 유효)을 했으면 접속을 닫을 때까지 접속한 곳에서 돌아오는 패킷을 통과시킴

② 외부에서 내부를 향한 TCP 접속 (SYN 플래그 유효)은 차단함

③ 접속하지 않았는데 접속된 것처럼 속이는 TCP 패킷(SYN 플래그 없음)은 차단함

외부

내부

238

방화벽 기기의 형태

대규모 조직에서 사용하는 네트워크라면 보통은 전용 방화벽 기기를 설치합니다. 그 이유는 다양한 기능이 필요한 것 외에도 네트워크 출입구에 설치해서 모든 통신을 통과시켜야 하므로 높은 처리 성능과 낮은 고장률(가동률이 높음), 유지 보수가 쉬워야 하는 조건이 필요하기 때문입니다.

중소 규모의 거점에서 사용하는 네트워크는 방화벽 기능을 내장한 라우터를 사용하는 경우가 많습니다. 대응하는 기능이나 성능은 기종에 따라 다르지만, 중소 규모용 라우터라면 방화벽 기능이 탑재된 경우가 많습니다. 가정용 무선 와이파이 공유기는 무선 접속 포인트와 라우터 기능을 하나로 합친 기기인데 최근에는 무선랜 초기 설정값이 방화벽 유효인 경우가 많아서 사용자는 방화벽 존재 여부를 의식할 필요가 없습니다.

그 외에도 UTM(종합 보안 기능을 제공하는 장치로 네트워크 출입구에 설치)에도 방화벽 기능이 있어서 단독 또는 라우터와 함께 방화벽 기능을 이용할 수 있습니다. 보안 소프트웨어가 방화벽 기능을 내장한 경우도 있습니다.

필터링의 예

패킷 필터링이 어떻게 이루어지는지 살펴봅시다. 윈도우 7, 8, 10에 표준 탑재된 보안 소프트웨어 윈도우 디펜더(Windows Defender)를 기준으로 설명합니다.

윈도우 디펜더는 패킷 필터링을 수신(인바운드)과 송신(아웃바운드)으로 나눠서 설정합니다. 수신은 컴퓨터가 외부에서 받는 패킷, 송신은 컴퓨터가 외부로 보내는 패킷을 의미하고 따로따로 필터 설정이 가능합니다. TCP는 접속 시작을 허가할지 여부를 지정합니다. 만약 완전한 정적 패킷 필터링이라면 양방향 필터를 지정해야 하지만, 윈도우 디펜더를 사용할 때는 접속을 시작하는 방향만 지정하면 충분합니다.

방화벽 설정 화면 열기(윈도우 10)

1 [시작] 버튼 → [설정] 선택

2 Windows 설정 화면에서 방화벽을 검색한 후 [방화벽 및 네트워크 보호]를 선택

3 방화벽 및 네트워크 보호 창에서 [고급 설정]을 선택

4 사용자 계정 컨트롤 창에서 [예]를 선택

5 방화벽 설정 화면이 열림

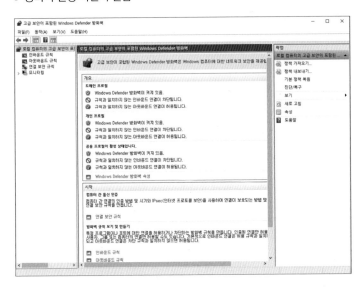

이런 화면이 나타나면 방화벽 설정이 가능합니다.

웹 접근을 금지하는 예

1 방화벽 설정 화면의 왼쪽 메뉴에서 [아웃바운드 규칙]을 클릭

2 화면 오른쪽의 메뉴에서 [새 규칙]을 클릭

3 [포트]를 선택하고 [다음]을 클릭

4 [TCP]와 [특정 원격 포트]를 선택하고 80을 입력한 후 [다음] 클릭

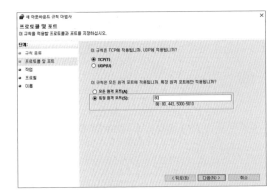

5 [연결 차단]을 선택하고 [다음]을 클릭

6 [도메인] [개인] [공용]을 모두 체크하고 [다음]을 클릭

7 [이름]에 [0000TEST_HTTP_BLOCK]을 입력하고[4] [마침]을 클릭

8 화면 중앙에 있는 [아웃바운드 규칙]에 추가한 규칙이 표시되는 걸 확인

설정 변경이 끝나면 웹브라우저에서 http://로 시작하는 주소에 접속하면 에러가 발생하고(그림 5-5), https://로 시작하는 주소는 접속 가능한 걸 확인합니다. 이는 통신 차단 조건에 포트 번호 80을 지정했기 때문입니다. http://로 시작하는 접속은 포트 번호 80번을 사용하므로 차단 조건에 해당해 통신이 막히고, https://로 시작하는 접속은 포트 번호 443번을 사용하므로 조건에 해당하지 않아서 연결이 됩니다.

확인이 끝나면 확인용으로 작성한 규칙을 삭제하면 http://로 시작하는 웹사이트에 다시 접속할 수 있습니다.

그림 5-5 | 에러 화면

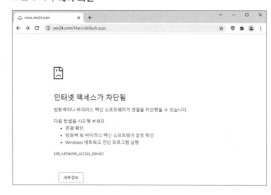

규칙 삭제 방법

1 [아웃바운드 규칙]에서 [0000TEST_HTTP_BLOCK]을 선택하고 화면 오른쪽 아래에 있는 메뉴에서 [삭제] 클릭

2 [이 규칙을 삭제하시겠습니까?] 창이 뜨면 [예]를 클릭

3 규칙이 삭제된 것을 확인

---

4 특별한 의미가 있는 것이 아니라 작성한 규칙을 확인하기 좋도록 0000으로 시작하는 이름을 사용합니다.

04

UTM

UTM이 적합한 경우

UTM(Unified Threat Management, 종합 위협 관리)은 네트워크 보안을 실현하는 방법 중 하나이자 관련 기기의 명칭입니다. 여기에서는 해당 기능을 제공하는 기기를 뜻하는 의미로 사용합니다.

네트워크에 필요한 보안 기능은 패킷 필터링을 비롯해 메일에 첨부된 바이러스 제거, 피싱 피해 예방, 정보 누출 방지 등 다양합니다. 이런 대응 내용은 네트워크 계층 모델에 적용하면 하위 계층뿐만 아니라 상위 계층을 포함한 포괄적인 대응이 필요한 걸 알 수 있습니다.

따라서 네트워크 보안 대책은 지금까지 다양한 기기를 조합해서 실현했는데 이런 모든 걸 기기 하나에 집약한 편리한 물건이 UTM입니다. 각 계층의 보안 대책이 UTM 하나만 설치하면 끝나므로 여러 기기를 조합해서 사용하는 경우와 비교하면 물리적 공간이나 소비 전력도 줄어들고 운용과 관리도 쉬워집니다. 따라서 관리자가 따로 없는 지점 등의 네트워크라면 UTM을 선택하는 것이 좋습니다.

UTM의 제공 기능

UTM이 제공하는 기능은 제품에 따라 다르지만 일반적으로 표 5-3에 있는 기능을 제공합니다. 방화벽만 쓰는 경우에 비해 UTM이 좀 더 다양하게 응용 가능합니다. 달리 말하면 네트워크 보안에는 광범위한 대책이 필요해서 방화벽만으로는 불충분하다는 이야기가 됩니다.

예를 들어 방화벽은 메일서버에 보내는 패킷의 IP 주소나 포트라면 확인 가능하지만, 메일 내용 자체는 확인할 수 없습니다. 바이러스 여부는 메일 내용을 확인해야 알 수 있으므로 방화벽만 가지고는 바이러스 메일을 막을 수 없고 별도로 메일 내용을 확인하는 바이러스 대책을 세워야 합니다.

이렇듯 UTM에는 종합적인 보안 기능이 요구된다는 점이 PC에서 사용하는 보안 소프트웨어와 닮았습니다. 바이러스 대책 기능이나 침입 대책 기능에 필요한 패턴 파일이 매일 같이 업데이트되는 점도 마찬가지입니다. 따라서 기기 비용 외에도 별도로 서비스 이용료가 들거나 기기 비용에 일정 기간 동안 사용 가능한 서비스 요금이 포함되는 것이 일반적입니다.

표 5-3 | UTM이 제공하는 대표적인 기능

기능명	내용
방화벽	IP 주소, 포트 번호, 통신 상태 등을 기반으로 패킷 필터링
바이러스, 스파이웨어, 애드웨어 대책	메일, 파일에 포함된 바이러스, 스파이웨어, 맬웨어 확인 및 제거
스팸메일 대책	스팸메일 확인, 표시, 격리
피싱 대책	피싱 사이트 확인, 경고, 접속 방지
웹 필터	접속할 URL이나 포함된 문자열에 따라 웹 접근을 제어
IDS/IPS	외부에서 부정 침입이나 공격을 확인, 대응 및 내부에서 부정 접속이나 정보 누출을 방지

COLUMN | 가정용 UTM 제품

UTM은 주로 회사를 대상으로 하여 가정에서 사용할 만한 물건이 없다고 볼 수도 있습니다. 하지만 최근에 와이파이 공유기에 내장된 보안 프로그램 형태로 기존의 UTM에 가까운 기능을 제공하는 제품도 등장했습니다. 아직까지 종류는 적지만 보안의 중요성에 대한 인식과 IoT 제품이 가정에 널리 사용되면서 앞으로 가정용 제품이 늘어날 것으로 예상됩니다.

보안 소프트웨어

상식이 된 보안 소프트웨어

네트워크 통신이나 USB 메모리를 사용한 데이터 전송 등으로 외부와 정보를 교환하는 중 컴퓨터는 맬웨어(Malware. 바이러스나 스파이웨어 같은 악성 소프트웨어)가 침입하거나 공격 당할 위험이 있습니다. 보안 소프트웨어(Security software)는 주로 맬웨어 침입과 공격을 방지, 확인, 제거하는 소프트웨어입니다.

이런 기능은 네트워크에 존재하는 경우와 컴퓨터에 존재하는 경우가 있습니다(그림 5-6). 네트워크에 두면 네트워크 내부의 모든 기기에 효과를 발휘합니다.

그림 5-6 | **보안 소프트웨어의 기능을 배치할 장소**

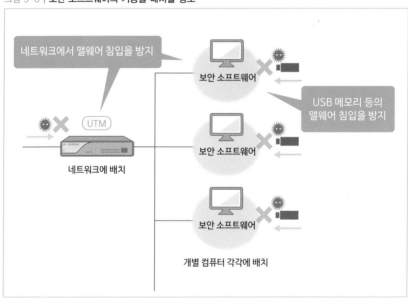

하지만 기기 가격이 비싸고 USB 메모리 등을 통한 침입은 대응할 수 없습니다.
UTM이 대표적인 기기입니다.

한편, 컴퓨터에 배치하면 설치된 컴퓨터에만 효과를 발휘합니다. 보통 보안 소프
트웨어라고 하면 이쪽을 뜻합니다. 가격이 낮아서 손쉽게 이용할 수 있고 USB 메
모리 등을 이용한 침입에도 대응합니다. 하지만 처리 성능이 낮은 컴퓨터라면 애
플리케이션의 속도가 느려지는 원인이 됩니다. 제품에 따라 서버용과 클라이언트
용으로 나뉩니다.

기업이나 단체에서는 양쪽 모두를 사용해서 안전성을 확보하지만, 가정이라면 소
프트웨어만 사용하는 경우가 대부분입니다. 어느 쪽을 선택하더라도 안전하게 컴
퓨터를 사용하려면 보안 소프트웨어의 사용이 필수입니다.

보안 소프트웨어의 기능

원래는 바이러스 침입 방지, 확인, 제거 같은 안티 바이러스 기능이 중심인 보안
소프트웨어였지만, 점점 종합 보안 대책 소프트웨어로 진화하여 현재는 컴퓨터 보
안에 필요한 각종 기능을 패키지로 묶어서 제공하는 경우가 많아졌습니다(표 5-4).

표 5-4 | **보안 소프트웨어의 주요 기능**

보안 소프트웨어	주요 기능
안티 바이러스	바이러스 침입 방지, 확인, 제거
방화벽	외부에서의 부정 접속 차단
스파이웨어 대책	정보를 훔치려는 스파이웨어 침입 방지, 확인, 제거
애드웨어 대책	무단으로 광고를 표시하는 애드웨어 침입 방지, 확인, 제거
피싱 대책	가짜 홈페이지 접속 거부
스팸 대책	스팸메일 확인, 마킹, 격리
보호자 기능	보호자가 이용 제한 설정

보안 소프트웨어가 위험성을 확인하는 방식은 크게 나눠 두 종류가 있습니다. 하
나는 패턴 파일에 기반한 확인입니다. 패턴 파일은 시그니처(Signature)라고 부르기
도 하는데 맬웨어 등의 특성을 기록한 데이터입니다. 이 파일과 대상을 대조해서
위험 여부를 판정합니다. 패턴 파일은 보안 소프트웨어를 제공하는 회사가 인터넷
을 통해 자동으로 배포합니다.

그림 5-7 | 위험성 확인 방식

패턴 파일(시그니처)에 기반한 확인

- 맬웨어 특성을 기록한 패턴 파일과 비교해서 확인함

- 확인 정밀도가 높음

- 패턴 파일 배포 전에는 확인이 불가능하므로 제로데이 공격[5] 등에 대응이 어려움

휴리스틱 확인

- 검증 환경 등을 이용해서 대상을 동작시켜서 의심스러운 행위를 하는지 확인함

- 확인 정밀도가 들쑥날쑥함

- 패턴 파일 배포 전에도 확인 가능하므로 제로데이 공격 등에도 대응 가능함

다른 하나는 휴리스틱(Heuristic) 확인입니다. 이 방법은 대상을 검증 환경 등에서 실행해보고 의심스러운 동작을 하는지 확인합니다. 패턴 파일 방식과 다르게 아직 패턴 파일이 배포되지 않은 시점에도 방어 효과를 기대할 수 있습니다. 보안 소프트웨어는 양쪽 방식을 조합해서 확인율을 높입니다(그림 5-7).

보안 소프트웨어를 선택할 때 맬웨어 확인율 외에도 처리가 가벼운지, 프로그램 상성 문제가 적은지, 사용자 평가가 높은지 등을 확인하면 좋습니다. 외부 통신이나 데이터를 계속해서 감시하는 보안 소프트웨어는 다른 프로그램 기능에도 영향을 주므로 실제로 사용 중인 사용자의 평가를 참조하는 것이 좋습니다.

또한, 보안 소프트웨어를 이용한다고 완벽하게 안전한 것도, 보안 규칙을 무시해도 되는 것은 아닙니다. 그 어떤 방법을 쓰더라도 100% 방어는 불가능하고, 제로데이 공격(패턴 파일이 배포되기 전에 받는 공격)이나 표적형 공격(어떤 특정 기업 등을 노리고 만든 바이러스 등으로 시도하는 공격)이라면 충분한 효과를 발휘하지 못하기도 합니다. 따라서 안전하게 이용하려면 규칙을 반드시 준수하고 어쩌다 발생한 실수를 보안 소프트웨어로 보완해야 합니다.

---

5 역자주: 보안 취약점이 발견된 직후 발생하는 공격으로 아직 대응법이 나오지 않은 시점이라 피해가 커지는 경우가 많습니다.

COLUMN | 보안 소프트웨어의 이용 형태

매일같이 늘어나는 맬웨어 등에 대응하기 위해 보안 소프트웨어의 패턴 파일이나 확인 알고리즘도 갱신 빈도가 짧아져서 몇 시간 만에 갱신되는 경우도 많습니다. 늘 최신 파일을 배포받아야 하므로 보안 소프트웨어는 1회성 판매(구입한 시점에 계속해서 사용 가능)가 아니라 보통 구독형(일정 기간마다 이용료를 내고 최신판을 사용하는 형태)으로 제공합니다.

보안 소프트웨어는 OS 핵심 영역과 연동해서 동작하므로 윈도우용, 맥용, 안드로이드용처럼 OS마다 실행 프로그램이 제공됩니다. 최근에는 보안 소프트웨어 제공 형태가 유연해져서 OS 종류와 관계없이 사용할 기기를 골라서 자유롭게 사용하는 라이선스를 판매하는 경우도 늘었습니다. 또는 가족 단위나 수년 단위로 두 대 이상에서 사용할 수 있는 라이선스를 할인 가격으로 판매하는 등 판매 방법도 다양해졌습니다.

COLUMN | 보안 소프트웨어 이용 시 주의점

최근 OS에는 간단한 보안 기능을 내장한 경우가 늘었습니다. OS 표준 방화벽의 기능이 그 예이지만 보안 소프트웨어가 제공하는 기능과 동시에 사용할 수 없는 경우가 많습니다. 그럴 때는 OS 내장 보안 기능 또는 보안 소프트웨어 기능 중 어느 한쪽을 무효화해서 서로 충돌하지 않도록 해야 합니다.

그리고 보안 소프트웨어는 출처가 명확하지 않은 제품은 피해야 합니다. 웹페이지를 보다 보면 바이러스에 감염되지도 않았는데 감염되었다고 거짓 메시지를 표시하고 무료인 치료 소프트웨어의 다운로드를 유도하는데, 실제로는 다운로드한 프로그램이 치료 소프트웨어가 아니라 맬웨어인 경우도 있습니다. 신뢰할 수 있는 제품을 신뢰할 수 있는 경로로 구매해 사용하기 바랍니다.

암호화

암호화의 기본

암호화는 어떠한 방법으로 원래 문자열(평문(Plain text)이라고 부릅니다)을 읽어도 의미를 알 수 없는 다른 문자열(암호문(Encrypted text)이라고 부릅니다)로 변환하는 것입니다(그림 5-8). 이때 암호문은 원래 평문을 추측할 수 없도록 만듭니다. 만약 암호문이 누군가에게 노출되더라도 원래의 평문 내용을 알아낼 수 없어 평문 내용을 숨길 수 있습니다.

반대로 어떤 방법으로 암호문을 평문으로 되돌리는 것을 복호화(Decryption)라고 합니다. 복호화 하면 암호문을 평문으로 바꿀 수 있어서 원래 문자열을 확인할 수 있습니다.[6]

그림 5-8 | **암호화와 복호화**

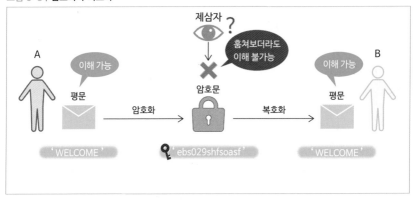

---

6 PC 분실 시 기밀 노출을 방지하기 위해 암호화한 데이터를 하드디스크에 저장하고, 하드디스크에서 읽을 때 데이터를 복호화 처리하는 기능도 실용화되어 있습니다. 이런 기능을 유효화하면 하드디스크에 저장된 데이터는 반드시 암호화되므로 만약 기기를 분실해서 누군가가 하드디스크에서 파일을 읽어내더라도 저장된 내용은 파악할 수 없습니다.

암호키와 암호 알고리즘

복호화는 암호문을 평문으로 되돌리는 작업인데, 여기서 중요한 건 암호문을 받아서 평문으로 복호화하는 사람은 평문에 대응하는 암호문을 알고 있다는 점입니다. 다시 그림 5-8을 봅시다.

A가 평문 'WELCOME'에서 암호문 'ebs029shfsoasf'를 만들어서 B에게 보냅니다. B는 이렇게 받은 암호문을 복호화해서 무사히 평문 'WELCOME'을 얻습니다. 이때 B는 평문 'WELCOME'과 대응하는 암호문 'ebs029shfsoasf'를 알고 있습니다.

이번에는 A가 같은 평문 'WELCOME'에서 'ebs029shfsoasf'를 만들어서 C에게 보냈습니다. 이때 어떤 방법으로 B가 이 암호문 'ebs029shfsoasf'를 봤다고 하면, B는 동일한 암호문을 이미 알고 있으므로 A가 C에게 평문 'WELCOME'을 보냈다고 추측할 수 있습니다. 이렇게 되면 암호가 제 역할을 하지 못합니다.

만약 한 번 사용한 변환 규칙을 두 번 다시 사용하지 않는다면 이런 상황을 막을 수 있겠지만, 매번 변환 규칙을 만든다는 건 무척 힘들고 현실적이지 않습니다. 따라서 현재 주로 사용하는 암호는 평문과 함께 '키' 교환 규칙에 적용해서 같은 평문과 같은 변환 규칙이더라도 주어진 키에 따라 암호문이 달라지도록 만듭니다. 또한, 복호화는 암호문과 올바른 키가 있을 때만 복호화할 수 있습니다. 이런 방식에서 사용하는 키는 암호문에서 키를 추측하는 것이 불가능하거나 엄청난 시간이 걸립니다. 이런 조건의 키를 암호키라고 부르고 변환 규칙은 암호 알고리즘이라고 부릅니다(그림 5-9~5-12).

현재 암호화에 사용하는 방식에는 암호화와 복호화에 같은 암호키를 사용하는 방식과 각각 다른 키를 사용하는 방식이 있고 두 방식은 특징이 다릅니다(5장 07, 5장 08 참조).

그림 5-9 | **암호 알고리즘과 암호키를 사용하는 암호화**

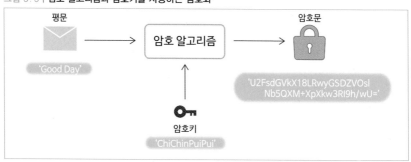

그림 5-10 | 암호키와 암호문의 관계

평문	암호키	암호문
Good Day	ChiChinPuiPui	U2FsdGVkX18LRwyGSDZVOslNb5QXM+XpXkw3RI9h/wU=
Good Day	AmeAmeFureFure	U2FsdGVkX1/wJWqRhG1zlfSMmbLbn7UhpBG4DF6IV1Q=

※ 평문 'Good Day'를 암호 암고리즘 TripleDES로 암호화한 경우
※ 같은 평문을 똑같이 TripleDES로 암호화해도 암호키가 다르면 생성된 암호문이 다름

그림 5-11 | 암호 알고리즘과 암호키를 사용해서 복호화하기

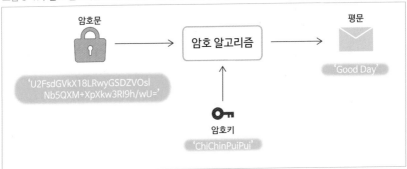

그림 5-12 | 암호문과 평문, 암호키 관계

시저 암호는 고대 로마에서 줄리어스 시저가 사용했다고 전해지는 고전적인 암호입니다. 평문의 각 문자를 정해진 숫자만큼 알파벳 순서를 옆으로 옮겨서 평문을 암호문으로 만들고, 암호문을 만들었을 때와 같은 숫자만큼 반대 방향으로 옮겨서 암호문을 평문으로 바꿉니다. 암호문에서 평문을 간단히 추측할 수 있어 암호의 역할을 제대로 하지 못해 지금은 사용하지 않지만, 암호의 기본적인 방식을 알 수 있어 암호를 설명할 때 자주 인용됩니다.

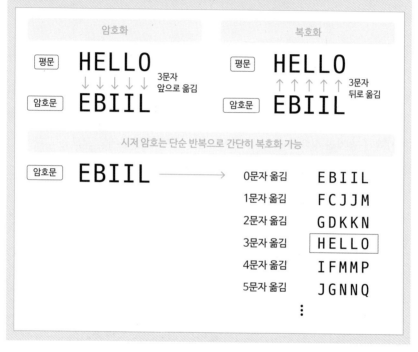

07

공통키 암호 방식

같은 키를 사용한 암호화와 복호화

공통키 암호 방식은 암호화와 복호화에 동일한 키를 사용하는 암호 방식입니다(그림 5-13). 암호화할 사람은 평문과 암호키를 암호 알고리즘에 적용해서 암호문을 만듭니다. 이런 암호문은 제삼자가 훔쳐보더라도 내용을 파악할 수 없습니다. 즉, 평문 내용은 숨겨진 상태입니다. 따라서 누가 도중에 훔쳐 볼지도 모르는 그다지 안전하지 않은 통신 수단으로 보내도 어떤 내용이었는지 누출될 걱정이 없습니다.

암호문을 받은 사람은 원래 내용을 알기 위해 암호문을 복호화합니다. 복호화는 대상이 되는 암호문 이외에도 암호화할 때 사용한 것과 동일한 암호키(공통키)가 필요합니다.

그림 5–13 | **공통키 암호 방식**

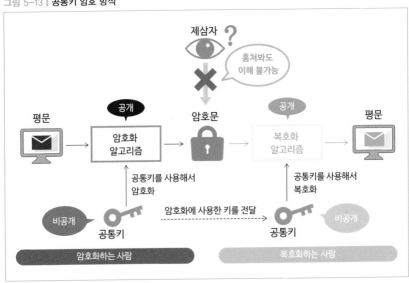

미리 받은 암호키를 암호문을 복호화하는 알고리즘에 적용하면 원래의 평문을 얻을 수 있어 내용을 확인하게 됩니다. 공통키 암호 방식은 구조가 간단하고 암호화와 복호화에 필요한 계산량이 비교적 적은(처리가 가벼운) 특징이 있습니다. 따라서 인터넷으로 중요한 정보를 보낼 때 또는 노출되면 곤란한 PC 내부 정보를 저장할 때처럼 정보의 기밀성을 확보하는 목적으로 널리 사용합니다.

암호키를 어떻게 전달해야 하는가

공통키 암호 방식은 간단하고 사용하기 쉬워서 널리 사용되지만, 피할 수 없는 문제점이 하나 있습니다. 바로 '키 전달 문제'입니다.

그림 5-13에서 암호화 알고리즘과 복호화 알고리즘은 일반적으로 공개된 정보라서 암호화 관련 계산 방법은 누구라도 찾아볼 수 있습니다. 또한, 암호문은 구조상 제삼자가 훔쳐보더라도 큰 문제가 되지 않습니다. 반드시 암호화한 사람과 복호화할 사람만 알고 있어야 하는 비밀은 바로 암호키입니다. 만약 암호키가 노출되면 이미 알려진 복호화 알고리즘과 손에 넣은 암호키를 이용해서 훔쳐보던 누군가 다른 사람이 암호문을 평문으로 바꾸는 데 성공할 위험성이 있습니다.

따라서 공통키 암호 방식에서 공통키를 안전하게 지키는 일이 무척 중요합니다. 다시 그림 5-13을 보면 암호키를 암호화한 사람이 복호화할 사람에게 넘겨줘야 한다는 걸 알 수 있습니다. 이때 암호키를 다른 누구에게도 들키지 않는 방법으로 넘겨야 합니다.

키 전달 문제의 해결 방법

만약 암호화, 복호화할 사람이 동일 인물이거나 가족 또는 종업원처럼 서로 가까이 있는 사람이라면 암호키 전달은 큰 문제가 아닙니다. 하지만 문제는 암호화하는 사람과 복호화할 사람이 다른 사람이고 물리적으로 멀리 떨어진 경우입니다. 암호를 사용하는 목적은 주고받는 내용을 제삼자가 훔쳐볼 가능성이 있기 때문입니다. 그러므로 안전하지 않은 통신 수단으로 '암호키'라는 중요한 비밀을 전달하는 건 있을 수 없습니다.

암호키는 별도로 확보한 안전한 수단을 사용해 비밀을 보장하면서 복호화할 사람에게 전달해야 합니다(그림 5-14). 안전하지 않은 수단을 안전하게 사용하려면 일단 안전한 수단으로 암호키를 보내야만 한다는 모순이 '키 전달 문제'입니다.

이런 문제 때문에 예전에는 암호키를 출력한 종이나 암호키가 저장된 매체를 전용 편으로 보내서 안전하게 암호키를 전달하는 방법을 사용했습니다. 하지만 요즘은 공개키 암호(5장 08)를 사용해서 암호키(공통키)를 전달하는 방법이 일반적입니다. 공개키 암호는 공통키를 전달할 필요가 없는 암호 방식입니다.

그림 5-14 | **암호키(공통키)는 안전한 수단으로 전달해야 함**

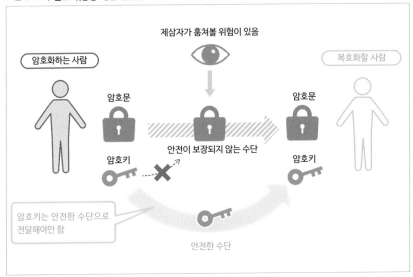

08

공개키 암호 방식

공개키 암호의 탄생

공통키 암호는 암호화하는 사람과 복호화할 사람이 암호키를 주고받아야 해서 그 방법이 과제라는 것을 앞에서 살펴 보았습니다. 이런 문제를 해결하려는 목적으로 공개키 암호 방식이 개발되었습니다. 공개키 암호 방식은 비밀의 암호키를 주고받지 않아도 됩니다. 공통키 암호와 큰 차이점은 복호화할 사람이 암호화와 복호화에 사용할 두 키를 쌍으로 준비한다는 점입니다.

암호화는 다음과 같은 순서로 처리합니다(그림 5-15). 암호화할 사람은 우선 복호화할 사람의 공개키(Public key)를 얻습니다. 공개키는 이름 그대로 공개된 키이므로 메일처럼 그다지 안전하지 않은 방법으로 보내도 괜찮습니다. 암호화할 사람은 이제 평문과 공개키로 암호문을 작성합니다.

그림 5-15 | **공개키 암호 방식**

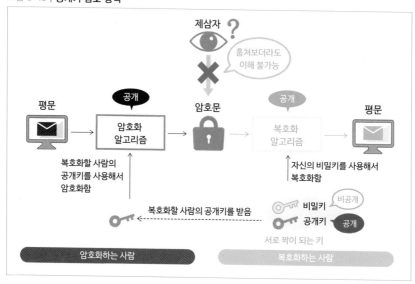

암호문은 공통키 암호 방식과 마찬가지로 제삼자가 훔쳐보더라도 내용을 파악할 수 없습니다.

암호문을 복호화할 사람은 받은 암호문과 자신만이 알고 있는 비공개의 비밀키(Private key)를 사용해서 평문으로 복호화합니다. 비밀키는 암호화에 사용한 공개키와 짝(쌍)을 이루고, 어떤 공개키로 암호화한 암호문은 그 짝이 되는 비밀키가 없으면 복호화가 불가능한 구조입니다.

비밀 정보 전달이 불필요하다는 의미

반복하지만 공개키 암호의 최대 장점은 암호화할 사람과 복호화할 사람이 비밀 암호키를 주고받지 않는다는 점입니다. 이는 키 전달 문제가 발생하지 않는다는 뜻입니다(그림 5-16). 그래서 공개키 암호는 암호학의 대발명이라고 불립니다.

암호문을 만들고 해독하는 과정에서 키를 주고받는 안전한 수단이 필요하지 않습니다. 만약 안전하지 않은 수단을 사용하더라도 암호문이 제대로 배달만 된다면 충분합니다.

공통키 암호와 조합해서 사용

이런 획기적인 특징이 있는 공개키 암호 방식이지만 무시할 수 없는 단점도 있습니다. 이런 암호를 실현하려면 엄청난 계산량이 필요해서 처리가 무겁다는 점입니다.

그림 5-16 | **공개키를 안전하지 않는 수단으로 전달하는 모습**

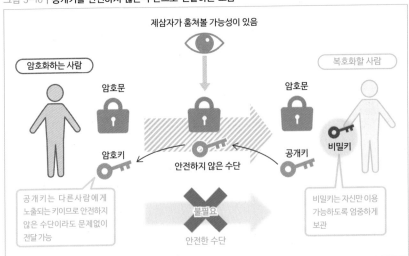

이런 약점 때문에 고속으로 암호화와 복호화를 사용하는 용도로는 적합하지 않아 대량의 데이터를 암호, 복호화하는 데 불리한(컴퓨터 처리 능력이 낭비됨) 어려움이 있습니다.

따라서 이런 약점을 회피하면서 키 배송 문제가 없는 공개키 암호 방식의 특징을 살리는 기발한 방법이 등장했습니다. 바로 공개키 암호 방식과 공통키 암호 방식을 조합해서 사용하는 것입니다. 그림 5-17을 보겠습니다.

공통키 암호 방식의 암호키를 공개키 암호 방식으로 주고받아 키 전달 문제를 해결하고(단계 1), 실제 데이터의 암호화는 계산량이 적은(처리가 가벼운) 공통키 암호 방식을 사용합니다(단계 2).

이 형태는 공통키를 주고받을 때 안전하지만 처리가 무거운 공개키 암호를 사용하고, 그 이후는 처리가 가벼운 공통키 암호를 사용해서 효율적으로 암호 데이터를 주고받습니다. 공통키 암호 방식에 존재하는 키 전달 문제와 공개키 암호 방식에 존재하는 처리의 무거움이라는 두 문제를 한꺼번에 해결합니다. 이런 방법을 하이브리드 암호라고 하며 널리 사용하고 있습니다. 나중에 설명하는 SSL/TLS도 동일한 방식을 사용합니다.

그림 5-17 | **공통키 암호와 공개키 암호를 조합해서 사용**

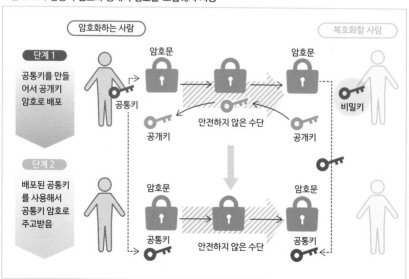

09

공개키 제공 수단과 PKI

공개키의 안전한 배포

공통키 암호의 키 전달 문제를 공개키 암호로 해결할 수 있음을 알았습니다. 하지만 공개키 암호도 상대방에게 직접 공개키를 받을 수 없는 상황이 종종 있으므로 그 공개키가 정말 본인이 만든 게 맞는지, 내용이 변경되지 않았는지 확신이 필요합니다. 예를 들어 공개키 암호를 이용할 때 그림 5-18과 같은 상황이 일어날 수 있습니다. 악의를 가진 X가 자신의 공개키를 B의 공개키라고 속여서 A에게 넘기고 A가 B에 보내려는 정보를 손에 넣는 경우입니다.

이런 일이 발생하지 않도록 본인의 공개키가 맞다는 걸 확인하는 방법이 PKI(Public Key Infrastructure)입니다. PKI는 신뢰할 수 있는 제삼자(인증국)가 공

그림 5-18 | 가짜 공개키 때문에 비밀이 노출되는 경우

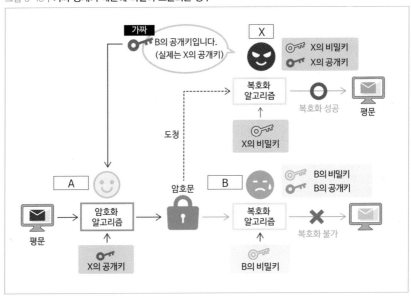

개키 소유자와 내용이 변조되지 않았다는 것을 보장합니다. 이때 전자서명(5장 10 참조)을 사용합니다.

PKI의 구조

어떤 사람이나 서버를 신뢰할 수 있는지 판단하는 건 간단하지 않습니다. 이런 명제에 대해서 PKI는 신뢰하는 사람이 보장하는 사람이라면 신뢰할 수 있다라는 무척이나 인간미 넘치는 방식으로 상대방을 신뢰 가능한지 확인합니다(그림 5-19).

PKI를 구성하는 요소에는 독특한 이름이 붙어 있습니다. 그중에서도 특별히 중요한 것은 '신뢰할 수 있다고 보장해주는 사람'으로 이를 인증국(CA: Certification Authority)이라고 부릅니다. 인증국은 크게 두 종류로 나뉩니다. 첫 번째는 사회적인 신뢰 등을 근거로 최종적인 신뢰를 담보하는 인증국, 즉 절대적인 신뢰성을 지닌 인증국을 루트 인증국(Root CA)이라고 부릅니다. 루트 인증국은 현실 세계에 존재하는 기업 또는 조직이 확보한 신뢰성을 바탕으로 PKI에서도 신뢰성을 확보합니다. 그리고 다른 한 종류는 누군가가 보장해줘서 신뢰할 수 있는 사람에 해당하는 상대적인 신뢰를 가진 중간 인증국(Intermediate CA)이 있습니다. 중간 인증국은 자신의 상위 중간 인증국 또는 루트 인증국의 보장을 받아서 자기 자신의 신뢰성을 획득합니다.

사용자가 비밀키와 공개키 쌍을 가지고 있고 그중 공개키를 자신의 것이라고 제삼자에게 공개하려고 한다고 합시다. 중간 인증국이 사용자 공개키와 소유자 정보를 전자서명한 증명서를 발행하면 사용자 공개키와 소유자 정보에 중간 인증국에서 받은 보증이 증명되었다고 할 수 있습니다.

그림 5-19 | PKI 신뢰 확보 과정

신뢰 가능하다고 추측 가능 C ← 보증 ← A ← 보증 ← B 사회적인 신뢰

C를 믿을 수 있다고 A가 보장함. 하지만 보장하는 A가 어떤 사람인지 알지 못함. 좀 더 알아보니 A가 믿을 수 있는 사람이라고 B가 보장함. 그리고 B는 사회적으로 신뢰하는 사람임.
그렇다면 B가 사회적으로 신뢰할 수 있다는 근거로 C가 신뢰 가능한 사람이라고 추측하는 것이 PKI 구조가 됨.

그림 5-20 | 증명서로 공개키의 정당성을 확보하는 모습

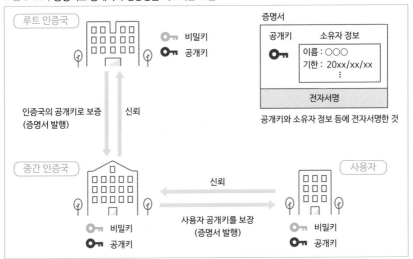

그리고 중간 인증국의 공개키(해당 인증국이 전자서명을 발행할 때 사용하는 비밀키와 쌍이 되는 키)와 소유자 정보에 대해서 루트 인증국이 증명서를 발행하면 중간 인증국의 공개키와 소유자 정보는 루트 인증국의 보증을 획득한 상태가 됩니다. 만약 충분히 신뢰할 수 있는 루트 인증국이라면 이런 연쇄 효과로 사용자 공개키를 믿어도 된다고 추측할 수 있습니다(그림 5-20).

실제 증명서

SSL/TLS(HTTPS)로 암호화 통신을 하는 웹서버는 이런 방식으로 검증된 증명서를 내장하므로 웹브라우저와 암호화 통신을 할 때 증명서를 함께 보냅니다. 이때 웹서버 자신의 증명서 뿐만 아니라 앞에서 본 것처럼 인증국 체인(연쇄)을 따르는 상위 인증국 증명서도 포함됩니다(그림 5-21).

이런 증명서를 받은 웹브라우저는 증명서가 변조되지 않았는지, 정말 소유자가 맞는지 전자서명을 바탕으로 검증합니다. 체인으로 묶인 증명서마다 이런 확인을 반복해서 가장 상위 증명서가 브라우저에 내장된 어떤 루트 인증국 증명서와 일치하는 걸 확인하면 웹서버 인증서에 문제가 없습니다. 그러므로 거기에 포함된 공개키도 문제가 없다고 판단해서 첨부된 공개키를 사용해서 암호화 통신을 시작합니다.[7]

그림 5-21 | 증명서 체인

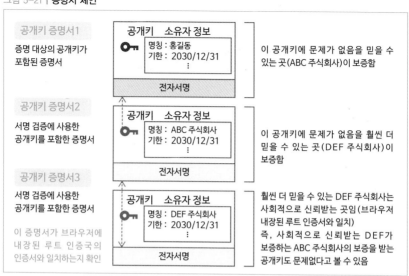

COLUMN | 증명서 체인 확인하기

웹브라우저에서 https://로 시작하는 사이트에 접속했을 때 주소표시줄에 표시되는 열쇠 모양을 클릭하면 현재 접속에 사용하는 증명서 체인을 확인할 수 있습니다.

사파리에서 확인하기

파이어폭스에서 확인하기

7 실제로 사용하는 증명서는 X.509 증명서라고 하고 RFC 5280 사양으로 정해져 있습니다. 소유자 정보에는 서버명(CN), 부서명(OU), 법인명(O), 국가명(C) 등이 들어 있고 증명서의 발행자, 유효 기간, 서명 알고리즘 같은 정보도 포함됩니다.

10

해시함수와 전자서명

해시함수

암호를 다루다 보면 해시함수(Hash function, 별명 다이제스트(Digest) 함수)를 자주 사용합니다. 해시함수 자체는 암호 알고리즘이 아니라 어떤 정보가 주어지면 해당 정보를 바탕으로 정해진 길이의 요약된 값을 만드는 기법입니다. 이렇게 얻은 해시값[8]은 주어진 정보 크기와 관계없이 함수에 따라 정해진 길이(예를 들어 512비트)의 값이 됩니다(그림 5-22).

단순한 변환과 해시함수가 다른 점은 만들어진 값은 주어진 정보에 강한 영향을 받는다는 점입니다. 즉, 주어진 내용을 요약한 정보입니다. 단순한 변환도 주어진 내용이 달라지면 결과가 변하지만, 해시함수는 주어진 내용이 아주 약간만 달라져도 최종 결과는 완전히 다른 값이 되는 성질이 있습니다. 게다가 만들어진 해시값에서 원래 정보를 추측하는 것은 불가능합니다.

그림 5-22 | **해시함수의 동작**

원문

암호를 다루면 해시함수(Hash function, 별명 다이제스트(Digest) 함수)를 자주 사용합니다. 해시함수 자체는 암호 알고리즘이 아니라 어떤 정보가 주어지면 해당 정보를 기반으로 정해진 길이의 요약된 값을 만드는 방식입니다.

↓   (문자 코드는 UTF-8로 가정)

해시함수

↓

해시값(메시지 다이제스트)

4e0d1dbfe8f25582a65cf2d5a628fdd7a0fc7f0238dafb9f3ce6eb60597f60ee

(해시함수는 SHA-256 사용)

---

8 메시지 다이제스트(Message digest)라고 부르기도 합니다.

해시함수는 아무리 긴 정보라도 정해진 길이의 해시값으로 변환하므로 필연적으로 서로 다른 정보에서 동일한 해시값이 나올 가능성이 있습니다. 이때 같은 해시값이 되는 각각의 원문은 비슷한 종류가 아니라 완전히 달라서 원문을 추측할 수 없어야 합니다. 이런 성질을 만족하는 함수로 MD5, SHA-1, SHA-2(SHA-256, SHA-512 등 6종류가 존재) 등이 있습니다(표 5-5).[9]

해시함수는 문서 변조 확인에 사용할 수 있습니다. 예를 들어 통신 중의 변조 확인이라면 송신자는 문서 해시값을 만들어서 보관해두고 해당 문서를 수신자에게 보냅니다. 문서를 받은 수신자는 이 문서의 해시값을 작성합니다. 작성한 해시값과 송신자가 가진 해시값을 비교해서 동일하면 통신 중에 변조되지 않았다고 판단할 수 있습니다. 여기서 중요한 점은 송신자가 보관하고 있는 해시값을 메일처럼 그다지 안전하지 않은 방법을 사용하더라도 원래 상태 그대로 수신자가 받을 수 있어야 한다는 것입니다.

해시값을 보낼 수 있는 다른 안전한 수단이 존재한다면 원래 문서도 안전한 수단으로 보내면 되고, 변조 위험성이 있는 수단으로 문서와 함께 해시값을 보내면 해시값 자체가 변조될 위험성이 있으므로 변조를 확인하는 의미가 없어집니다. 이런 문제를 해결하는 방법으로 이어서 설명하는 전자서명을 사용합니다.

표 5-5 | 주요 해시함수

해시함수	해시값 ※1
MD5	b019cbf10176f04501534f94f4999437 ※2
SHA1	9bf50e056d51bc1e6b91a6c8f3b1fbd1b0ef5bb2
SHA256	ec4982932a2e7d8e740560b390236296c9d6b5083759103e8622bd0801aae2eb
SHA512	e0e20019df5f29a3ee344912367dfdc5effe658997b93c82f48b8305f278df25ef568de92d4fb888633376d896d3c8041afb8afdd95f3a5b59f33a37530c0cf9

※1. '암호를 다루면 해시함수(Hash function, 별명 다이제스트(Digest) 함수)를 자주 사용합니다. 해시함수 자체는 암호 알고리즘이 아니라 어떤 정보가 주어지면 해당 정보를 기반으로 정해진 길이의 요약된 값을 만드는 방식입니다.' 이 문장을 UTF-8 문자코드로 저장하고 각 해시함수에 적용해서 얻은 해시값

※2. 만약 해시값을 구할 문장의 마지막에 있는 .을 빼면 MD5 결괏값이 e670f7f3c931c25563770debb7e835070이 되어서 서로 완전히 다른 값이 되는 걸 알 수 있습니다.

---

9 MD5와 SHA-1은 보안 취약점이 알려져서 위조 등의 위험성이 있으므로 요즘은 사용하지 않는 추세입니다.

전자서명

전자서명(Digital signature)은 변조 확인을 위한 해시함수의 해시값을 상대방에게 안전하게 전달함과 동시에 문서 작성자가 틀림없이 본인임을 증명하는 기술입니다. 전자서명은 공개키 암호(5장 08 참조)를 사용합니다(그림 5-23).

앞에서 공개키 암호의 경우 송신자는 받을 사람의 공개키로 암호화하고, 수신자는 자신의 비밀키로 복호화했습니다. 하지만 전자서명에서 송신자는 자신의 비밀키로 암호화하고, 수신자는 상대방의 공개키로 복호화하는 형태로 공개키 암호를 사용합니다. 서로 사용 방법이 달라 다른 종류의 암호라고 봐야 하지만 RSA라는 공개키 암호는 양쪽 사용법을 모두 지원합니다.

이런 암호를 이용해서 송신자는 문서 자체와 문서의 해시값을 자신의 비밀키로 암호화하고 이걸 상대방에게 보냅니다. 수신자는 우선 암호화된 해시값을 송신자의 공개키로 복호화하고 송신자가 만든 해시값을 추출합니다. 이번에는 문서의 해시값을 직접 계산합니다. 송신자가 만든 해시값과 자신이 만든 해시값을 비교해서 서로 같다면 통신 중에 변조되지 않았다고 판단합니다.

이때 상대방의 공개키로 해시값을 복호화하고 이 값과 문서의 해시값이 일치해

그림 5-23 | **전자서명**

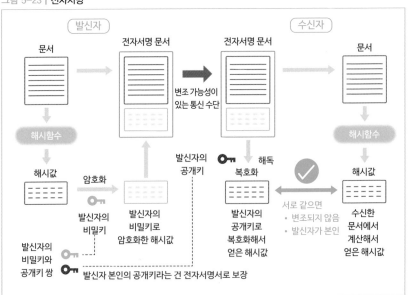

문서가 변경되지 않았다고 판단 가능하다면, 암호화/복호화에 문제가 생기지 않는 정당한 키를 소유하고 있는 사람은 문서 작성자 본인이라고 볼 수 있습니다.

이때 주의할 점은 사용한 상대방의 공개키가 정말 송신자(문서 작성)의 것인가 입니다. 이런 문제가 해결되지 않으면 본인이 작성한 것이라고 보장할 수 없습니다. 따라서 실제로 전자서명은 문서 본문, 암호화한 해시값과 함께 작성자의 공개키가 들어 있는 작성자의 전자증명서를 첨부합니다. 전자증명서는 PKI(5장 09 참조) 구조를 사용해서 정당한 증명서인지 검증 가능하므로 이런 검증을 통과한 증명서 안에 포함된 공개키는 본인의 것이 맞음을 보증합니다.

해시함수로 해시값을 작성하기

해시함수가 돌려주는 해시값은 다음과 같은 방법으로 확인할 수 있습니다. 주어진 원문을 이래저래 바꿔가며 해시값이 어떻게 변하는지 살펴보면 해시함수를 좀 더 깊이 이해하는 데 도움이 될 것입니다.

1) 웹사이트 이용하기

검색 사이트에서 'Hash Calculator Online' 같은 검색어로 검색하면 해시함수 종류별로 해시값을 계산해주는 사이트를 찾을 수 있습니다.

2) 맥OS 터미널 사용(" "로 감싼 문자열의 해시값을 계산)

문자열 abc를 MD5 함수로 해시값 계산하기

```
echo -n "abc" | md5⏎
```

문자열 abc를 SHA256 함수로 해시값 계산하기

```
echo -n "abc" ¦ shasum -a 256⏎
```

3) 윈도우 명령어 프롬프트 사용(지정한 파일 내용의 해시값을 계산)

문자열 abc를 MD5 함수로 해시값 계산하기

```
certutil -hashfile 대상파일명 SHA256⏎ 10
```

---

10 해시함수에 따라 SHA256 부분을 HD2, MD4, MD5, SHA1, SHA256, SHA284, SHA512로 바꿔서 지정할 수 있습니다.

11

대표적인 암호

암호 알고리즘의 라이프 사이클

암호 알고리즘은 새로운 특징을 지닌 알고리즘이 만들어짐 → 인정받아 널리 사용됨 → 어떤 취약성이 발견되거나 조금 더 우수한 암호 알고리즘이 등장해서 이용 빈도가 줄어듦 → 사용이 끝남, 이런 라이프 사이클을 거칩니다. 각 단계는 암호 알고리즘에 따라 무척 길거나 짧을 수 있지만 결국엔 모두 같은 과정을 거칩니다.

이 말은 어떤 암호 알고리즘을 사용한다면 알고리즘을 사용하는 동안 안전할 것인지 확인이 필요하다는 뜻입니다. 예를 들어 공통키 암호 DES는 1970년대 미국 정부가 채용한 이후 표준 암호로 세계적으로 널리 사용되었습니다. 하지만 1990년대 후반에 알고리즘 연구와 컴퓨터 처리 능력 향상(암호 취약성 발견)으로 DES의 안전성에 의문이 생겨, DES 알고리즘을 세 번 적용한 Triple DES를 사용하게 되었습니다. 그 후 암호 강도, 안전성, 처리 속도, 유연성 면에서 뛰어난 AES가 만들어져 지금은 AES가 표준 암호 위치를 획득하여 Triple DES는 더이상 사용하지 않게 되었습니다.

암호 알고리즘을 선택할 때는 이런 배경을 이해하고 최신 정보를 참조해서 어떤 암호 알고리즘이 언제까지 안전할지 확인해야 합니다. 어떤 시점까지 안전한 암호를 찾으려면 정부나 기업 등에서 발표하는 암호 목록을 참조하면 좋습니다. 이런 목록에 실린 암호는 안전성과 성능도 검증된 것이라 앞으로 널리 보급될 가능성이 높으므로 안전한 암호를 찾을 때 도움이 됩니다.

암호 종류와 대표적인 알고리즘

일반적으로 암호와 암호에 관련된 기술의 종류로는 공통키 암호(5장 07 참조), 공개키 암호(5장 08 참조), 해시함수(5장 10 참조)를 들 수 있습니다. 종류별로 널리 알려진 알고리즘을 표 5-6~5-8에 정리했습니다. 이 표에는 2018년 현재 이미 역사적인 역할을 끝내고 더이상 사용하지 않는 알고리즘도 있습니다. 앞에서 이야기한 것처럼 표에 나온 암호도 지금은 괜찮더라도 취약성 발견 등의 이유로 사용하지 않게 될 수 있으므로 어떤 암호를 사용할지 정할 때는 항상 최신 정보를 참조하기 바랍니다.

공개키 암호는 수학적 계산이 어려워서 무작정 대입 등으로 풀기에는 너무 오랜 시간이 걸린다는 점(예: 소인수 분해)이 암호가 뚫리기 어렵다는 이론적 근거가 되었습니다. 하지만 미래에 양자 컴퓨터가 개발되어 계산 속도가 비약적으로 향상되면 수학적으로 어려운 계산도 현실적인 시간 안에 풀릴 수 있으므로 암호로서 의미를 상실(암호가 뚫림)할지도 모릅니다. 따라서 양자 컴퓨터로도 해독 불가능한 양자 컴퓨터에 대응하는 암호 연구가 활발히 진행되고 있습니다.

표 5-6 | 각종 공통키 암호

종류	명칭	설명	이용
64비트 블록 암호[11]	3-key Triple DES	안전하지 않은 DES를 대신하는 개선판으로 등장. 암호 강도가 충분하지 않아 세 종류의 키를 사용하는 경우에 한해 2030년까지 한정적으로 사용 가능	△
	DES	IBM이 개발해서 미정부가 채용한 암호. 표준 암호로 각 분야에서 널리 사용했지만 현재는 취약성이 널리 알려져서 안전하지 않음. 1977년 제정	×
128비트 블록 암호	AES	Triple DES 대신에 표준 암호로 널리 사용. 내부 처리로 Rijndeal 알고리즘을 사용함. 미국 NIST가 공개 모집해서 제정	○
	Camellia	처리 능력이 낮은 프로세서나 하드웨어에서 AES와 동등한 안전성을 확보 가능. NTT와 미츠비시 전기가 개발	○
스트림 암호[12]	KCipher-2	AES보다 7~10배 고속 처리 및 실시간 처리 가능해 모바일 단말기 등에서 이용. 큐슈대학과 KDDI 연구소가 개발	○
	RC4	RSA 시큐리티에서 독자 개발한 암호. WEP, WPA-TKIP, TLS 등에서 사용했으나 현재는 안전하지 않음. 1987년 개발	×

※전자정부 조달을 위한 참조 암호 목록(CRYPTREC 암호 목록 2018년 3월 29일판) 등을 참고해서 작성

---

11 블록 암호는 일정한 크기의 데이터 뭉치(블록)를 단위로 암호 처리를 하므로 일반적으로 컴퓨터 처리에 널리 사용됩니다.
12 스트림 암호는 비트 단위나 바이트 단위로 암호 처리를 하므로 음성 스트림 처리같은 특정 용도로 사용합니다.

표 5-7 | 각종 공개키 암호

종류	명칭	설명	이용
서명	DSA	전자서명에 사용하는 암호로 이산대수 문제의 어려움을 이용함. 미국 NIST가 표준화했음	○
	ECDSA	DSA 개선판. 전자서명에 사용하는 암호로 타원곡선 위의 이산대수 문제의 어려움을 이용함	○
	RSA-PSS	소인수 분해의 어려움을 이용해서 랜덤 오라클 모델에서 안전성이 증명된 전자서명용 암호	○
	RSASSA-RKCS1-V1_5	이용 실적이 있는 전자서명용 암호 중 하나. 안전성은 증명되지 않음. 보다 견고한 RSA-PSS로 이행	○
비밀 엄수	RSA-OAEP	널리 알려진 RSA 암호 중 하나. 소인수 분해의 어려움을 이용함. 안전성이 증명되어 있음	○
	RSAES-RKCS1-v1_5	SSL/TLS에서 이용 실적이 있는 RSA 암호이지만 안정성은 증명되어 있지 않아 이용 시 주의가 필요	△
키 공유	DH	키 공유에 사용하는 암호로 역계산이 어려운 함수를 이용함	○
	ECDH	타원 곡선을 이용하도록 DH를 개량한 것. DH와 마찬가지로 키 공유에 사용함	○

※전자정부 조달을 위한 참조 암호 목록(CRYPTREC 암호 목록 2018년 3월 29일판) 등을 참고해서 작성

표 5-8 | 각종 해시함수

명칭		해시값 길이	설명	이용
MD5		128비트 (16바이트)	서명이나 변조 확인에 널리 사용되었지만 취약성이 발견되어 현재는 사용하지 않음	×
SHA-1		160비트 (20바이트)	MD5를 대신하는 해시함수로 사용했지만 취약성이 발견되어서 SHA-256 이상을 사용하도록 권고	×
SHA-2	SHA-256	256비트 (32바이트)	SHA-1을 대신하는 안전한 해시함수로 사용을 추천. 미국 NIST가 2001년에 제정	○
	SHA-384	384비트 (48바이트)		○
	SHA-512	512비트 (64바이트)		○

※전자정부 조달을 위한 참조 암호 목록(CRYPTREC 암호 목록 2018년 3월 29일판) 등을 참고해서 작성

인터넷은 통신 중에 제삼자가 내용을 훔쳐 볼 가능성이 있으므로 돈을 다루는 인터넷뱅킹이나 개인정보를 다루는 사용자 등록 등을 할 때 통신 정보를 암호화합니다. 최근에는 언제나 SSL를 사용하는 경우가 늘어 주고받는 내용에 비밀성이 있는지 여부와 관계없이 모든 정보를 암호화 하는 움직임이 진행되고 있습니다. 이런 SSL(Secure Socket Layer)이나 TLS(Transport Layer Security) 같은 용어는 웹에서 암호화에 사용하는 방식의 명칭으로 https://로 시작하는 URL에 접속할 때 이런 암호화 방식을 사용합니다.

웹브라우저가 어떤 종류의 암호를 사용하는지 확인해 봅시다. https://로 시작하는 홈페이지에 접속합니다. 아래에 있는 예시 화면은 현재 사이트 접속에는 TLS1.2(강한 프로토콜), ECDHE_ RSA with P-256(강한 키 교환), AES_128_GCM(강한 암호)을 사용해서 암호화와 인증하고 있 다는 의미입니다.

• 마이크로소프트 엣지

주소 표시줄에 표시된 열쇠를 클릭하고 [⟩]를 선택해서 확장 메뉴 표시 → [자세한 정보]를 선택 합니다.

• 파이어폭스

주소 표시줄에 표시된 열쇠를 클릭하고 [⟩]를 선택해서 확장 메뉴 표시 → [자세한 정보]를 선택 합니다.

기술적 세부 사항

암호화된 연결 (TLS_ECDHE_RSA_WITH_AES_128_GCM_SHA256, 128 비트 키, TLS 1.2)

보고 있는 페이지는 인터넷을 통해 전송되기 전에 암호화되었습니다.

암호화는 컴퓨터 간에 이동하는 정보를 권한이 없는 사람이 보기 힘들게 합니다. 그렇기 때문에 이 페이지가 전송될 때 누군가 읽었을 가능성은 낮습니다.

• 크롬

Ctrl + Shift + I 키를 눌러서 개발자 메뉴를 표시하고 [Security] 탭을 선택하면 [Overview] 항목에 표시됩니다.

Security overview

🔒 ⓘ ⚠

This page is secure (valid HTTPS).

■ Certificate - valid and trusted

  The connection to this site is using a valid, trusted server certificate issued by GeoTrust RSA CA 2018.

  [View certificate]

■ Connection - secure connection settings

  The connection to this site is encrypted and authenticated using TLS 1.2, ECDHE_RSA with P-256, and AES_128_GCM.

12

SSL/TLS

SSL/TLS의 개요

SSL(Secure Socket Layer)과 TLS(Transport Layer Security)는 애플리케이션과 TCP 사이에 있으며, 통신 내용을 암호화, 변조 확인, 본인 인증 기능을 제공하는 프로토콜입니다. 웹브라우저와 웹서버 사이의 통신(HTTPS), 메일(SMTPs, POP3s, IMAP4s), 파일 서버 접속(FTPs) 등에서도 사용하고 인터넷처럼 제삼자가 도청할 가능성이 있는 네트워크에서 안전한 통신을 실현하는 목적으로 사용합니다(그림 5-24).

그림 5-24 | 웹브라우저와 SSL/TLS

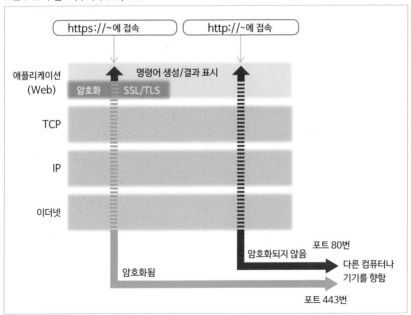

SSL과 TLS 구조는 서로 비슷한데 원래 SSL은 1994년에 넷스케이프(Netscape Communications)사가 독자적으로 개발해서 자사의 브라우저에 탑재했습니다. 이런 SSL을 바탕으로 공개된 형태로 IETF가 표준화한 것이 TLS입니다. 따라서 서로 많은 공통점이 있긴 하지만 호환성은 없습니다.

2018년 현재, SSL은 안전성에 문제가 있어서 모든 버전이 사용 중지, TLS도 1.0과 1.1은 취약성이 발견되었으므로 TLS 1.2 이상을 사용하는 게 좋습니다. 사용하는 TLS 버전의 범위는 서버나 클라이언트 설정에서 변경할 수 있습니다.

이런 양쪽을 묶어서 SSL/TLS라고 부르거나 먼저 등장해서 널리 사용된 명칭을 사용해 단순히 SSL이라고 하기도 합니다.

암호 스위트

암호 스위트(Cipher Suite)는 TLS 암호화에서 사용하는 키교환 방식, 공통키 암호, 메시지 인증 방식(MAC: Message Authentication Code)을 조합한 것으로, 조합마다 부여된 식별번호가 있습니다. 사용 가능한 암호 스위트의 종류는 브라우저나 서버 종류, 버전, 설정 등에 따라 다르므로 통신을 시작하기 전에 브라우저와 서버 사이에 사용할 암호 스위트 관련 약속을 교환합니다.

표 5-9는 윈도우 버전 크롬(67.0.3396.99)이 TLS 1.2로 서버와 교섭할 때 제시한 암호 스위트입니다. 브라우저가 우선순위를 지정해서 자신이 이용할 수 있는 암호 스위트를 서버에 제시하면 서버는 자신이 이용할 수 있는 암호 스위트 중에서 우선순위가 높은 걸 선택해서 브라우저에 통지하면 서로 사용할 암호 스위트 합의가 끝납니다.

브라우저가 서버에 어떤 암호 스위트를 제시하는지는 브라우저 설정 화면 등에서 확인하기 어렵습니다. 대신에 브라우저가 제시하는 암호 스위트를 분석해서 표시하는 서비스가 인터넷에 있으므로 이를 이용하면 브라우저가 서버에 어떤 암호 스위트를 제시하는지 확인할 수 있습니다. 독일 하노버대학 연구 그룹이 제공하는 SSL Cipher Suite Details of Your Browser(https://cc.dcsec.uni-hannover.de)[13]도 그중 하나로 표 5-9의 암호 스위트는 이 사이트에서 확인한 결과입니다.

---

13 역자주: 현재 해당 페이지는 사용할 수 없어 대신에 https://clienttest.ssllabs.com:8443/ssltest/ viewMyClient.html 등을 사용합니다.

표 5-9 | 브라우저가 제시하는 암호 스위트 예(TLS 1.2)

우선순위

	식별번호	암호 스위트명	키 길이	설명
높음	c02b	ECDHE-ECDSA-AES128-GCM-SHA256	128비트	키교환: ECDH, 암호화: AES, 메시지 인증: SHA256
	c02f	ECDHE-RSA-AES128-GCM-SHA256	128비트	키교환: ECDH, 암호화: AES, 메시지 인증: SHA256
	cca9	ECDHE-ECDSA-CHACHA20-POLY1305-SHA256	256비트	키교환: ECDH, 암호화: ChaCha20Ply1305, 메시지 인증: SHA256
	cca8	ECDHE-RSA-CHACHA20-POLY1305-SHA256	256비트	키교환: ECDH, 암호화: ChaCha20Ply1305, 메시지 인증: SHA256
	c02c	ECDHE-ECDSA-AES256-GCM-SHA384	256비트	키교환: ECDH, 암호화: AES, 메시지 인증: SHA384
	c030	ECDHE-RSA-AES256-GCM-SHA384	256비트	키교환: ECDH, 암호화: AES, 메시지 인증: SHA1
	c013	ECDHE-RSA-AES128-SHA	128비트	키교환: ECDH, 암호화: AES, 메시지 인증: SHA1
	c014	ECDHE-RSA-AES256-SHA	256비트	키교환: ECDH, 암호화: AES, 메시지 인증: SHA1
	002f	RSA-AES128-SHA	128비트	키교환: RSA, 암호화: AES, 메시지 인증: SHA1
	0035	RSA-AES256-SHA	256비트	키교환: RSA, 암호화: AES, 메시지 인증: SHA1
낮음	000a	RSA-3DES-EDE-SHA	168비트	키교환: RSA, 암호화: 3DES, 메시지 인증: SHA1

※윈도우용 크롬(67.0.3396.99)이 서버에 제시하는 암호 스위트 예

TLS로 주고받기

TLS에는 몇 종류의 프로토콜이 정의되어 있는데 그중에 핸드쉐이크 프로토콜은 암호화에 필요한 정보를 교환하는 프로토콜입니다. 그리고 이 정보를 바탕으로 레코드 프로토콜로 암호화한 데이터를 전송합니다.

그림 5-25는 TLS 1.2로 핸드쉐이크 프로토콜을 사용한 새로운 세션을 확립할 때 주고받는 내용의 예제입니다. 우선 사용 가능한 TLS 버전과 암호 스위트를 클라이언트가 서버에 제시하고, 서버는 사용할 암호 스위트를 결정해서 클라이언트에 통지합니다. 그 후 서버와 클라이언트는 증명서 및 필요한 정보를 교환합니다. 그리고 교환한 정보를 바탕으로 암호화 통신을 합니다.

그림 5-25 | 새로운 세션을 확립할 때 주고받는 정보(TLS 1.2)

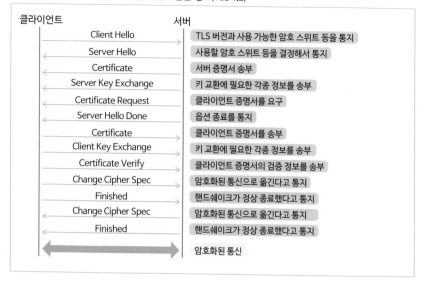

TLS 버전을 지정하는 방법

사용할 TLS 버전을 지정하는 방법은 브라우저마다 다르고 지정 불가능한 경우도 있습니다.

마이크로소프트 엣지

1 [제어판] – [네트워크 및 인터넷] – [인터넷 옵션] 열기

2 [고급] 탭에서 설정을 열고 '보안' 항목의 사용을 허가할 TLS 버전을 체크하고 [적용]을 클릭

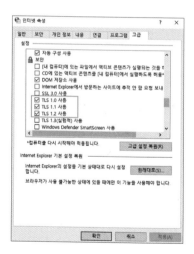

파이어폭스

1 주소 표시줄에 about:config를 입력하고 엔터키를 누른 후 경고가 출력되면 [진행]을 클릭

2 검색란에 tls를 입력해서 표시된 목록에서 [security.tls.version.max]를 더블클릭

3 표시된 창에 사용을 허가할 TLS의 가장 높은 버전을 가리키는 값을 입력하고 OK를 클릭.
 버전값은 TLS 1.2라면 3, TLS 1.3이라면 4를 지정함

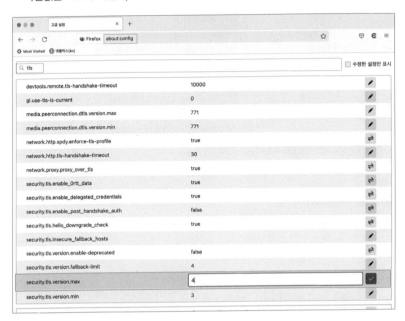

COLUMN | 상시 SSL

SSL/TLS를 사용하려면 인증국(**CA**)이 발행한 증명서가 필요한데 비용이 많이 들고 개인이 손
에 넣기엔 꽤 어려웠습니다. 그러나 최근에는 Let's Encrypt라는 인증국이 무료로 증명서를 발
행하기 시작해서 누구나 손쉽게 SSL/TLS를 사용할 수 있는 환경이 되었습니다. 이런 흐름에
따라 현재 웹서버는 상시 SSL화(기밀성을 요구할 때 뿐만 아니라 모든 통신을 암호화하는 일)
가 급속히 진행되었습니다.

13

SMTPs, POP3s, IMAP4s

메일 송수신용 프로토콜의 개요와 필요한 이유

메일 송수신용 프로토콜로 SMTP(PC에서 서버로 메일 송신, 서버 간 메일 전송), POP3(서버에서 PC 메일박스로 메일 가져오기, 메일은 주로 PC에 저장), IMAP4(서버에 있는 메일박스 조작, 메일은 주로 서버에 저장)가 있습니다.

각각의 프로토콜은 일단 정식 사용자인지 확인하는 인증 처리를 한 후 실제로 메일을 주고받습니다. 예전에는 SMTP는 인증 없이도 메일 송신이 가능했지만, 무단으로 보내는 스팸메일에 사용되는 문제가 발생하여 POP before SMTP 방식을 거쳐 현재는 SMTP AUTH 방식으로 송신자 인증을 합니다.

이런 메일 프로토콜은 인터넷 초창기부터 오랫동안 사용된 역사 깊은 프로토콜이지만 그런만큼 인증 관련 대책이 빈약해서 현재는 위험한 방법을 사용하고 있습니다. 구체적으로 보면 ID나 암호를 평문 그대로 네트워크에 보내거나(POP3, IMAP4), 결점이 있는 MD5 해시함수를 사용하는(POP3의 APOP, SMTP의 SMTU AUTH) 문제가 있습니다. 만약 누군가가 통신을 도청한다면 ID나 암호를 큰 어려움 없이 훔쳐갈 수 있어 무척 위험합니다.

인증뿐만 아니라 메일 본문이나 첨부 파일(이하, 메일 본문 등)을 평문 그대로 통신하는 점에도 주의해야 합니다. 앞서 소개한 프로토콜은 메일 본문 등을 평문 그대로 보냅니다. 따라서 누군가 통신을 도청하면 주고받는 메일 내용을 훔쳐볼 수 있습니다. 비밀 보장이 필요한 정보는 메일로 보내면 안 된다는 이유가 바로 여기에 있습니다. 이런 문제점을 특히나 주의해야 하는 상황은 공중 무선랜 서비스 등을 이용할 때입니다.

스마트폰이 보급됨에 따라 다양한 곳에서 공중 무선랜 서비스를 제공하는데, 접속할 때 공유키(패스프레이즈)가 없는 무선 접속 포인트는 암호화가 없어서 전용 도구를 사용하면 전파에 흐르는 정보를 도청할 수 있습니다. 이런 통신 환경은 프로토콜의 취약점 때문에 ID나 암호를 도둑 맞거나 메일 본문 등을 누군가가 훔쳐볼 위험성이 높습니다.

안전한 메일 이용을 위한 프로토콜

이런 문제점을 해결하는 방법으로 서버와 주고받는 통신을 모두 암호화해서 만일 도청하더라도 인증용 통신이나 메일 본문 내용을 알아볼 수 없도록 막는 프로토콜이 보급되었습니다. 이런 프로토콜은 HTTPS 암호화에서도 이용하는 SSL/TLS 방식을 사용하고 SMTPs, POP3s, IMAP4s라고 부릅니다.

이런 프로토콜과 SSL/TLS를 조합하는 방식에 따라 두 종류가 있습니다. 첫 번째는 처음부터 SSL/TLS로 암호화해서 통신하는 방법으로 주고받는 명령어나 응답은 기존 프로토콜을 따릅니다. 이 방법을 사용할 때는 원래 프로토콜과 구별하기 위해 기존과 다른 포트를 사용합니다(예: POP3는 110번, POP3s는 995번) (표 5-10).

표 5-10 | 메일 관련 프로토콜 암호화 방식과 사용하는 포트 번호

암호화 없음

프로토콜명	포트 번호
SMTP (서버→서버)	25
SMTP (PC→서버)	587 (※)
POP3	110
IMAP4	143

암호화 있음

프로토콜명	포트 번호	
	STARTTLS 방식	상시 암호화
SMTPs (서버→서버)	25	–
SMTPs (PC→서버)	587 (※)	465 (※)
POP3s	110	995
IMAP4s	143	993

※스팸메일을 대량 전송하는 것과 같은 무단 사용을 막기 위해 보통은 사용자 인증이 필요함

또 다른 방법은 기존 프로토콜을 확장해서 암호화 통신으로 전환한다는 의미의 메시지를 추가하는 방법입니다. 기존 방식대로 통신을 시작해 사용하는 중 어느 쪽이 암호화 통신으로 전환을 제안하고 상대방이 동의하면 그 이후는 SSL/TLS로 암호화해서 통신하는 방식으로 동작합니다(STARTTLS 방식). 이런 방법은 기존 프로토콜과 동일한 포트 번호를 사용합니다.

처음부터 암호화 통신을 하는 방법은 모든 통신이 암호화되어서 안전성이 확보되는 것이 특징입니다. 하지만 암호화 기능을 모든 단말이 지원해야 하고 접속할 때 전용 포트의 번호 지정을 해야 합니다. 반면에 도중에 암호화하는 방법은 단말 지원 여부에 따라 암호화 통신으로 전환하거나 지원하지 않으면 계속해서 비암호화로 통신합니다. 따라서 통신 안전성 여부는 단말에 따라 달라집니다. 그리고 사용하는 포트는 기존과 동일해서 단말 설정을 변경하지 않아도 됩니다. 이런 메일 관련 프로토콜의 구체적인 통신 절차는 표 5-11처럼 RFC로 규정되어 있습니다.

보안을 중시하는 기업이나 단체라면 처음부터 암호화하는 방법을, 다양한 사람이 사용하는 인터넷 서비스를 제공하는 곳이라면 양쪽을 모두 지원하는 경우가 많습니다.

표 5-11 | 메일 관련 프로토콜을 정의하는 RFC

프로토콜명	RFC 정의	
	전반적인 사양	STARTTLS 확장
SMTP	RFC 5321	RFC 3207
POP3	RFC 1939	RFC 2595
IMAP4	RFC 3501	

※개정 및 변경 가능성이 있으므로 최신 정보는 인터넷을 참조

암호화 범위

SMTPs, POP3s, IMAP4s가 적용되는 경로 구간이라면 안전하게 메일을 송수신할 수 있습니다. 하지만 메일 전달 경로 전체를 봤을 때 암호화가 적용되지 않은 구간이 존재할 수 있으므로, 메일 송신자의 컴퓨터에서 메일 수신자의 컴퓨터까지 엔드 투 엔드(End-to-end) 안전성은 보증되지 않습니다.

그림 5-26 | 메일 배송 경로와 사용 프로토콜

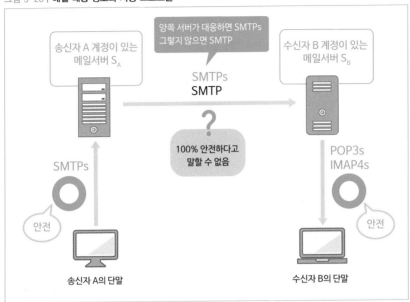

그림 5-26은 전형적인 메일 전달 경로입니다. 여기서 송신자 A의 단말에서 작성한 메일이 사용자 A의 계정(이용 자격)이 등록된 메일서버 S_A에 전송되는 부분과, 상대방 사용자 B 계정이 등록된 메일서버 S_B에서 사용자 단말의 메일을 읽어오는 부분은 암호화된 프로토콜을 사용해서 안전하게 통신할 수 있습니다. 문제가 되는 것은 메일서버 S_A에서 S_B 사이의 메일 전송입니다. 이 부분은 SMTP나 SMTPs가 사용되는데 일부 메일서버만 SMTPs(STARTTLS)에 대응하므로 이런 전송은 안전하지 않다고 봐야 합니다.

만약 송신자 단말에서 수신자 단말까지 엔드 투 엔드로 암호화하고 싶다면 메일 자체를 암호화하는 S/MIME나 PGP 등을 사용합니다.

14
VPN

네트워크 내부에 네트워크를 만드는 VPN

VPN(Virtual Private Network)은 어떤 네트워크 내부에 별도의 프라이빗 네트워크를 가상적으로 만드는 기술입니다. VPN을 사용하면 하나의 네트워크 안에 개별적인 가상 네트워크를 만들어서 각 사용자는 마치 전용 네트워크가 있는 것처럼 통신할 수 있습니다.

VPN이 보급되기 전에는 지점과 지점끼리 프라이빗 통신을 하려면 통신사업자가 제공하는 전용선 통신 서비스를 이용해야 했습니다. 전용선은 지점끼리 동선이나 광케이블을 설치해서 물리적으로 연결하는 회선으로 사용자 전용 회선이라 기밀성이 높고 고장률도 낮지만 회선 사용료가 무척 비쌉니다.

VPN을 사용하면 인터넷 등의 공용 네트워크의 전용선과 유사한 기능을 제공하는 네트워크를 가상적으로 만들 수 있습니다(그림 5-27). 전용선은 물리적인 회선을 설치하기 때문에 장치나 공사가 필요하지만, VPN은 이런 부분이 불필요하므로 회선 증설도 간단하고 비용도 싸다는 장점이 있습니다.

그림 5-27 | **대표적인 VPN 이용 모습**

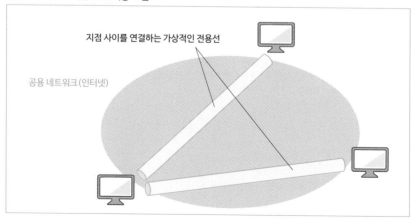

지점 사이를 연결하는 가상적인 전용선

공용 네트워크(인터넷)

한편, 실제 통신 속도가 공용 네트워크 혼잡도에 좌우되고 가상적인 회선을 만드는 처리 때문에 통신 속도가 저하되는 단점이 있습니다.[14]

터널링과 캡슐화

VPN은 터널링(Tunneling)을 사용합니다. 터널링은 네트워크 내부에 별도의 통신 경로를 만드는 기술인데 터널 양쪽 끝이 마치 직접 연결된 것처럼 통신할 수 있습니다. 이런 터널링을 실현하는 방법이 캡슐화입니다.

통신 프로토콜이 정의하는 패킷(데이터를 주고받는 최소 단위)은 통신을 제어하는 정보를 저장하는 헤더와 실제로 보낼 데이터를 저장하는 페이로드(데이터 영역)로 구성됩니다. 이런 프로토콜 상위 계층의 패킷 전체가 하위 계층의 페이로드에 저장되고 이를 반복해서 최종적으로 네트워크로 보낼 정보가 만들어집니다. 이렇게 상위 계층 패킷 전체를 하위 계층 페이로드에 담고 하위 계층 헤더를 추가해서 정보를 주고받는 처리를 캡슐화(Capsulation)라고 합니다(그림 5-28).

그림 5-29는 터널을 사용할 때의 캡슐화 예입니다. 토대가 되는 네트워크 통신을 처리하는 프로토콜 위에 터널을 만드는 프로토콜을 올리고 이렇게 만든 터널로 일반적인 통신을 하는 구성입니다.

그림 5-28 | **캡슐화 개념**

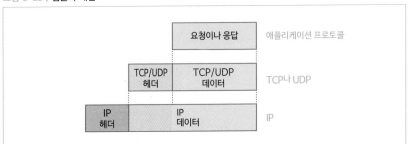

이렇게 만든 IP 패킷은 필요에 따라 IP 단편화(네트워크에서 규정한 데이터 크기(MTU: Maximum Transmission Unit)에 맞게 일정한 규칙에 따라 패킷을 분할하는 일)를 해서 앞부분에 이더넷 헤더, 끝에 FCS (프레임 체크 정보)를 추가해서 네트워크 매체에 송출함

---

14 인터넷처럼 기밀성이 낮은 공용 네트워크에서 VPN을 사용한다면 보안을 위해 암호 기술을 함께 사용합니다.

그림 5-29 | 터널 이용 시 프로토콜 조합 예

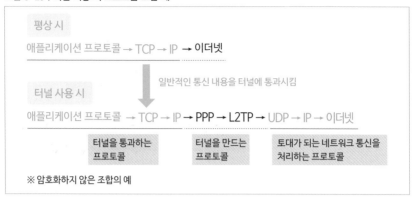

그리고 토대가 되는 네트워크에 암호화 프로토콜을 추가하면 제삼자는 훔쳐 보기 어려운 터널을 만들 수 있습니다.

VPN의 종류

VPN의 분류는 사용할 네트워크 종류, 대응하는 레이어, 암호화 방식 등에 따라 나뉩니다(표 5-12).

표 5-12 | VPN의 종류

네트워크 종류	인터넷 VPN	인터넷 기반으로 VPN을 작성함. 암호화가 필요
	IP-VPN	통신사업자의 폐쇄망 등에서 작성함. 암호화 없이 터널만 만드는 용도가 많음
레이어	L3VPN	IP 패킷으로 대표되는 레이어3(L3) 정보를 터널로 전송함
	L2VPN	이더넷 프레임으로 대표되는 레이어2(L2) 정보를 터널로 전송함. 멀리 떨어진 지점을 서로 이더넷으로 직접 연결한 것 같은 상황을 만들 수 있음
암호화 방식	IPsecVPN	암호화 방식으로 IPsec를 사용함. 통신 속도가 빠름
	SSLVPN	암호화 방식으로 SSL/TLS 사용. 전용 기기나 전용 소프트웨어가 없어도 브라우저에서 사용 가능하므로 이용하기 편리함

VPN에 사용하는 프로토콜

터널을 만드는 프로토콜에는 PPTP(마이크로소프트사 중심으로 제정), L2F(시스코 시스템즈사가 제정), L2TP(PPTP와 L2F를 기반으로 IETF가 제정) 등이 있는데 이 중에서 L2TP를 주로 사용합니다.

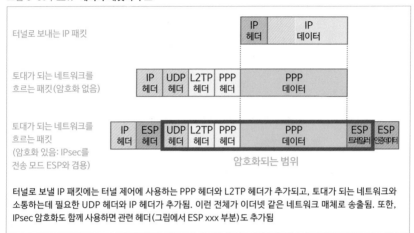

그림 5-30 | L2TP 데이터 패킷의 구조

터널로 보내는 IP 패킷

| IP 헤더 | IP 데이터 |

토대가 되는 네트워크를 흐르는 패킷(암호화 없음)

| IP 헤더 | UDP 헤더 | L2TP 헤더 | PPP 헤더 | PPP 데이터 |

토대가 되는 네트워크를 흐르는 패킷 (암호화 있음: IPsec를 전송 모드 ESP와 겸용)

| IP 헤더 | ESP 헤더 | UDP 헤더 | L2TP 헤더 | PPP 헤더 | PPP 데이터 | ESP 트레일러 | ESP 인증데이터 |

암호화되는 범위

터널로 보낼 IP 패킷에는 터널 제어에 사용하는 PPP 헤더와 L2TP 헤더가 추가되고, 토대가 되는 네트워크와 소통하는데 필요한 UDP 헤더와 IP 헤더가 추가됨. 이런 전체가 이더넷 같은 네트워크 매체로 송출됨. 또한, IPsec 암호화도 함께 사용하면 관련 헤더(그림에서 ESP xxx 부분)도 추가됨

L2TP에는 암호화 기능이 없으므로 인터넷 VPN은 암호화 기능을 제공하는 프로토콜 IPsec와 조합해서 L2TP/IPsec를 일반적으로 사용합니다(그림 5-30). L2TP의 새로운 버전인 L2TPv3에서 이더넷 프레임을 그대로 VPN으로 보내는 기능이 추가되었습니다. 그 외에도 OpenVPN, SoftEther VPN, WireGuard 같은 오픈소스 VPN 소프트웨어가 개발되어서 리눅스를 비롯한 각종 유닉스, 맥OS, 윈도우에서 이용 가능합니다.

IPsec의 개요

IPsec(Security Architecture for Internet Protocol)은 IP 패킷(네트워크 계층, L3) 수준에서 암호화나 변조 확인을 하는 프로토콜입니다. 상위 프로토콜에 암호화 기능이 없어도 IPsec와 조합하면 안전한 통신이 가능합니다. 또한, IPsec은 터널링 프로토콜의 일종입니다. 다만, IP 패킷만 터널링 대상이라서 폭넓은 프로토콜에 대응하는 L2TP와 조합해서 사용하는 경우가 많습니다.

IPsec에서 사용하는 주요 프로토콜로 IKE, ESP, AH가 있습니다. IKE(Internet Key Exchange protocol)는 SA(Security Association)라고 하는 VPN끼리의 협약, 키 같은 정보를 교환할 때 사용하는 프로토콜이며 IKEv1과 IKEv2가 있습니다.

ESP(Encapsulated Security Payload)는 SA를 확립한 연결에서 페이로드(데이터) 부분을 암호화해서 통신할 때 사용하는 프로토콜입니다. 암호화 외에도 변조 방지 기능도 함께 제공합니다. IPsec을 암호화에 사용한다면 이 프로토콜을 사용합니다.

AH(Authentication Header)는 암호화 기능을 제공하지 않고 변조 방지 기능만 제공하는 프로토콜입니다. 암호화와 변조 방지를 모두 제공하는 ESP가 있는데 AH를 정의한 이유는 검열 등의 이유로 암호화 이용이 제한된 국가도 있기 때문입니다.

또한, IPsec은 터널 모드와 전송 모드가 있습니다. 터널 모드는 게이트웨이(IPsec 기능을 겸하는 라우터 등)끼리 암호화 터널을 만들고 거기에 IP 패킷을 보내는 모드로 IP 패킷 전체를 암호화합니다. 한편, 전송 모드는 주로 클라이언트와 게이트웨이 사이에 암호화 터널을 만들 때 사용하고 IP 패킷의 데이터 부분을 암호화하고 헤더 부분은 평문 그대로 라우팅 등에 사용합니다.

L2TP/IPsec VPN 접속을 설정하는 예

미리 공유한 키, 사용자명, 암호를 사용해서 L2TP/IPsec VPN에 접속하는 클라이언트를 설정하는 예를 소개합니다. VPN에는 다양한 설정 항목이 있으므로 실제로 설정할 때는 시스템 관리자가 제공하는 정보를 확인하기 바랍니다.

윈도우 10의 설정 방법

1 [시작] 버튼 – [설정] – [네트워크 및 인터넷] – [VPN]을 선택한 후 [VPN 연결 추가]를 클릭

2 다음과 같이 설정

• [VPN 공급자]는 [Windows(기본 제공)]를 선택

• [연결 이름]에는 알기 쉬운 이름을 입력

• [서버 이름 또는 주소]에 접속할 VPN 서버명이나 주소를 지정

• [VPN 종류]는 [L2TP/IPsec 및 미리 공유한 키]를 선택

• [로그인 정보 입력]은 [사용자 이름 및 암호]를 선택

• [사용자 이름(옵션)]과 [암호(옵션)]에 해당하는 정보를 입력

3 [저장] 버튼 클릭

4 저장 후 [VPN 연결 추가] 아래 표시되는 접속명을 클릭하면 VPN에 접속됨

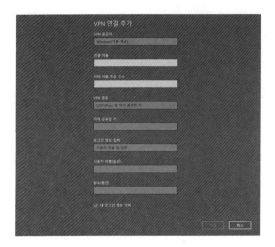

맥OS의 설정 방법

1 [시스템 환경설정] – [네트워크]
를 열어서 [+] 클릭

2 다음과 같이 설정

- [인터페이스]는 [VPN]으로
  지정
- [VPN]은 [IPsec을 통한
  L2TP]를 지정
- [서비스 이름]에는 알기 쉬운
  이름을 지정
- [서버 주소]에 VPN 서버 이름
  또는 주소를 지정
- [계정 이름]에 로그인할 사용자명을 입력

3 [인증 설정] 버튼을 클릭해서 열린 창에 [암호]에 암호, [시스템 인증]에 미리 공유한 키를
각각 입력하고 [확인]을 클릭한 후 [적용]을 클릭

4 적용 후 같은 화면에서 [연결]을 클릭하면 VPN에 접속됨

CHAPTER 6

무선랜의 기초

알면 알수록 깊이가 있는 무선의 세계. 이 장에서는 이런 무선랜을 활용하는
방법을 기초부터 최신 기술까지 폭넓게 배웁니다.

01

꼭 알아야 할
무선 통신의 기본 요소

무선 통신을 구성하는 기기

무선 통신(Wireless communication)은 전파를 매체로 사용해서 이루어지는 통신을 뜻합니다. 무선 통신은 일반적으로 그림 6–1에 나온 기기를 사용합니다. 그림에서 고주파 신호는 전선 내부를 흐르는 교류 전기 신호로 전파의 근원입니다. 이걸 알 맞는 안테나에 공급하면 안테나에서 무선 공간으로 전파를 방출합니다. 공간에 방출된 전파가 닿는 범위 안에 안테나를 두면 안테나와 연결된 전선에 미약한 고주파 신호가 흐릅니다. 이 신호는 송신한 고주파 신호에 해당하므로 이걸 증폭(신호를 강하게 만드는 것)하면 송신기가 송신한 원래 고주파 신호에 가까운 신호를 얻을 수 있습니다.

무선 통신은 전파가 멀리 있는 상대방에게 도달하는 것만으로는 의미가 없습니다. 전파에 정보를 실어서 상대방에게 전달해야 비로소 의미가 있습니다. 따라서 안테나에 공급하는 고주파 신호, 나아가서는 안테나를 통해 방출된 전파에는

그림 6–1 | **전파 통신에 이용하는 기기와 용어**

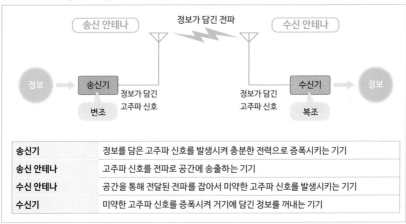

송신기	정보를 담은 고주파 신호를 발생시켜 충분한 전력으로 증폭시키는 기기
송신 안테나	고주파 신호를 전파로 공간에 송출하는 기기
수신 안테나	공간을 통해 전달된 전파를 잡아서 미약한 고주파 신호를 발생시키는 기기
수신기	미약한 고주파 신호를 증폭시켜 거기에 담긴 정보를 꺼내는 기기

전하고 싶은 정보가 담겨 있습니다. 전파의 근원인 고주파 신호에 정보를 싣는 작업을 변조(Modulation)라고 합니다. 반대로 전파에 실린 정보를 꺼내는 작업을 복조(Demodulation)라고 합니다(6장 05 참조).[1]

송신 전력과 법률

송신 안테나에서 보낸 전파는 송신 안테나와의 거리의 2승에 비례해서 약해집니다. 이건 전파가 둥근 구형으로 퍼져서 표면적이 $4\pi r^2$이 되기 때문입니다. 게다가 전파는 도중에 장애물이나 전달 손실 영향으로 실제로는 이보다 훨씬 약해집니다. 따라서 보낼 전파가 너무 약하면 수신 안테나까지 도달하지 못하거나 도달해도 잡음이 섞여서 처리 불가능한 아주 약한 신호가 될 염려가 있습니다(그림 6-2).

이런 상황을 피하기 위해 송신기는 고주파 신호를 증폭하는 기능을 내장해 안테나에 공급하는 고주파 신호의 전력을 높혀 안테나에서 송신하는 전파를 강화합니다. 그리고 수신기도 수신 안테나에서 발생하는 미약한 고주파 신호를 증폭해서 처리 가능한 크기로 되돌린 후 정보 추출에 필요한 처리를 합니다.

하지만 송신기 안테나에 공급하는 고주파 신호는 마음대로 강하게 할 수 없습니다. 안테나에 공급 가능한 고주파 신호의 최대 크기는 기기 종류나 면허 종류에 따라 법률로 정해져 있어 전파를 송신하는 기기는 정해진 최대 크기 이하로만 전파를 송신할 수 있기 때문입니다. 만약 정해진 기준을 초과하면 위법이라 처벌 받을 수 있습니다.

그림 6-2 | **수신 신호의 세기는 거리의 2승에 반비례함**

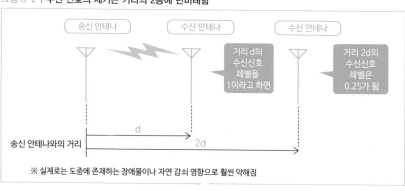

송신 안테나   수신 안테나   수신 안테나

거리 d의 수신신호 레벨을 1이라고 하면

거리 2d의 수신신호 레벨은 0.25가 됨

송신 안테나와의 거리   d   2d

※ 실제로는 도중에 존재하는 장애물이나 자연 감쇠 영향으로 훨씬 약해짐

---

1 안테나로 전파를 효율적으로 송수신하려면 안테나 크기와 고주파 신호의 주파수가 어떤 관계를 만족해야 합니다(6장 02 참조).

정보의 흐름과 송신기와 수신기

무선 통신을 구성하는 요소 중에서 송신기와 송신 안테나는 정보를 보내는 역할을, 수신기와 수신 안테나는 정보를 받는 역할을 합니다. 즉, 정보의 흐름은 송신기 → 수신기가 됩니다.

예를 들어, 라디오나 TV라면 송신기는 방송국 송신소에 설치됩니다. 이용자는 수신기를 준비해서 송신소에서 보낸 전파를 받아 방송을 즐기게 됩니다. 이때 정보의 흐름은 방송국 → 이용자 방향의 일방통행이므로 전파를 송수신하는 방향도 일방통행(방송국 송신소 → TV나 라디오 수신기)이면 충분합니다.

반면에 무선랜 등은 사정이 달라서 일반적으로 PC는 네트워크를 통해서 정보를 주고받을 수 있어야 합니다. 메일 수신은 가능하지만 메일 송신은 불가능하다면 무척 곤란합니다. 즉, 정보가 양방향으로 PC에 도착하는 정보와 PC에서 보내는 정보를 모두 다뤄야 합니다. 따라서 무선랜 기기는 전파를 수신하는 기능(수신기)뿐만 아니라 전파를 송신하는 기능(송신기)도 필요합니다. 이건 스마트폰도 마찬가지입니다(그림 6-3).[2]

그림 6-3 | 송신기, 수신기와 정보가 전달되는 방향의 관계

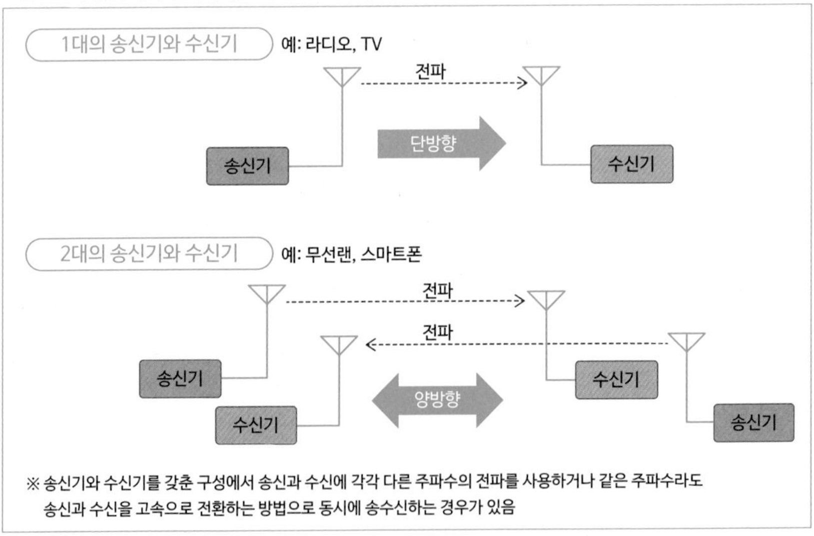

---

2 이렇게 송신 기능과 수신 기능을 겸하는 기기를 송수신기라고 부르기도 합니다.

02

전파의 성질 이해와
무선랜 사용법

주파수란?

무선랜은 통신 매체로 전파를 사용합니다. 전파에는 독특한 성질이 있어서 무선랜을 제대로 활용하려면 전파를 잘 이해하는 것이 중요합니다.

전파는 공간에 존재하는 전기계와 자기계의 변화가 본질인데, 이 양쪽을 진동시켜서 멀리까지 전달됩니다(그림 6-4). 소리는 공기의 진동이므로 공기가 존재하지 않는 진공 속에서는 전달되지 않지만, 전파는 전기계와 자기계의 진동이므로 진공이라도 전달 가능합니다. 덕분에 우리는 우주 저편에 있는 행성 탐사기가 촬영해서 보내온 전파를 지구에서 받아 사진을 볼 수 있습니다.

전파 진동은 정현파로 표현할 수 있습니다. 이런 파형이 0에서 올라갔다가 내려갔다가 다시 0으로 돌아오는 변화(1주기)가 1초 동안 반복되는 횟수를 주파수(Frequency)라고 부르고 Hz(헤르츠) 단위로 표시합니다. 예를 들어 1초에 한 번 진동한다면 1Hz가 됩니다. Hz는 k(킬로=10^3), M(메가=10^6), G(기가=10^9) 같은 접두사 단위를 사용합니다. 휴대전화의 플래티넘 주파수 대역인 '800MHz 주파수' 같은 말을 들을 때가 있는데 이건 공간의 전기계 또는 자기계가 1초에 800,000,000번 진동한다는 뜻입니다.

그림 6-4 | **전파의 본질은 전기계와 자기계의 변화**

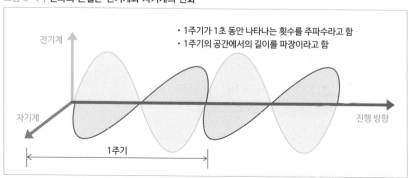

- 1주기가 1초 동안 나타나는 횟수를 주파수라고 함
- 1주기의 공간에서의 길이를 파장이라고 함

전기계

자기계

진행 방향

1주기

전파는 주파수가 낮은 것부터 순서대로 장파, 중파, 단파, 초단파, 극초단파로 분류합니다(표 6-1). 장파는 전파방송 등에서 사용하는데 전파 시계가 이런 신호를 수신해서 시간을 맞춥니다. AM 라디오는 중파에 해당합니다. 단파는 멀리 떨어진 곳에 도달하기 쉬운 성질이 있어서 국제 라디오 등에서 사용합니다. 초단파는 FM 라디오가 대표적으로 이 주파수 대역부터 전파의 직진성이 강해집니다. 극초단파는 최근에 급속히 사용이 늘어난 주파수 대역으로 지상파 디지털 방송, 휴대전화, 무선랜, 블루투스 같은 곳에서 사용합니다.

일반적으로 서로 전파가 닿는 범위 내에 동일한 주파수의 전파를 둘 이상 동시에 송신하면 각자 혼선이 일어나서 서로 통신을 방해합니다. 따라서 서로 전파가 닿는 범위 안에서는 각자 사용하는 주파수를 겹치지 않게 조정해서 피해를 입지 않도록 주의하면서 통신합니다.

표 6-1 | 주파수 대역

명칭	약칭	주파수	파장	주요 사용처	직진성 정보 전송 용량
초장파	VLF (Very Low Frequency)	3kHz ~30kHz	100km ~10km	오메가 항법, 대잠수함 통신, 표준 전파	약함 적음
장파	LF (Low Frequency)	30Hz ~300Hz	10km ~1km	선박/항공기용 비콘, 표준 전파	
중파	MF (Medium Frequency)	300kHz ~3MHz	1km ~100m	AM 라디오, 선박 통신, 선박/항공기용 비콘, 아마추어 무선	
단파	HF (High Frequency)	3MHz ~30MHz	100m ~10m	단파 방송, 선박/항공기 통신, 아마추어 통신	
초단파	VHF (Very High Frequency)	30MHz ~300MHz	10m ~1m	FM 라디오, 재해대책 무선, 소방/경찰 무선, 항공 관제, 아마추어 무선	
극초단파	UHF (Ultra High Frequency)	300MHz ~3GHz	1m ~10cm	지상 디지털 방송, 무선랜, 휴대전화, 택시무선, 아마추어 무선	
마이크로파	SHF (Super High Frequency)	3GHz ~30GHz	10cm ~1cm	위성 방송, 위성 통신, 무선랜, 마이크로파 중계, 레이더	
밀리파	EHF (Extra High Frequency)	30GHz ~300GHz	1cm ~1mm	위성 통신, 전파 천문, 간이 무선, 레이더	
서브밀리파	THF (Thremendously High Frequency)	300GHz ~3THz	1mm ~0.1mm	근거리 통신, 전파 천문, 비파괴 검사, 위험물 확인	강함 많음

※THF 약칭과 기원은 다른 설이 있음

주파수와 파장의 관계

전파는 빛의 속도로 공간을 진행하므로 1초 동안 약 30만km를 진행합니다. 이 거리를 1초 동안의 진동 횟수로 나누면 진동 주기별 길이를 구할 수 있고, 이를 파장이라고 부릅니다. 파장은 주파수가 높을수록 짧고 낮을수록 길어집니다.[3]

파장은 전파를 보내는 안테나 길이를 좌우합니다. 초단파 대역 전파는 주파수가 높고 파장이 짧아 송수신에 필요한 안테나 크기는 작아집니다. 반대로 장파 대역 전파는 주파수가 낮고 파장이 길어서 거대한 송수신용 안테나가 필요합니다. 물론 안테나 길이는 안테나 방식에 따라 줄일 수 있습니다.[4]

주파수와 전파의 특성

전파 전달 방법은 주파수에 따라 변화합니다. 일반적으로 주파수가 높을수록 직진성이 강하고 반사가 잘되며 감쇠하기 쉽습니다.

휴대전화 플래티넘 밴드는 전파가 잘 터진다고 알려졌는데, 이는 플래티넘 밴드라고 부르는 700~900MHz 전파가 기존의 휴대전화에 사용하는 주파수인 1.5~2GHz 전파에 비해 음영 지역을 회피하기 쉬움(직진성이 약간 약함), 건물 내부에 도달하기 쉬움(반사하지 않고 통과), 멀어져도 덜 약해지는(감쇠가 적음) 특성이 있기 때문입니다.

이런 성질은 무선랜에서도 마찬가지입니다. 무선랜에서 사용하는 2.4GHz 대역과 5GHz 대역의 주파수를 비교하면 주파수가 높은 5GHz 대역 쪽이 좀더 직진성이 강하고, 반사하기 쉽고, 감쇠가 잘 됩니다. 따라서 무선랜 공유기 사이에 벽이나 문 같은 장애물이 많으면 5GHz 대역은 전파가 약해져 문제가 생길 수 있다는 뜻입니다. 하지만 전파는 주파수가 높을수록 많은 정보를 보낼 수 있으므로 이를 고려해 어떤 주파수를 사용할지 결정합니다.

전파 전달 방식은 주파수에 따른 특성 외에도 멀티패스(Multipath, 다중경로)나 페이딩(Fading, 간섭) 같은 현상의 영향도 고려하는 게 좋습니다(6장 09 컬럼 참조).

---

3 AM 라디오에서 사용하는 주파수 1,000kHz 전파는 파장이 약 300m인데 무선랜에서 사용하는 2.4GHz 대역은 파장이 12.5cm 정도입니다.
4 가장 기본적인 안테나의 이론상 길이는 파장의 1/2입니다. 파장 길이가 300m인 1,000kHz 주파수라면 약 150m의 거대한 안테나가 필요하지만, 2.4GHz 대역 전파는 6.25cm라는 작은 안테나로 충분합니다.

무선랜의 규격

통신 속도와 안정성을 좌우하는 전송 규격

무선랜 관련 규격 중에서 특히 중요한 것은 전송 규격입니다. 이런 규격은 'IEEE 802.11 ○○에 대응' 이런 식으로 무선랜 제품의 홍보 문구에 전송 규격을 사용하기도 합니다. 전송 규격은 사용할 주파수 대역, 정보 전송 방법, 제공할 통신 속도를 정합니다. IEEE 802.11로 시작하는 무선랜 전송 규격은 새로운 규격이 등장할 때마다 진화해서 기존보다 빠르고 안정적인 통신을 제공합니다.

현재 무선랜 제품에 사용하는 전송 규격은 표 6-2와 같습니다.

표 6-2 | **무선랜 전송 규격 목록(용어의 의미는 표 6-3 참조)**

규격 명칭	제정 년도	사용 주파수 대역	2차 변조방식	최대 통신 속도	최대 채널폭	최대 공간 스트림 개수	특징
IEEE 802.11	1997년	2.4GHz	DSSS	2Mbps	22MHz	1	무선랜 시초의 규격
IEEE 802.11b	1999년	2.4GHz	DSSS/ CCK	11Mbps/ 22Mbps	22MHz	1	실용 가능한 통신 속도를 구현해 무선랜 보급에 공헌
IEEE 802.11a	1999년	5GHz	OFDM	54Mbps	20MHz	1	5GHz 대역으로 2차 변조 방식은 IFDM을 사용해서 54Mbps 통신을 실현
IEEE 802.11g	2003년	2.4GHz	OFDM/ DSSS ※	54Mbps	20MHz	1	11a 실적을 바탕으로 2.4 GHz 대역에서도 54Mbps 통신을 실현
IEEE 802.11n	2009년	2.4GHz/ 5GHz	OFDM/ DSSS ※	600Mbps	40MHz	4	MIMO, 채널본딩 같은 신기술로 대폭 고속화
IEEE 802.11ac	2014년	5GHz	OFDM	6.93Gbps	160MHz	8	11n을 더욱 고속화함과 동시에 옵션을 줄여서 규격을 간소화
IEEE 802.11ad	2013년	5GHz	싱글 캐리어/ OFDM	6.8Gbps	9GHz	—	넓게 비어 있는 60GHz 대역을 사용해 혼잡을 회피. 10m 정도 거리에서 이용한다고 가정

※DSSS 대응은 11b와 호환성 목적

표 6-3 | 전송 규격 표에서 사용한 용어의 의미

용어	의미	상세 설명
사용 주파수 대역	통신에 사용하는 전파 주파수 대역	6장 04
2차 변조방식	사용할 채널 내부에 정보를 분산하는 기술 방식	6장 05
채널폭	하나의 통신에 사용하는 주파수 폭. 넓을수록 통신 속도가 빨라짐	6장 04
공간 스트림 개수	공간 속에 둘 수 있는 통신 경로 개수. MIMO 기술로 실현함	6장 09

IEEE 802.11n부터는 통신 속도의 비약적인 향상을 위해 MIMO(공간에 여러 통신 경로를 두고 동시에 병행해서 사용하는 기술), 채널본딩(Channel bonding, 여러 채널을 합쳐서 사용하는 기술), 프레임 애그리게이션(Frame aggregation, 여러 데이터 프레임을 합쳐서 고효율로 전송하는 기술) 같은 신기술을 도입해서 이전 규격에 비해 한 차원 높은 수준을 보여줍니다. 이 중에서 IEEE 802.11n과 IEEE 802.11ac 규격이 최근 주류이며, 고속 통신에 적합해서 새롭게 출시되는 거의 모든 기기가 지원합니다. 그 이외의 규격은 주로 기존 제품과 호환성 확보용입니다.

한편, 규격상 IEEE 802.11ac와 b/a/g는 서로 호환성이 없지만 예전 규격을 사용하는 기기도 통신 가능하게 설계된 무선랜 기기가 많습니다. IEEE 802.11ac 지원 휴대기기가 IEEE 802.11g 지원 공유기에 접속하거나 그 반대 상황도 문제 없는 것이 보통입니다.

무선랜 규격명의 배경

무선랜 관련 규격은 대부분 IEEE 802.11로 시작합니다. IEEE('아이 트리플 이'라고 읽습니다)는 전기전자공학자협회의 약자로 미국에 본부가 있습니다. 협회에 설치된 IEEE 802 위원회는 LAN(Local Area Network)이나 MAN(Metropolitan Area Network) 표준화를 담당하고, 분야마다 설치된 워킹그룹에는 표 6-4와 같은 이름이 붙어 있습니다. 워킹그룹 안에는 세분화한 기술 사양을 검토하는 태스크그룹이 있고 각각 알파벳 한두 문자의 기호가 부여됩니다(표 6-5).

태스크그룹에서 정한 규격은 IEEE 802.11 + 태스크그룹명 형태로 이름을 부여합니다. 따라서 대부분의 무선랜 규격은 IEEE 802.11○○ 같은 이름이 됩니다. 예를 들어 IEEE 802.11ac 규격은 IEEE 802.11 워킹그룹의 태스크그룹 ac에서 검토하여 제정한 규격입니다.

표 6-4 | 워킹그룹 예

워킹그룹명	분야
IEEE 802.1	고수준 레이어 인터페이스
IEEE 802.3	이더넷
IEEE 802.11	무선랜
IEEE 802.15	무선 개인용 네트워크
IEEE 802.16	광대역 무선 접속

표 6-5 | 태스크그룹 예

태스크그룹명	분야
IEEE 802.11a	전송 규격(5GHz 대역, 54Mbps)
IEEE 802.11b	전송 규격(2.4GHz 대역, 11Mbps/22Mbps)
IEEE 802.11g	전송 규격(2.4GHz 대역, 54Mbps)
IEEE 802.11i	보안 규격(WPA2)
IEEE 802.11n	전송 규격(2.4GHz/5GHz 대역, 600Mbps)
IEEE 802.11ac	전송 규격(5GHz 대역, 6.93Gbps)
IEEE 802.11ad	전송 규격(60GHz 대역, 6.8GMbps)

사용 중인 PC에서 전송 규격 확인하기

사용하는 컴퓨터의 무선랜이 공유기와 어떤 전송 규격으로 통신하는지 확인해 봅시다.

윈도우 10에서 확인하는 방법

1 컴퓨터의 무선랜이 접속된 상태인지 확인하기

2 [시작] 버튼 → [Windows 시스템] → [명령 프롬프트]를 클릭해서 명령 프롬프트를 열기

3 명령 프롬프트에서 다음 명령어를 입력

```
netsh wlan show interface
```

4 표시된 결과의 [무선 종류]에서 전송 규격을 확인

※그 외 [채널]에서 사용 채널, [인증] [암호]에서 암호화 방식, [수신 속도] [송신 속도]에서 송수신 속도 확인 가능

```
C:\Users\user>netsh wlan show interface

시스템에 1 인터페이스가 있습니다.

    이름              : Wi-Fi
    설명              : AtermWL450NU-AG(PA-WL450NU/AG)Wireless Network Adapter
    GUID              : 9a225ecb-0384-4bd9-ad19-************
    물리적 주소        : 1c:b1:7f:**:**:**
    상태              : 연결됨
    SSID              : G*********
    BSSID             : c2:25:a2:**:**:**
    네트워크 종류      : 인프라
    송수신 장치 종류    : 802.11n
    인증              : WPA2-개인
    암호              : CCMP
    연결 모드          : 프로필
    채널              : 161
    수신 속도(Mbps)    : 300
    전송 속도(Mbps)    : 300
    신호              99%
    프로필            : G*********

    호스트된 네트워크 상태  : 사용할 수 없음
```

맥OS에서 확인하는 방법

1 컴퓨터의 무선랜이 접속된 상태인지 확인하기

2 애플 메뉴 → [이 Mac에 관하여] → [시스템 리포트] → 왼쪽 트리에서 [네트워크] 아래에 있는 [Wi-Fi]를 선택

3 [현재 네트워크 정보]의 [PHY 모드]에서 전송 규격을 확인

※그 외 [채널]에서 사용 채널, [보안]에서 암호화 방식 일부 확인 가능

COLUMN | '802' 이름의 유래

LAN/WAN 표준화를 담당하는 위원회가 왜 802 위원회일까요? 그건 위원회가 설립된 년도인 1980년 2월에서 유래한 이름입니다. 태스크그룹명은 a에서 순서대로 z까지 부여된 후에 aa, ab 순서로 부여되고, l(엘), o(오), q(큐)처럼 숫자로 착각하기 쉬운 문자나 다른 규격과 유사한 이름은 건너뜁니다.

04

채널 번호와 채널 범위

통신을 서로 방해하는 동일한 주파수의 전파

전파를 사용하는 통신은 동시에 송신하는 주파수가 동일하면 혼신이 발생해서 서로 통신을 방해하므로 어느 쪽도 제대로 통신이 되지 않는 현상이 발생합니다. 이런 상황이 발생하지 않도록 서로 전파가 닿는 범위에 있는 무선기기는 각각 조금씩 다른 주파수를 사용해 동시에 통신해도 서로 방해하지 않도록 합니다.

TV나 라디오 방송국을 예로 생각해 봅시다. 어떤 지역에 여러 방송국이 동시에 방송을 송출해도 서로 방해하지 않는 건 각각 다른 주파수를 사용하기 때문입니다(그림 6-5).

그리고 서로 전파가 닿는 범위를 벗어나면 동일한 주파수를 동시에 이용해도 혼신이 발생할 염려가 없습니다.

그림 6-5 | **방송국 통신에 혼신이 발생하지 않는 이유**

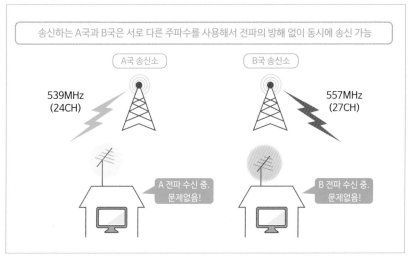

송신하는 A국과 B국은 서로 다른 주파수를 사용해서 전파의 방해 없이 동시에 송신 가능

A국 송신소

B국 송신소

539MHz
(24CH)

557MHz
(27CH)

A 전파 수신 중.
문제없음!

B 전파 수신 중.
문제없음!

그림 6-6 | 같은 주파수라도 서로 전파가 닿지 않는다면 문제없음

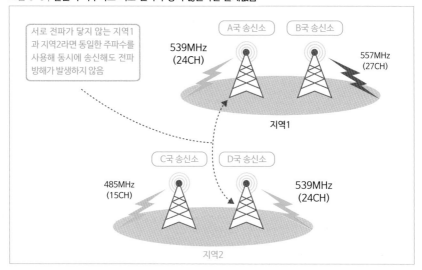

물리적으로 전파가 도달하지 않는 경우라면 동일한 주파수를 동시에 이용해도 영향이 없기 때문입니다.

예를 들어 서울에 모여 있는 방송국끼리는 서로 다른 주파수를 사용해야 하지만, 각자의 전파 범위를 벗어나는 서울과 제주도라면 동일한 주파수를 사용하는 방송국이 있더라도 전파의 방해를 걱정할 필요가 없습니다(그림 6-6).

한국을 비롯해 세계 여러 국가에서 정부가 주파수 이용 계획을 관리합니다. 이런 용도로 xx.xxGHz~ yy.yyGHz 범위를 사용한다라는 식으로 사용 가능한 주파수 대역과 용도를 정해서 규제합니다.

전파를 사용하는 기기는 이런 범위 안에서 각자 사용하는 주파수가 겹치지 않도록 조금씩 바꿔서 전파 방해가 일어나지 않도록 합니다. 무선랜도 마찬가지로 효율적으로 안정된 통신을 제공하도록 사용 가능한 주파수 범위 안에서 서로 겹치지 않게 각자 다른 주파수를 사용합니다.

무선랜에서 사용하는 채널

현재 무선랜에서 사용하는 주요 주파수 대역은 2.4GHz 대역(2.4~2.4835GHz)과 5GHz 대역(5.15~5.825GHz)입니다. 그리고 60GHz 대역(57~66GHz) 이용 연구가 진행 중입니다.

전파에 정보를 담아서 보낼 때 사용하는 전파의 주파수를 중심으로 앞뒤로 일정 너비의 주파수 대역을 사용합니다. 근처에 동시에 전파를 발생시키는 기기끼리 서로 방해하지 않으려면 사용하는 대역의 중심주파수를 포함하는 부분이 겹치지 않도록 주파수를 바꿔야 합니다.

이런 간격을 적절하게 유지할 목적으로 무선랜에서 사용하는 주파수 대역에는 일정 주파수 범위마다 채널을 설정합니다. 각종 기기는 이런 채널을 단위로 사용하는 주파수를 결정합니다.

2.4GHz 대역

2.4GHz 대역은 2.412GHz부터 5MHz 간격으로 채널을 설정하고 주파수가 낮은 쪽부터 순서대로 1~13ch이라고 부릅니다. 또한, 802.11b용으로 일본 독자 규격인 14ch도 존재합니다. 이런 채널은 다른 주파수와 겹치지 않도록 조금씩 간격이 있습니다(그림 6-7).

그림 6-7 | **2.4GHz 대역의 채널 배치**

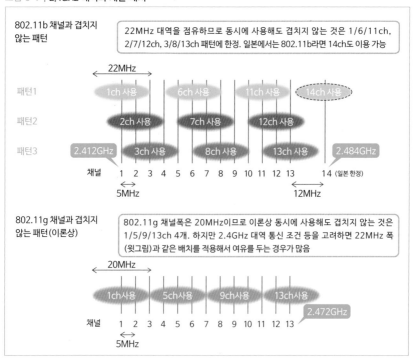

전송 규격 802.11b는 통신에 22MHz 주파수 대역을 사용합니다. 즉, 앞에서 본 채널을 5개 점유하는 계산이 됩니다. 따라서 근처에 있는 기기끼리 서로 주파수가 겹치지 않도록 1/6/11ch, 2/7/12ch, 3/8/13ch 같은 패턴으로 3개의 채널끼리만 동시에 사용할 수 있습니다(일본에서만 14ch도 사용 가능).

802.11g가 사용하는 대역이 20MHz로 정해져 있으므로 1/5/9/13ch의 4개 채널을 주파수 중복 없이 이용할 수 있습니다. 하지만 2.4GHz 대역의 통신 조건 등을 고려하면 802.11b와 같은 형태로 배치하는 것을 추천합니다.

지금까지 본 내용을 바탕으로 2.4GHz 대역은 서로 전파 범위 내에 각자 주파수가 겹치지 않는(=방해하지 않는) 동시에 이용 가능한 채널 개수가 꽤 적어 혼잡이 발생하기 쉬운 상태라는 것을 알 수 있습니다.[5]

그림 6-8 | **5GHz 대역의 채널 배치**

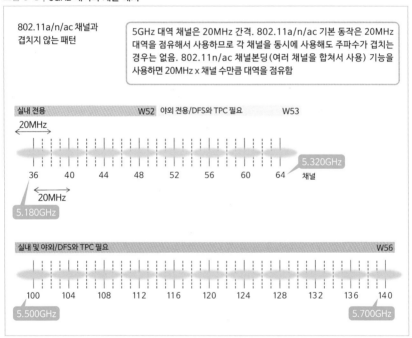

---

5 2.4GHz 대역은 전자레인지나 블루투스에서도 사용하므로 무선랜 이외의 기기에서 발생하는 전파에 방해를 받기도 합니다.

5GHz 대역

5GHz 대역은 사용 가능한 주파수 폭이 2.4GHz 대역보다 넓어서 20MHz 간격으로 19개의 채널이 존재합니다. 20MHz 대역이 필요한 전송방식이라면 모든 채널에서 겹치는 주파수가 없어 동시에 이용할 수 있습니다.

일본의 경우 5GHz 대역은 원래 일본 독자 주파수(J52: 34/38/42/46ch)를 사용하고 있었지만, 2005년 5월 법 개정으로 10MHz씩 위로 이동한 국제 표준 주파수(W52)로 변경과 동시에 채널 4개가 추가되었습니다(W53). 2007년 1월 법 개정으로 새롭게 11개의 채널(W56)이 추가되어 현재의 형태가 되었습니다(그림 6-8).

새롭게 추가된 W53과 W56은 기상 레이더 등에서도 사용하는 주파수이므로 이런 전파를 확인하면 이용하는 주파수를 다른 주파수로 전환하는 기능(DFS 기능)이나 송신출력을 자동조절하는 기능(TPC 기능)을 탑재하는 것이 의무입니다. 그리고 전환할 주파수가 비어있는지 여부를 1분간 확인해야 하므로 주파수를 변경하려면 1분간 통신 불가능한 상황이 발생합니다. 또한, 야외에서 이용 가능한 것은 W56 밖에 없고 W52와 W53은 실내 전용이라 주의해야 합니다.

60GHz 대역은 무척 넓은 주파수 대역이 확보되어 있고 거기에 2.16GHz 폭으로 채널이 4개(일본 기준, 1/2/3/4ch) 존재합니다.

채널용량은 채널폭에 비례

통신에 사용하는 채널폭은 전파를 사용해서 보낼 수 있는 정보량과 깊은 관계가 있습니다. 채널폭이 넓으면 채널용량(초당 비트 수)도 늘어난다고 샤논-하틀리 법칙(Shannon - Hartley theorem)으로 증명되었습니다.

그림 6-9는 법칙을 공식으로 표현한 것으로 신호와 잡음 비율(S/N)이 같다면 채널용량의 이론적인 한계는 사용하는 대역폭(=채널폭, 채널용량)에 비례한다는 뜻입니다.[6]

그림 6-9 | 샤논-하틀리 법칙

$$C = B \log_2 (1 + S/N)$$

C : 채널용량(비트/초)
B : 대역폭(Hz)
S : 신호 총전력
N : 잡음 총전력

---

6 이 식이 표현하는 건 이론적인 한계치로 실제 기기에서 이런 통신용량을 제공한다는 뜻은 아닙니다.

채널 이용 상황 확인하기

무선랜 채널의 이용 상황을 확인할 수 있는 유료/무료의 다양한 앱이 있습니다. 그중에서 WiFi Analyzer는 윈도우 10의 Microsoft Store에서 무료로 다운로드 할 수 있는 간편한 앱입니다.

이 앱을 실행해서 네트워크 아이콘을 클릭하면 현재 장소에서 수신 가능한 무선랜 네트워크명(SSID), 사용 채널, 신호세기가 목록으로 표시됩니다. 그림 6-10은 이런 SSID 정보 예입니다.

[분석] 아이콘을 클릭하면 2.4GHz 대역채널의 사용 상황이 시각적으로 표시됩니다. 그림 6-11을 보면 근처 무선랜이 사용하는 것은 1/2/4/6/7/11채널이고 1ch/2ch/4ch, 4ch/6ch/7ch, 7ch/11ch은 서로 전파 방해가 발생하고 있다고 추측할 수 있습니다.

화면 아래에 있는 5GHz 아이콘을 클릭하면 마찬가지로 5GHz 대역 채널의 사용 상황이 표시됩니다. 그림 6-12는 여러 무선랜이 각각 36, 44, 52, 104, 112, 116채널을 사용하고 있고 거의 전파 방해가 없다는 걸 알 수 있습니다.

그림 6-10 | WiFi Analyzer에서 Networks 아이콘을 클릭한 화면

그림 6-11 | [분석] 아이콘을 클릭한 화면

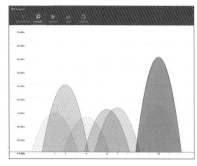

그림 6-12 | 화면 하단의 [5GHz]를 클릭한 화면

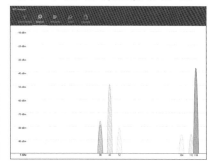

변조의 구조와 방식

변조와 복조

전파를 사용하는 통신은 변조(Modulation, 전파에 정보를 담는 처리)와 복조(Demodulation, 전파에 담긴 정보를 꺼내는 처리)가 무척 중요한 역할을 담당합니다(그림 6-13).

변조와 복조를 통한 정보 전달은 주파수에 따른 전파 특성을 활용해 이루어집니다. 그 결과로 전달 거리, 안정적인 통신 상태 확보, 대용량 정보 전달, 송수신기/안테나 제작 편의 여부[7] 등에 따라 어떤 전파를 사용할지 선택하면 전파의 특성을 이용한 목적에 맞는 통신이 가능해집니다.

그림 6-13 | **변조의 개념**

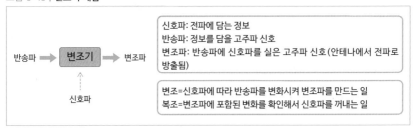

다양한 변조 방식

변조는 크게 아날로그 변조와 디지털 변조로 나뉩니다.

대표적인 아날로그 변조 방식

아날로그 변조(Analog modulation)는 아날로그 신호(연속해서 변화하는 신호)를 전파에 싣는 방법으로 AM이나 FM 라디오 방송, 항공 무선 등에서 사용합니다.

---

7 예를 들면 3kHz 소리(인간 가청 주파수 범위는 20Hz~20kHz)를 변조 없이 그대로 전파로 사용하면 50km급의 거대한 안테나가 필요합니다. 하지만 변조로 80MHz 정도(FM 라디오)의 전파에 실으면 1.9m급의 안테나로 충분합니다.

그림 6-14 | 아날로그 변조의 종류

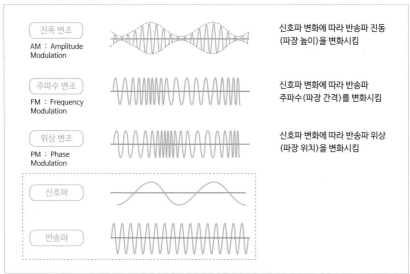

아날로그 변조는 그림 6-14처럼 세 종류가 있습니다. 전파에 정보를 담을 때 어디를 변화시킬지 각각 방식에 따라 다릅니다.

진폭 변조(AM: Amplitude Modulation)는 송수신기 회로가 간단하고 동일한 주파수로 동시에 송신해도 혼신이 발생했을 때 양쪽을 모두 들을 수 있는 장점이 있는 반면, 잡음에 영향을 받기 쉬운 단점이 있습니다. 간단한 수신기로 청취 가능한 AM 라디오 방송이나 수많은 기기가 동시에 송신해도 내용을 판별할 수 있어야 하는 항공 무선 등에서 사용합니다.

주파수 변조(FM: Frequency Modulation)는 잡음이나 혼신의 영향을 덜 받고 음질도 좋지만, 송수신기 회로가 조금 복잡하고 진폭 변조보다 넓은 대역폭이 필요한 단점이 있습니다. FM 라디오 방송 외에 디지털 방송 이전의 방송파에서도 사용했습니다.

위상 변조(PM: Phase Modulation)는 기술적으로 주파수 변조에 가까운 방식(신호파를 적분해서 위상 변조하면 주파수 변조와 동등)이고 업무무선이나 아마추어 무선 등에서 안정적인 주파수 변조파를 만드는 용도로 사용합니다(간접 FM 방식).

대표적인 디지털 변조 방식

디지털 변조(Digital modulation)는 디지털 신호(0과 1 비트)를 전파에 담는 방식으로 스마트폰이나 무선랜에서 사용합니다.

그림 6-15 | 디지털 변조의 종류

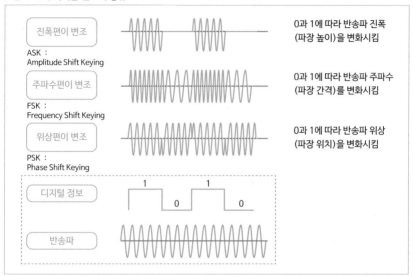

디지털 변조 방식도 0과 1 디지털 정보에 따라 전파를 변화시키는 방법 차이로 그림 6-15 같은 세 종류의 방식이 있고 대응하는 아날로그 변조와 특성이 비슷합니다.

진폭편이 변조(ASK)는 진폭 변조와 마찬가지로 단순한 회로로 충분한 대신에 잡음의 영향을 받기 쉬운 단점이 있습니다. ETC나 RFID에서 사용합니다.

주파수편이 변조(FSK)는 주파수 변조와 마찬가지로 잡음의 영향을 덜 받는 대신에 회로가 조금 복잡합니다. 주파수편이 변조의 일종인 GFSK(Gaussian FSK)는 블루투스에서 사용합니다.

위상편이 변조(PSK)는 위상 변조와 마찬가지로 잡음의 영향을 덜 받는 대신에 회로가 조금 복잡합니다. 위상편이 변조의 일종인 BPSK나 QPSK는 오래된 무선랜에서, PSK과 ASK를 조합한 형태의 QAM을 현재 무선랜에서 사용합니다.

다중 변조

디지털 변조는 변조파에서 하나의 패턴으로 다수의 비트를 표현하는 다중 변조를 사용합니다. 예를 들어 PSK에서 위상 차이를 0도, 90도, 180도, 270도 4개로 설정하고 각각에 2진수로 00, 01, 10, 11값을 할당합니다. 그러면 변조파 패턴 하나로 2비트 정보를 표현할 수 있습니다. 즉, 전파에 담는 정보량이 많이 늘어납니다.

PSK 중에서 두 종류의 위상 차이를 사용해서(예: 0도와 180도) 변조파 변화 패턴 하나로 0 또는 1(=1비트 정보)을 나타내는 것을 BPSK(Binary PSK)라고 합니다. 네 종류의 위상 차이를 사용해서 변조파 변화 패턴 하나로 00, 01, 10, 11이라는 네 종류의 값(=2비트 정보)을 나타내는 것을 QPSK(Quadrature PSK)라고 합니다(그림 6-16).[8]

PSK보다 더 많은 정보를 다루는 변조방식으로 QAM(Quadrature Amplitude Modulation)이 있습니다. QAM은 위상 차이와 파장 높이(진폭 변화)를 조합해서 정보를 표현합니다. 예를 들어 네 종류의 위상 차이와 네 종류의 파장 높이를 조합하면 총 16개의 패턴(변조파 패턴 하나로 4비트 정보를 표현 가능)을 만들 수 있습니다(그림 6-17).[9]

그림 6-16 | **위상 차이와 정보 대응 예(QPSK)**

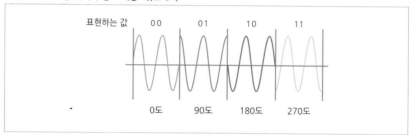

그림 6-17 | **QAM으로 더 많은 정보를 다루는 모습**

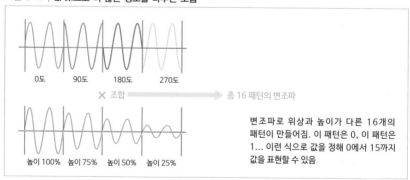

....
8 위상 차이 간격을 더 좁게 설정하면 변조파 패턴 하나로 표현 가능한 비트 수가 늘어나 통신 속도가 증가하지만 에러도 늘어나고 통신 거리도 짧아집니다.
9 QAM에는 위상과 진폭 조합 패턴 수에 따라 16QAM(16개, 4비트), 64QAM(64개, 6비트), 256QAM(256개, 8비트) 등이 있습니다.

| **CHAPTER 6** | 무선랜의 기초 **305**

1차 변조와 2차 변조

지금까지 설명한 반송파에 정보를 실어서 변조파를 만드는 변조는 전파를 사용한 정보 전달에서 빠질 수 없는 필수적인 기본 내용으로 1차 변조라고 부릅니다. 1차 변조로 생성한 변조파를 다시 조작해서 전파 이용 효율, 전파 방해 내성, 기밀성 향상과 같은 목적을 위해 변조하는 걸 2차 변조라고 합니다.

무선랜에서 사용하는 대표적인 2차 변조에는 직교 주파수 분할 다중 변조나 확산 스펙트럼이 있습니다. 직교 주파수 분할 다중 변조(OFDM: Orthogonal Frequency Division Multiplexing)는 서로 영향을 주지 않는 주파수(직교 주파수)의 반송파를 사용한 변조파를 동시에 사용해서 통신하는데, 전파의 이용 효율이 높고 통신 속도를 빠르게 할 수 있는 기술입니다. 변조파의 1차 변조 방식에 제한이 없고 BPSK, QPSK, QAM 등을 사용합니다. 무선랜이나 스마트폰 등에서 사용하는 방식입니다(그림 6-18).

확산 스펙트럼(DSSS: Direct Sequence Spread Spectrum, FHSS: Frequency Hopping Spread Spectrum)은 1차 변조로 얻은 변조파 대역폭을 극단적으로 넓혀서 동일한 주파수를 사용한 기기끼리 방해를 줄이거나 도청하기 어렵게 만드는 기술입니다. 동일한 주파수를 여러 기기에서 동시에 이용해도 방해가 적은 성질이 주목받아서 이전에는 무선랜이나 스마트폰 등에서도 사용했지만, 통신 속도 고속화에 한계가 있어서 이런 기기는 OFDM 방식을 사용합니다. 최근에는 GPS, 블루투스, 레이더 등에서 사용하는 편입니다.

그림 6-18 | **OFDM의 모습**

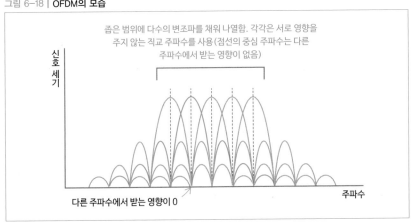

좁은 범위에 다수의 변조파를 채워 나열함. 각각은 서로 영향을 주지 않는 직교 주파수를 사용 (점선의 중심 주파수는 다른 주파수에서 받는 영향이 없음)

신호 세기

다른 주파수에서 받는 영향이 0

주파수

06 무선랜의 접속 방법

무선랜의 접속 동작

무선랜의 동작 모드에는 인프라스트럭처 모드(Infrastructure mode, 각 단말이 접속 포인트를 통해서 통신함)와 애드혹 모드(Ad-Hoc mode, 단말끼리 직접 통신함) 두 종류가 있습니다. 요즘은 애드혹 모드를 사용할 일이 무척 적고 스마트폰 등의 테더링도 인프라스트럭처 모드를 사용하므로 인프라스트럭처 모드를 중심으로 설명합니다.

인프라스트럭처 모드에서 네트워크를 이용하는 단말(이하 STA: Station) 접속은 그림 6-19와 같은 단계를 거칩니다.

그림 6-19 | **단말(STA)이 접속하는 절차**

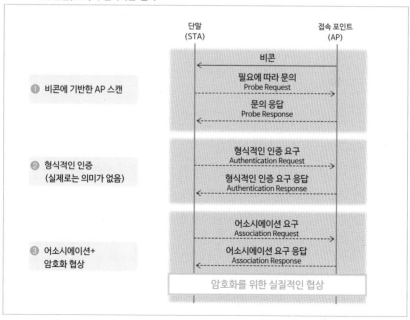

비콘에 기반한 접속 포인트 스캔

제일 먼저 STA는 해당 장소에서 수신 가능한 접속 포인트(이후 AP)의 전파를 찾습니다. 보통 AP는 약 100밀리초 간격으로 비콘(Beacon)이라고 부르는 정보를 전파로 송출하는데, 여기에는 AP 관련 정보인 SSID, BSSID, 채널, 비콘 송신 간격, 지원하는 비트레이트(통신 속도), 보안 정보 등이 담겨 있습니다. STA는 수신한 비콘을 확인해서 자신이 접속하려는 SSID인지, 통신 속도나 암호방식이 일치하는지 판단 가능합니다(그림 6-20). 보안 향상 목적으로 SSID가 없는 비콘을 송출하는 경우도 있는데 이걸 스텔스 모드(Stealth mode)라고 부릅니다.[10]

그림 6-20 | 접속 포인트(AP)의 존재를 알리는 비콘

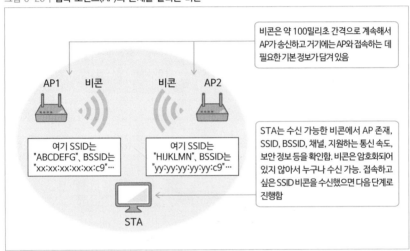

비콘은 각 AP가 자신이 사용하는 채널(주파수)로 송신합니다. STA는 자신이 있는 장소에서 수신 가능한 AP에서 보낸 전파를 빠짐없이 찾기 위해 무선랜에서 이용할 수 있는 모든 채널을 순서대로 순환하면서 비콘이 수신 가능한지 확인합니다. 이런 동작을 스캔(Scan)이라고 부릅니다. 스캔을 통해 STA는 수신 가능한 AP 목록을 작성합니다(그림 6-21).

---

10 스텔스 모드의 보안성 향상 효과에는 논란이 있는데, 최근에는 MAC 주소 접속 제한처럼 보안성 향상에는 그다지 효과가 없다고 보는 경우가 많습니다.

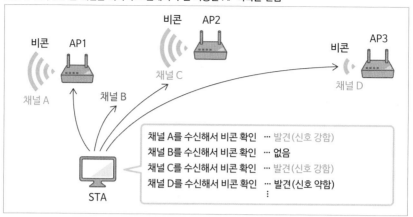

그림 6-21 | STA는 채널을 하나씩 스캔해서 수신 가능한 AP 목록을 만듦

이렇게 AP가 보낸 정보로 수신 가능한 전파를 찾는 패시브 스캔(Passive scan)
과 STA가 적극적으로 AP에 문의해서 AP 존재를 확인하는 액티브 스캔(Active
scan)이 있습니다. 액티브 스캔은 STA가 접속하고 싶은 SSID를 포함한 호출
(Probe Request)을 전파로 송출하고, 지정된 SSID의 AP는 비콘과 유사한 Probe
Response를 돌려줍니다. 액티브 스캔을 사용하면 비콘을 수신할 수 없는 경우나
비콘 수신까지 기다릴 수 없는 경우, 스텔스 모드의 AP라도 AP 존재를 확인할 수
있습니다.

형식적인 인증

패시브 스캔 또는 액티브 스캔으로 접속할 AP를 찾으면 이번에는 인증 단계에 들
어갑니다.

인증은 오픈 인증과 공유키 인증 두 종류가 있는데, 공유키 인증은 기술적인 결점
때문에 취약하므로 보통은 오픈 인증(요구하면 반드시 허가하는 인증)을 사용합니다. 사
실상 이런 인증은 의미가 없어서 802.11 기존 사양과 호환성 목적으로 형식적인 절차
로 남아 있습니다. WPA2 등의 인증은 어소시에이션 다음에 별도로 이루어집니다.

어소시에이션

인증 이후에는 AP와 STA 사이에 사용할 초당 전송률(비트레이트) 등에 관한 합의가 필요합니다. 이런 단계를 어소시에이션(Association)이라고 합니다.

어소시에이션 이후에는 보안 방식과 관련된 합의를 하는데 이는 사용할 방식 (WPA2-Personal(PSK 사용), WPA2-Enterprise(IEEE 802.1X 사용))에 따라 절차가 달라집니다. WPA2-Personal은 다음과 같은 절차(그림 6-22)로 필요한 키를 공유하고 앞으로 AP와 STA는 이 키를 사용해서 암호화 통신을 시작합니다.

WPA2-Personal(소규모 무선랜에서 사용)의 경우

1 AP와 STA는 미리 공유한 패스프레이즈(Passphrase)에서 정해진 절차에 따라 PMK(Pairwise Master Key)를 만듦

2 4웨이 핸드 쉐이크로 MAC 주소와 난수를 교환하고 이 정보와 PMK를 바탕으로 PTK(Pairwise Transient Key)를 생성해서 공유함

3 PTK에 포함된 일부 정보를 가지고 2웨이 핸드 쉐이크를 통해 브로드캐스트/멀티캐스트용 키인 GTK(Group Transient Key)를 공유함. 또한, PTK에 포함된 일부 정보를 가지고 유니캐스트용 암호키를 생성함

그림 6-22 | WPA2-Personal로 암호키를 생성하는 모습

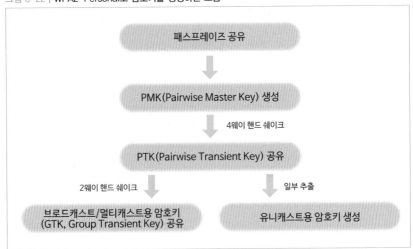

CHAPTER 6
Wireless
LAN
Basics

07

SSID와 로밍

SSID란?

전파를 사용하는 무선랜은 케이블과 같은 물리적인 접속 개념이 없습니다. 하지만 사용자 입장에서는 어디에 접속했는지와 같은 정보가 의미가 있으므로 무선랜도 접속한 곳을 식별할 방법이 필요합니다.

현재 주류가 된 IEEE 802.11 계열의 무선랜은 케이블을 물리적으로 접속하는 대신에 SSID(Service Set ID)로 접속할 곳을 지정합니다. SSID는 네트워크명이라고도 하는데 사람이 알아보기 쉽도록 문자로 만든 이름을 사용합니다. PC나 스마트폰은 전파를 수신한 SSID 목록을 통해서 접속하고 싶은 AP를 고르거나 다른 곳에 접속하기, 접속 끊기 등을 할 수 있습니다.

요즘 나오는 가정용 무선랜 공유기는 동시에 여러 SSID를 사용하는 경우가 많습니다. 주파수 대역(2.4GHz 대역, 5GHz 대역)이나 암호화 프로토콜(WEP, WPA2) 차이 등에 따라 서로 다른 SSID를 부여합니다. 예를 들어 2.4GHz 대역 WPA2는 xxxx-g, 5GHz 대역 WPA2는 xxxx-a, 2.4GHz 대역 WEP(게임기 전용)은 xxxx-gw, 5GHz 대역 WEP(게임기 전용)은 xxxx-aw 같은 이름의 SSID가 초기 설정된 경우입니다(그림 6-23).

그림 6-23 | **무선랜 공유기 한 대에서 여러 개의 SSID를 사용하는 예**

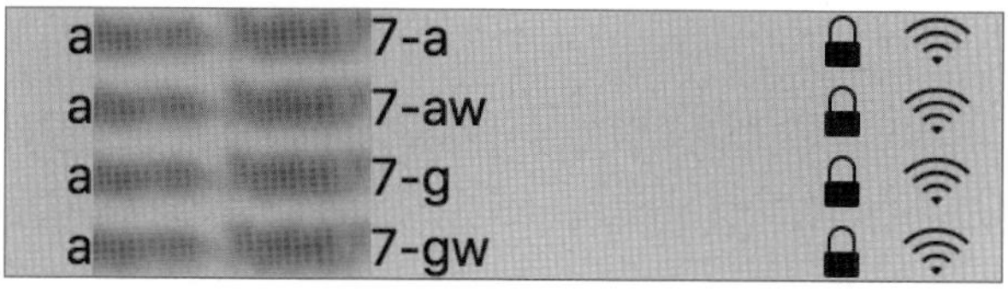

무선랜을 구성하는 요소

무선랜 구성 모델은 하나의 무선 접속 포인트(이하 AP)와 거기에 접속하는 한 대 이상의 단말(이하 STA: Station)을 합쳐서 BSS(Basic Service Set)라고 부릅니다(그림 6-24). BSS에 포함된 STA끼리 같은 네트워크에 속한 단말로 통신할 수 있습니다. 이것이 전형적인 무선랜의 최소 구성입니다.

BSS끼리 이더넷 같은 네트워크로 접속해서 무선랜 구성을 확장하면 ESS(Extended Service Set)라고 부릅니다. ESS 내부에 있는 STA끼리도 같은 네트워크의 단말로 통신할 수 있습니다.

무선랜은 하나의 BSS로 구성하는 방식, 여러 BSS를 묶은 ESS로 구성하는 방식이 가능합니다. 전자는 가정용 무선랜 공유기가 전형적인 예이고, 후자는 기업의 사무실 등에서 사용합니다.

그림 6-24 | BSS와 ESS

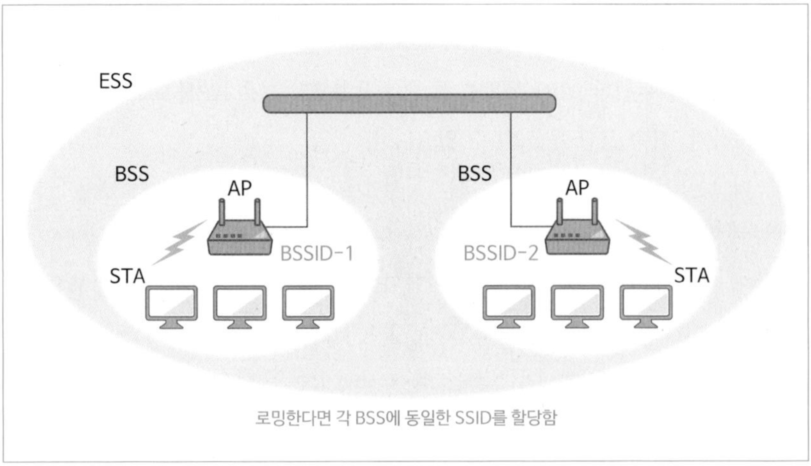

로밍한다면 각 BSS에 동일한 SSID를 할당함

로밍

ESS에 포함된 모든 BSS에 동일한 SSID를 할당할 수 있습니다. 이렇게 하면 광범위하게 접속 가능한 SSID가 만들어집니다. 어떤 AP의 접속 영역에서 다른 AP의 접속 영역으로 이동한 단말은 자동적으로 접속할 AP가 전환되는데 통신은 그대로 유지됩니다. 따라서 이용자는 접속한 AP가 전환되었다는 걸 의식할 필요가 없습니다. 이런 동작을 로밍(Roaming)이라고 부릅니다.

그림 6-25 | BSSID 할당

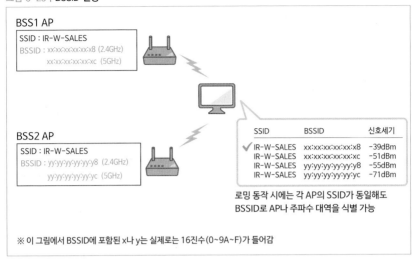

로밍을 하려면 시스템 내부에서 각각의 AP를 식별할 수 있어야 합니다. 이런 식별에 BSSID(Basic Service Set ID)를 사용합니다. BSSID는 각 AP의 MAC 주소를 바탕으로 만들어지는데 복수의 주파수 대역을 사용한다면 각각 다른 BSSID를 가집니다(그림 6-25). 로밍 중이라면 시스템은 이런 BSSID로 접속할 AP를 판별합니다.

COLUMN | 애드혹 모드의 동작

애드혹 모드는 두 STA끼리 IBSS(Independent Basic Service Set)를 구성합니다. 이때 최초로 애드혹 모드로 동작을 시작한 STA가 IBSS를 생성하고 각 STA가 교대로 해당 정보를 안내합니다. 그리고 이때 BSSID 정보는 기기의 MAC 주소를 바탕으로 만드는 대신에 MAC 주소의 특정 비트에 정해진 값을 지정하고(I/G 비트 = 0 : individual, U/L 비트 = 1 : local) 남은 부분은 무작위 값을 설정합니다.

BSSID 확인하기

윈도우 10에서 확인하는 방법

1 명령 프롬프트를 실행해 다음 명령어를 입력

```
netsh wlan show networks mode=BSSID↵
```

2 수신한 SSID, BSSID, 암호화 프로토콜, 암호 알고리즘, 신호의 세기, 채널 등이 표시됨(그림 6-26)

맥OS에서 확인하는 방법

1 터미널을 열어서 다음 명령어를 입력

```
/System/Library/PrivateFrameworks/Apple80211.framework/Versions/A/Resources/
airport -s↵
```

2 수신한 SSID, BSSID, 암호화 프로토콜 등이 표시됨

그림 6-26 | **명령어를 실행한 결과**

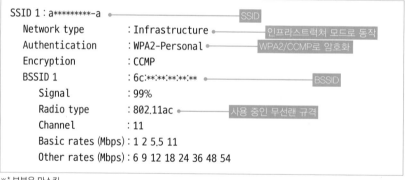

```
SSID 1 : a*********-a ●                                    SSID
    Network type     : Infrastructure ●        인프라스트럭처 모드로 동작
    Authentication   : WPA2-Personal ●         WPA2/CCMP로 암호화
    Encryption       : CCMP
    BSSID 1          : 6c:**:**:**:**:** ●                 BSSID
        Signal       : 99%
        Radio type   : 802.11ac ●              사용 중인 무선랜 규격
        Channel      : 11
        Basic rates (Mbps) : 1 2 5.5 11
        Other rates (Mbps) : 6 9 12 18 24 36 48 54
```

※* 부분은 마스킹

0 8

CSMA/CA와
통신 효율

전파 공유와 반이중통신

전파를 사용한 통신에서 서로 전파가 닿는 범위에 있는 각 기기는 기본적으로 동일한 주파수로 동시에 전파를 송신할 수 없습니다(MIMO 제외). 정확하게는 송신 자체는 가능하지만 양쪽에 혼신이 발생해서 어느 쪽도 제대로 수신할 수 없으므로 통신이 성립하지 않습니다. 따라서 어떤 순간에 송신하는 건 기기 한 대가 되도록 잘 코디네이트(조정)해야 합니다.

무선랜은 한 대의 공유기와 거기에 접속한 복수의 기기가 하나의 셋(BSS)이 되는데, 이런 기기는 모두 동일한 주파수의 전파를 공유합니다. 따라서 공유기와 통신하려는 여러 기기가 동시에 전파를 보내는 건 불가능합니다. 동시에 통신하는 것처럼 보여도 자세히 살펴보면 어떤 순간에는 기기1과 공유기, 다른 순간에는 기기2와 공유기가 통신하는 형태로 짧은 시간 간격으로 교대로 전파를 사용합니다.

같은 이유로 자신이 송신하면서 동시에 다른 곳에서 전파를 수신하는 상황도 발생하지 않습니다. 한 순간에는 송신 또는 수신 어느 쪽만 가능합니다. 이런 통신 방법을 반이중통신(Half duplex)이라고 부릅니다.

CSMA/CA를 사용한 송신자 조정

각 기기가 교대로 전파라는 매체를 공유하려면 누군가 송신해도 되는지 즉, 송신자 조정(Coordinate)이 무척 중요합니다. 무선랜은 이런 목적으로 CSMA/CA(Carrier Sense Multiple Access/Collision Avoidance) 방법을 사용합니다. 이것은 버스형 이더넷에서 사용한 CSMA/CD(3장 01 참조)와 비슷한 방식인데 전파는 충돌 확인이 불확실하므로 좀 더 신중하게 동작(충돌이 일어나면 처리하는 게 아니라 충돌을 가급적 회피함)합니다.

그림 6-27 | CSMA/CA 동작 모습

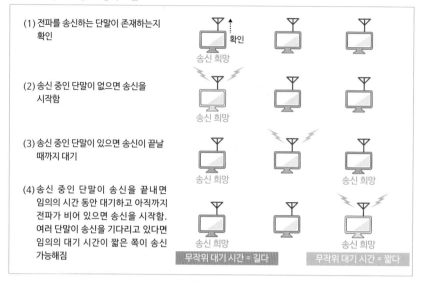

송신하려는 단말은 우선 다른 단말이 전파를 송신하는지 확인합니다. 만약 다른 단말이 송신하고 있으면 송신이 끝나길 기다립니다. 송신이 끝나고 임의의 대기 시간을 둔 후에도 송신하는 단말이 없다면 송신을 시작합니다. 이렇게 하면 여러 개의 단말이 전파 송신 종료를 기다리는 상황이라도 언젠가 전파를 송신할 수 있는 상태가 됩니다. 그리고 대기 시간이 너무 길어 계속해서 송신 순서가 돌아오지 않는 일이 발생하지 않도록 계속 대기하고 있다면 점차 대기 시간을 줄여 갑니다.

CSMA/CA는 충돌 확인이 어려운 전파에서는 유효한 방법이지만, 동작 원리에 의해 대기 시간이 반드시 발생합니다. 기기가 많을수록 자기 차례가 돌아오는 순서가 늦어지거나 다른 공유기에서 발생하는 전파 등으로 주파수 혼잡이 발생하는 경우(=채널 사용률이 높은 경우)는 대기 시간이 늘어나게 됩니다. 대기 시간이 길어지면 통신 효율이 낮아지므로 규격에서 말하는 속도가 나오지 않거나 기기가 많아질수록 속도가 저하되는 현상이 발생하기 쉽습니다.

그리고 특정 기기에서 전파를 독점해서 공평하게 이용할 수 없는 상황이라면, 전파를 이용할 수 있는 시간을 각 기기에 평등하게 할당해서 공평하게 전파를 이용하는 에어타임페어네스(Airtime fairness) 기능을 무선랜 접속 포인트에 탑재하는 방법도 있습니다.

09

통신 고속화를 위한
신기술 MIMO

새로운 무선랜 고속화 기술 MIMO

무선랜 전송 규격 IEEE 802.11n에 도입되어서 무선랜 통신 속도를 대폭 향상시키는 기술로 MIMO(Multi-Input and Multi-Output)가 있습니다.[11]

MIMO는 주로 무선 통신을 대상으로 통신 속도를 고속화하는 기술입니다. 원래 같은 공간에서 동일한 주파수의 전파를 동시에 사용하는 건 서로 통신 방해가 일어나기 때문에 피하던 행위입니다(6장 04 참조). MIMO는 이런 상식을 뒤집은 최신 디지털 신호 처리 기술로, 같은 공간에서 서로 통신을 방해하지 않고 동일한 주파수의 전파를 동시에 이용할 수 있습니다. 그 결과 통신 속도를 극적으로 향상시킬 수 있습니다.[12]

공간 분할 다중화

MIMO에서 큰 역할을 담당하는 것이 공간 분할 다중화(Spatial Division Multiplexing) 기술입니다. 지금까지 그림 6-28처럼 송신기(T1, T2) 두 대와 수신기 (R1, R2) 두 대가 있을 때 T1과 T2에서 동일한 주파수로 동시에 전파를 송신하면 R1과 R2는 전파가 섞인 상태로 도착해서 서로 방해하기 때문에 통신이 불가능했습니다.

이런 상태를 자세히 관찰하면 T1에서 보낸 전파와 T2에서 보낸 전파는 아주 약간이지만 차이가 발생하고 R1과 R2도 각각 수신 상태에 차이가 있습니다. 이런 차이는 페이딩(Fading)이나 멀티패스(Multipath propagation, 컬럼 참조) 등의 원인으로 송

---

11 MIMO는 전파를 전달하는 공간(전송로)을 중심에 두고 생각했을 때 복수의 입출력이 있다는 점에서 붙여진 이름입니다.
12 MIMO 기술은 무선랜뿐만 아니라 LTE나 WIMAX 같은 휴대전화 서비스에서도 널리 이용합니다.

신기와 수신기 사이에 존재하는 공간에서 발생하는 전파 전달 방법의 미묘한 차이로 인해 발생합니다.

이런 차이를 만드는 페이딩이나 멀티패스는 원래 통신을 방해하는 요소에 불과했습니다. 하지만 이렇게 해서 발생하는 전달 상태의 차이를 적극적으로 이용해서 상호 영향을 제거하고 하나의 주파수를 사용해서 동시에 통신하는 것이 공간 분할 다중화입니다.

그림 6-29에서는 R1이 수신한 전파에서 T2의 영향을 디지털 처리로 제거하고, R2에서 수신한 전파에서 T1의 영향을 제거해 T1-R1과 T2-R2 이렇게 두 통신로를 동시에 이용합니다. 이것이 공간 분할 다중화의 기본 개념입니다. 이때 동시에 이용 가능한 통신로를 스트림(Stream)이라고 부릅니다.

그림 6-28 | **기존의 개념**

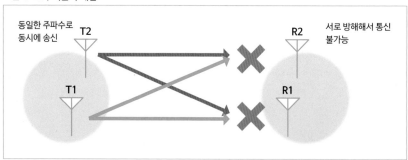

그림 6-29 | **MIMO의 개념**

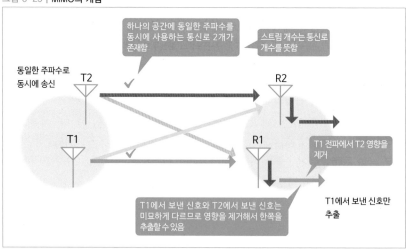

결과적으로 지금까지 통신로를 하나 밖에 사용할 수 없었던 것이 스트림 개수만큼 동시에 통신로를 이용할 수 있어졌습니다.

스트림을 묶어서 사용하면 단순히 계산해도 스트림의 배수(그림 6-29라면 2배)만큼 통신을 고속화할 수 있습니다. 802.11n은 최대 4개, 802.11ac는 최대 8개까지 스트림을 사용할 수 있습니다.[13]

COLUMN | 멀티패스와 페이딩

송신기에서 수신기로 전파가 전달되는 경로는 여러 개 존재합니다. 예를 들어, 다음 그림처럼 직진으로 도달하는 경로 외에도 벽이나 천장, 바닥 등에서 반사되면서 전달되는 경로도 존재합니다. 이렇듯 여러 경로를 통해 전파가 전달되는 걸 멀티패스라고 합니다. 멀티패스가 존재하면 수신기에는 조금 늦게 다수의 전파가 도착하므로 서로 간섭해서 수신한 신호 강도가 요동칩니다. 이걸 페이딩이라고 합니다. 페이딩은 전파 수신 상태가 불안정해지는 원인이 되고 수선기의 위치 등에 따라 영향을 받는 정도가 달라집니다.

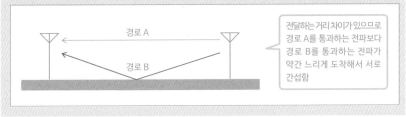

빔포밍과 다이버시티코딩

MIMO는 송수신용으로 여러 개의 안테나를 사용해서 특정 방향으로 전파를 강하게 방출, 아주 약하게 방출, 특정 방향에서 온 전파를 강하게 수신, 아주 약하게 수신하는 제어가 가능합니다. 이걸 빔포밍(Beamforming)이라고 부릅니다.

빔포밍은 전파끼리 간섭하는 성질을 이용합니다. 간섭은 2개 이상의 파형에서 꼭대기끼리 겹치면 더 강해지고, 꼭대기와 바닥이 겹치면 상쇄되는 성질입니다. 전파도 이런 성질이 있습니다. 이때 송신기는 각 안테나에 공급하는 신호 위상(파형 위치)이나 전력을, 수신기는 각 안테나에 수신한 신호 위상이나 신호 강도를 변화시켜 전기적으로 전파가 강하게 송신되는 방향이나 전파를 강하게 수신하는 방향을 만듭니다.

---

13 송신기와 수신기가 대응하는 스트림 개수가 다르면 그중에 스트림 개수가 적은 쪽을 사용합니다.

빔포밍을 사용하면 통신하는 상대에게 도달하는 전파를 강하게 만들어 통신 상태를 안정시키거나, 반대로 통신하고 싶지 않은 상대방에게 도달하는 전파는 약하게 만들어 쓸데없는 방해를 줄일 수 있습니다.

또한, 송신기나 수신기에 설치된 여러 개의 안테나를 이용해서 수신 상태를 개선하는 기술을 다이버시티(Diversity)라고 부릅니다. 필요에 따라 송신 정보에 시공간 블럭 부호(STBC)라고 하는 특수한 부호화를 적용하는 다이버시티코딩(Diversity coding)에 의한 송신 다이버시티도 이용합니다.

SU-MIMO와 MU-MIMO

기본적인 MIMO 개념은 공간 분할 다중화로 얻은 여러 스트림을 묶어서 기기1에서 기기2로 고속으로 정보를 보내기 위해 사용합니다.

이런 개념을 확장해서 스트림 일부를 기기1과 기기2의 통신에 사용하고 남은 스트림을 기기1과 기기3의 통신에 사용하는 형태로, 하나의 주파수로 어떤 기기 하나가 여러 기기와 동시에 정보를 주고받는 방식이 개발되었습니다. 이걸 MU-MIMO(Multi User MIMO)라 하고 801.11ac Wave2부터 규격 정의에 포함되었습니다. MU-MIMO와 구분하기 위해 기존 MIMO는 SU-MIMO(Single User MIMO)라고 부릅니다.

SU-MIMO는 사용하는 안테나의 간격이 너무 좁으면 전달 상태의 차이가 뚜렷하지 않아서 신호 분리가 어렵습니다. 따라서 소형 PC나 휴대기기는 대응 스트림 개수가 하나인 경우가 일반적입니다.

이렇게 사용 가능한 스트림이 적은 여러 대의 기기가 공유기처럼 다수의 스트림을 처리하는 기기와 통신할 때 SU-MIMO라면 공유기의 스트림 일부는 아무 것도 하지 않고 어떤 스트림 하나를 여러 단말이 공유하는 형태가 되어서 단말의 개수가 늘어나면 늘어날수록 통신 속도가 늦어집니다.

이런 경우에 MU-MIMO를 사용하면 공유기의 비어 있는 스트림을 다른 단말과 통신하는 데 이용할 수 있으므로 스트림 하나를 공유하는 단말의 개수를 줄일 수 있습니다. 따라서 단말의 개수가 많은 환경이라도 통신 속도의 저하 없이 네트워크를 만들 수 있습니다(그림 6-30).

그림 6-30 | MU-MIMO 모습

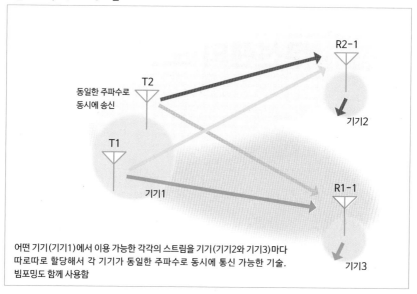

동일한 주파수로
동시에 송신

T2

T1

R2-1

기기2

기기1

R1-1

기기3

어떤 기기(기기1)에서 이용 가능한 각각의 스트림을 기기(기기2와 기기3)마다 따로따로 할당해서 각 기기가 동일한 주파수로 동시에 통신 가능한 기술. 빔포밍도 함께 사용함

사용 중인 스트림 개수 확인하기(802.11n 이후 가능)

맥OS에서 확인하는 방법

1 무선랜 접속 상태를 표시(6장 03 방법 참고)해서 [MCS 인덱스] 값을 확인(그림의 예라면 9)

2 브라우저에서 https://mcsindex.com에 접속. HT MCS Index가 1에서 확인한 MCS 인덱스 값과 동일한 행을 찾아서 Spatial Stream 항목을 확인함. 이 값이 스트림 개수로 MCS 인덱스가 9라면 스트림 개수는 2가 됨

AirDrop:	지원됨
AirDrop 채널:	44
자동 잠금 해제:	지원됨
상태:	연결됨
현재 네트워크 정보:	
a▨▨▨▨▨▨▨▨:	
PHY 모드:	802.11ac
BSSID:	6c:▨▨▨▨▨▨
채널:	116
국가 코드:	JP
네트워크 유형:	인프라
보안:	개인용 WPA2
신호 / 잡음:	-30 dBm / -92 dBm
전송률:	1300
MCS 인덱스:	9
기타 로컬 Wi-Fi 네트워크:	

10

무선랜의 보안

통신 안전성을 좌우하는 보안

무선랜이 통신 매체로 사용하는 전파는 사방팔방으로 퍼지는 성질이 있어 누구나 전파를 송수신할 수 있습니다. 이는 물리적으로 통신하는 기기끼리 케이블로 연결된 유선랜과 다른 큰 차이점입니다. 만약 어떤 대책을 세우지 않으면 무선랜은 제삼자가 허가 없이 접속하거나 통신 내용을 감청할 수 있습니다.

이런 무단 침입이나 도청, 변조를 방지할 목적으로 무선랜에서 인증(접속 가능한 기기를 한정함)과 암호화(도청되어도 내용을 알 수 없거나 변조하기 어렵게 함) 방식이 중요한 역할을 합니다. 인증과 암호화 방법은 몇 종류가 존재하고, 전송 규격과 별도의 규격이 규정되어 있습니다.

무선랜의 인증 방식

무선랜의 인증은 사전 공유키 방식과 인증 서버 방식을 사용합니다(그림 6-31).

사전 공유키 방식(PSK: Pre Shared Key)

동일한 키(암호)를 설정한 기기라면 접속 가능한 방식입니다. 이 방식은 접속할 각 기기에 동일한 키를 설정하는데, 작업이 비교적 간단하고 서로 접속할 기기만 있으면 충분하므로 가정이나 소규모 사무실에서 자주 사용합니다. 다만, 보안상의 이유로 키를 변경해야 하면 모든 기기의 설정을 변경해야 하므로 관리가 어려워 수많은 기기에 사용하는 용도로는 적합하지 않습니다.

인증 서버 방식(Authentication server)

특정 인증 서버와 정보를 교환해서 접속 허가를 받아 접속하는 방식입니다.

그림 6-31 | 무선랜의 주요 인증 방식

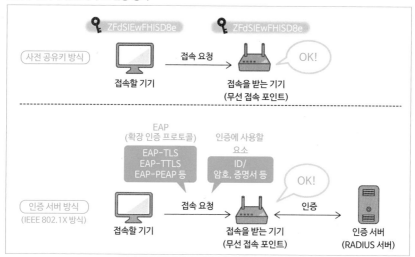

이 방식은 각 기기가 미리 공유된 키를 설정할 필요가 없는 대신에 이용자 인증을 처리할 인증 서버(RADIUS 서버)를 설치합니다. 따라서 가정이나 소규모 사무실보다는 중~대형 사무실에서 주로 사용합니다.

무선랜의 암호화 방식

무선랜의 암호화는 표 6-6에 있는 방식을 주로 사용합니다.

표에는 WEP, WPA, WPA2 같은 보안 규격 명칭과 사용하는 암호화 방식, 암호화 알고리즘, 무결성 검증 알고리즘, 개요가 있습니다. WPA와 WPA2는 괄호 안에 있는 암호화도 옵션으로 이용할 수 있습니다.

이 중에서 현재 안전하게 사용할 수 있는 것은 WPA2(암호화 방식으로 CCMP 필수)와 WPA(암호화 방식으로 CCMP 옵션 사용 가능)입니다. WPA도 당장 WPA2로 바꿔야한다고 할 정도이므로 다른 방식은 모두 취약성이 있어서 사용하지 않는게 좋습니다.

WPA와 WPA2는 인증 방식으로 사전 공유키를 사용한다면 '-Personal', 인증 서버를 사용한다면 '-Enterprise'가 붙어서 WPA2-Personal 혹은 xxx WPA2-Enterprise라는 명칭을 사용합니다.

그리고 무선랜 기기 관련 설명 중에 WPA(TKIP), WPA(AES), WPA2(TKIP), WPA2(AES)처럼 보안 규격 명칭과 함께 암호화 알고리즘 방식명을 사용하는 경우가 있습니다. 이는 표 6-6의 옵션을 포함한 조합입니다. 예를 들어 WPA(AES)는 WPA에 옵션 암호화 방식 CCMP를 조합한 것[14], WPA2(TKIP)는 WPA2에 옵션 암호화 방식 TKIP를 조합한 것을 뜻합니다.

표 6-6 | 무선랜 주요 암호화 방식

규격명	암호화 방식	암호화 알고리즘	무결성 검증	설명
WEP	WEP	RC4	CRC-32	무선랜 규격인 IEEE 802.11 보안 방식으로 1997년에 등장. 심각한 취약점이 발견되어 안전하지 않으므로 사용하면 안됨
WPA	TKIP (CCMP)	RC4 (AES)	Michae (CCM)	WPA2가 제정될 때까지 중간 과정으로 2002년에 제정. WEP용 기기에서 사용하는 경우를 고려함. WEP보다 안전하지만 더욱 안전한 WPA2 사용을 추천
WPA2	CCMP (TKIP)	AES (RC4)	CCM (Michael)	IEEE 802.11i로 2004년 제정. 안전성이 높은 방식으로 추천하는 방식. 개선판인 WPA3는 2018년 등장

※옵션으로 (파란색 텍스트)의 방식도 조합 가능

사용하는 암호화 방식 확인하기

컴퓨터에서 사용하는 무선랜이 어떤 암호화 방식을 사용하는지 확인해 봅시다.

윈도우 10에서 확인하는 방법

1 컴퓨터 무선랜이 사용 가능한 상태인지 확인하고 공유기와 접속

2 [시작] 버튼 → [Windows 시스템] → [명령 프롬프트]를 클릭해서 명령 프롬프트를 실행

3 명령 프롬프트에서 다음 명령어를 입력

```
netsh wlan show interface↵
```

---

14 CCMP 대신에 AES라고 표기하는 기기가 많은 편입니다.

4 결과 화면에서 [인증] 항목을 보면 암호화 방식 명칭을 확인 가능

※예시에서는 WPA2-개인 사용

```
C:\Users\user>netsh wlan show interface↵

시스템에 1 인터페이스가 있습니다.

        이름                 : Wi-Fi
        설명                 : AtermWL450NU-AG(PA-WL450NU/AG)Wireless Network Adapter
        GUID                : 9a225ecb-0384-4bd9-ad19-************
        물리적 주소          : 1c:b1:7f:**:**:**
        상태                 : 연결됨
        SSID                : G*********
        BSSID               : c2:25:a2:**:**:**
        네트워크 종류        : 인프라
        송수신 장치 종류     : 802.11n
        인증                 : WPA2-개인
        암호                 : CCMP
        연결 모드            : 프로필
        채널                 : 161
        수신 속도(Mbps)      : 300
        전송 속도(Mbps)      : 300
        신호                 : 99%
        프로필               : G*********

        호스트된 네트워크 상태  : 사용할 수 없음
```

맥OS에서 확인하는 방법

1 컴퓨터 무선랜이 사용 가능한 상태인지
  확인하고 공유기와 접속

2 애플 메뉴 → [이 Mac에 관하여] → [시
  스템 리포트] → 왼쪽 트리에서 [네트워
  크] 아래에 있는 [Wi-Fi] 열기

3 [현재 네트워크 정보]에서 [보안]을 보면
  암호화 방식 명칭을 확인 가능

※예시에서는 개인용 WPA2 사용

AirDrop:	지원됨
AirDrop 채널:	44
자동 잠금 해제:	지원됨
상태:	연결됨
현재 네트워크 정보:	
a▒▒▒▒▒▒:	
PHY 모드:	802.11ac
BSSID:	6c:▒▒▒▒▒
채널:	116
국가 코드:	JP
네트워크 유형:	인프라
보안:	개인용 WPA2
신호 / 잡음:	-30 dBm / -92 dBm
전송률:	1300
MCS 인덱스:	9
기타 로컬 Wi-Fi 네트워크:	

11

무선랜 사용의
방해 요인

무선 통신과 방해

전파를 이용하는 무선 통신은 유선 통신에 비해 기기 설치 장소나 이동이 자유로운 반면에 주변의 영향을 받기 쉬워 통신의 방해가 많은 편입니다. 따라서 무선 통신을 한다면 전파 특성을 충분히 이해하고 방해를 줄이는 방법을 찾는 것이 중요합니다.

무선 통신 상태를 좌우하는 주요 요인으로 신호 강도, 상호 간섭, 배경 잡음 세 가지가 있습니다. 일반적으로 신호 강도는 강할수록, 상호 간섭과 배경 잡음은 약할수록 전파 통신 상태가 양호합니다.

신호 강도

신호 강도는 송신기가 송신한 전파를 수신기로 수신한 신호 레벨을 의미합니다. 신호 강도를 좌우하는 요인으로 송신기 송신 전력, 수신기 감도, 송신기 및 수신기 안테나 이득(감도), 송신기와 수신기 사이의 거리, 송신기와 수신기 사이에 존재하는 장애물 상황, 멀티패스로 인한 페이딩(6장 09 칼럼 참조) 등이 있습니다.

송신기의 송신 전력은 전파를 이용하기 위한 면허 조건과 관계가 있으므로 이용자가 멋대로 바꿀 수 없습니다(6장 01 참조). 사용 가능한 송수신기 안테나도 전파 인증(면허가 필요 없는 조건 등에 해당) 범위 이내인 경우가 많습니다.[15] 마찬가지로 수신기 감도도 송수신기가 전파 인증 범위를 벗어날 수 없습니다(기기를 개조해서 바꿀 수 있더라도 전파법을 위반할 우려가 있습니다).

수신 신호 강도를 올리려면 다음과 같은 방법이 유효합니다(그림 6-32).[16]

---

15 좀 더 이득이 높은(감도가 좋은) 안테나를 사용할 수 있다면 교환해서 신호 강도를 높일 수 있는 경우가 있습니다.

16 실제로 전파 전달은 매우 복잡해서 이런 단순한 조건이 늘 성립하는 건 아닙니다.

1 송신기와 수신기를 가능한 가까이에 둔다(가까울수록 신호 강도가 올라감).

2 송신기와 수신기 사이에 장애물을 제거한다(통과하기 쉬운 정도: 나무나 종이 〉 금속).

3 송신기와 수신기 주변에 가능한 물건을 치워서 자유 공간을 넓게 유지한다.

그림 6-32 | **수신 신호 강도를 높이는 방법**

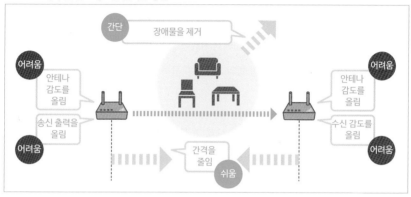

상호 간섭

상호 간섭은 근처에 존재하는 동일한 주파수를 사용하는 기기에서 받는 영향을 말합니다. 동일한 주파수로 두 사람 이상이 동시에 송신하면 혼신이 발생해 서로의 통신을 방해합니다(6장 04 참조).

무선랜에서 사용하는 2.4GHz 대역과 5GHz 대역 두 주파수 중에서 특히나 혼잡한 것이 2.4GHz 대역입니다. 이용 가능한 주파수 폭이 좁고 많은 무선랜 기기가 이용하므로 상호 간섭이 발생하기 쉬워 원만한 통신이 이루어지지 않는 요인이 됩니다. 또한, 2.4GHz 주파수 대역은 ISM 밴드(ISM=Industry Science Medical)라 부르고 무선랜 이외에도 전자레인지나 공업용 가열 장치, RFID, 특정 소전력 무선, 무선전화, 블루투스, 아마추어 무선 등이 사용합니다. 그중에서 전자레인지는 고출력 기기이자 흔히 주변에 있어 무선랜 2.4GHz 대역 통신을 자주 방해하는 요인입니다.

한편, 5GHz 대역은 이용 가능한 주파수 범위가 넓어서 다른 무선랜 장치에서 받는 간섭이 적습니다. 하지만 W53, W56이라고 부르는 채널(6장 04 참조)은 기상 레이더나 항공 레이더에서 사용하는 주파수 대역과 겹치므로 상호 간섭을 일으킬 가능성이 있습니다.

무선랜 기기는 이런 간섭을 확인하면 곧바로 다른 주파수로 변경하는 기능(DFS 기능)이나 간섭을 줄이기 위해 송신 출력을 자동 조절하는 기능(TPC 기능)을 의무적으로 탑재합니다.

상호 간섭을 줄이려면 다음과 같은 방법이 유효합니다.

1 근접한 장치와 다른 주파수를 사용함(예: 2.4 → 5GHz 대역을 사용)

2 다른 장치와 거리 두기(예: 전자레인지에서 가능한 멀리 떨어진 곳에서 사용)

3 각 장치를 안정적으로 이용 가능한 범위 내에서 가급적 송신 전력을 낮춤

배경 잡음

배경 잡음(Background noise)은 원래 신호나 상호 간섭을 일으키는 신호 외에 다양한 요인(열 잡음, 우주 잡음, 번개 같은 대기 잡음, 각종 인공적인 신호 등)으로 발생하는 필요 없는 신호를 말합니다. 배경 잡음은 장소마다 일정한 레벨이 존재하고 그 레벨을 노이즈 플로어(Noise floor)라고 부릅니다.

잡음이 통신에 미치는 영향은 신호 대 잡음비(이하 SN비)로 파악합니다. SN비는 신호와 잡음의 전력비로 신호 전력을 잡음 전력으로 나눈 값입니다. SN비가 높으면 통신이 원활하고, 반대로 낮으면 통신이 곤란해집니다. 이때 주목할 부분은 잡음 크기 정도가 아니라 신호와의 비율로 SN비가 정해지는 점입니다. 신호가 충분히 큰 값이라면 잡음이 살짝 크더라도 별다른 영향이 없고, 반대로 신호가 미약하다면 조그만 잡음에도 영향을 크게 받습니다.[17] 어떤 지점의 배경 잡음을 줄이려면 방 전체를 실드(차폐)하는 방법처럼 그다지 현실적이지 않은 수단이 필요합니다. 따라서 보통은 배경 잡음을 줄이는 대신에 신호 강도를 충분히 높이는 방법으로 SN비를 개선합니다.

무선랜의 수신 신호 강도 측정하기

통신 상황을 좌우하는 요소인 무선랜의 수신 신호 강도는 컴퓨터가 수신하는 무선랜의 전파 강도를 SSID별로 간단하게 측정할 수 있습니다.

---

17 샤논–하틀리 법칙(6장 04 참조)에도 나와 있습니다. 이 식은 $C=B \log_2(1+S/N)$으로 S/N항(=SN비)이 포함됩니다. SN비의 값이 커지면 채널용량 C도 늘어나는(통신 속도가 빨라짐) 것을 알 수 있습니다.

수신 신호의 강도를 측정한 값은 ○○dBm 형태로 표현합니다. 이 값이 클수록 신호 강도가 강하다는 의미입니다. 마이너스 값이라면 0에 가까울수록 보다 큰 값이 됩니다. dBm(데시벨 밀리) 단위는 그림 6-33에 있는 수식으로 신호 강도(전력값)를 가리키는 값으로 수신 신호 강도를 표시할 때 자주 사용합니다. 무선랜이라면 단말 수신 신호 강도가 −60dBm 이상일 때 안정적으로 통신 가능하므로 이 값이 측정 기준이 됩니다.

그림 6-33 | dBm 단위 정의

$$X = 10 \log_{10} (P\, /\, 1mW)$$

X : [dBm]으로 가리키는 전력
P : [mW]로 가리키는 전력

값 대응 예

X [dBm]	P [mW]
−20	0.01
−3	0.5
0	1
3	2
20	100

윈도우 10에서 확인하는 방법

6장 04에서 설명한 WiFi Analyzer를 사용하면 SSID별로 수신 신호 강도를 숫자와 그래프로 확인할 수 있습니다.

맥OS에서 확인하는 방법

1 터미널을 열어서 다음 명령어를 입력

```
/System/Library/PrivateFrameworks/Apple80211.framework/Versions/A/Resources/
airport -s⏎
```

2 수신한 SSID별로 수신 신호 강도(RSSI 칸), 사용 채널(CHANNEL 칸), 보안 방식 (SECURITY 칸) 등이 표시됨(그림 6-34)

※RSSI 칸에 표시된 값에서 수신 신호 강도를 확인 가능

그림 6-34 | airport 명령어로 신호 강도 확인

```
        SSID BSSID              RSSI CHANNEL HT CC SECURITY (auth/unicast/group)
  SH-52Aa-9CB5E1 58:**:**:**:**:e1  -85 112      Y  JP WPA2(PSK/AES/AES)
  Buffalo-A-36CE 34:**:**:**:**:c7  -87 100      Y  JP WPA2(PSK/AES/AES)
 90324BD70784-5G 90:**:**:**:**:87  -75 52       Y  JP WPA(PSK/AES/AES) WPA2(PSK/AES/AES)
      SOURI 2.4 c4:**:**:**:**:69  -68 7,+1      Y  JP WPA2(PSK/AES/AES)
```

수신 신호 강도[dBm] 값이 표시됨

※ *는 마스킹

Index

333

IT 초보 엔지니어가 알아야 할 네트워크 입문

네트워크 교과서

초 판 발 행 일	2022년 12월 30일
발 행 인	박영일
책 임 편 집	이해욱
저 자	후쿠나가 유우지
역 자	서수환
편 집 진 행	윤은숙
표 지 디 자 인	조혜령
편 집 디 자 인	신해니, 박선영
발 행 처	시대인
공 급 처	(주)시대고시기획
출 판 등 록	제 10-1521호
주 소	서울시 마포구 큰우물로 75 [도화동 538 성지 B/D] 6F
전 화	1600-3600
팩 스	02-701-8823
홈 페 이 지	www.sdedu.co.kr
I S B N	979-11-383-3752-6 [13000]
정 가	20,000원

시대인은 종합교육그룹 (주)시대고시기획 · 시대교육의 단행본 브랜드입니다.